교회본질
예배회복 1

예배 변질은 사탄의 계략이다

성경대로 예배를 회복하라

한요한 지음

쿰란출판사

예배 변질은 사탄의 계략이다

추/천/의/ 글/

"예배, 위기를 이겨낼 힘이자 십자가 영성의 능력"

소돔과 고모라가 멸망한 이유는 악인이 많아서라기보다 의인 열 명이 없어서 멸망했다는 것이 성경의 사실이다. 이 땅에는 6만여 교회가 있다고 한다. 교회는 성령님의 계시와 조명에 따라 예수 그리스도를 정확하게 믿는 신앙고백의 바탕 위에 예수님께서 세우시며, 음부의 권세가 이기지 못한다(마 16:15~18).

교회는 구약의 성전의 의미를 포함하는 하나님께 예배드리는 예배당이다. 예배는 보이지 않는 영적인 행위이며, 예배의 대상과 주인은 하나님 아버지시다.

> "아버지께 참되게 예배하는 자들은 영과 진리로 예배할 때가 오나니 곧 이때라 아버지께서는 자기에게 이렇게 예배하는 자들을 찾으시느니라"(요 4:23).

예배는 하나님을 만나는 시간이며 하나님께서 받으시는 예배가 되어야 하기에 성도는 영과 진리의 예배자가 되어야 한다는 강조의 말씀이시다. 30여 년 전부터 교회본질예배회복운동을 전개하고 있는 한요한 목사님께서 신간을 출판하신다며 추천사를 부탁받아 나는 공감과 기쁨의 마음으로 수락하였다. 한요한 목사님은 "교회가 회복되어야 나라가 회복되며 교회 회복은 예배와 강단이 회복되어야 하며 강단 회복을 위해서는 십자가 영성이 필요하고, 십자가 영성은 내가 죽고 예수님으로 사는 것이다"라고 외치고 계시다.

그렇다. 지금의 위기를 이겨낼 힘은 하나님이 주시는 십자가 영성의 능력이다.

영성의 능력은 하나님과의 관계에서 나오며, 하나님과 만나는 통로는 기도와 말씀과 찬양이다. 이 세 가지는 예배의 중요한 요소이므로 결국 우리의 영성의 힘은 살아 계신 하나님께 예배드리는 것에서 출발한다는 결론에 이른다. 모쪼록 이 책을 통해서 그리스도 공동체가 교회의 가장 중요한 목적은 하나님 아버지께 예배드리는 것임을 자각하고, 교회의 본질인 예배가 회복되길 간절히 기도하며 많은 성도들에게 추천한다.

2023년 가을
이선구 목사
(사)사랑의쌀나눔운동본부중앙회 이사장)

추/천/의/ 글/

"하나님께서 기뻐하시는 거룩한 산 제물"

예배는 우리의 몸과 인격과 영을 하나님께서 기뻐하시는 거룩한 산 제물로 드리는 것입니다(롬 12:1). 그래서 예배는 하나님께 열납되어야(acceptable) 합니다. 하나님께서 우리에게 원하시는 예배는 오직 정의를 행하며(아모스 주제), 인자를 사랑하며(호세아 주제), 겸손하게 하나님과 함께 행하는 것(이사야 주제)입니다(미 6:8). 주님께서는 이를 정의, 긍휼, 믿음(의, 인, 신)이라고 요약하십니다(마 23:23).

하나님께 열납되는 예배를 드린 아벨은 의인이 되고, 하나님께서 받지 않으시는 예배를 드린 가인은 살인자가 됩니다. 하나님께서는 예배를 통해 우리를 만나주시고, 말씀하시고, 기도 응답을 주십니다. 그래서 예배를 드리는 모든 성도들은 최선을 다해 최고의 가치(worthiest)를 주님께 드려야 합니다. 예배가 살면 교회가 살고, 나라와 가정이 살며, 우리는 전인적인 새 생명을 얻게 됩니다.

평소 존경하는 한요한 목사님께서 이번에 예배 회복에 관한 저서를 내셨습니다. 그 내용이 매우 감동적이며 신앙생활의 본질을 다루어 목회자는 물론 성도 한 사람 한 사람이 반드시 필독해야 할 내용을 담은 저서이기에 더욱 기쁩니다.

우리가 사는 목적이 예배입니다(사 43:21). 코로나로 무너진 예배를 회복하고 바른 예배를 드려야 할 한국교회에 꼭 필요한 책을 출판하게 되심을 축하드리며 기쁜 마음으로 본서를 널리 추천드립니다.

2023년 가을
윤사무엘 목사
(겟세마네신학교 총장, 로이교회 위임목사)

추/천/의/ 글/

"바른 예배를 통해 한국교회와 세계교회를 살리는 일"

예배의 관점에서 성경을 해석하고 본질적으로 접근한 이 책은 그동안 예배에 대해 많이 알고 있다고 해온 우리를 부끄럽게 합니다. 그것은 예배에 대해 새롭게 알게 되는 내용들이 많기 때문이며, 더 나아가 참된 예배가 무엇인지 그리고 하나님 앞에서 바른 예배자는 어떠해야 하는지를 통해 우리의 부족함을 지적하고 있기 때문입니다.

저자는 '성경은 예배의 교본'이라고 합니다. 그래서 성경 본문들을 중심으로 예배의 본질을 다루되, 창세기에서 에덴동산을 예배의 동산으로 시작해서 요한계시록에서 장차 임할 하나님 나라에서의 천상의 예배까지 성경 전체를 예배라는 주제로 해석합니다.

특히, 구약의 제사장처럼 오늘날 예배를 인도하는 목회자가 예배에 실패하는 책임이 막중함을 강조합니다. 왜냐하면 교회는 거창한 행사를 하는 건물이 아니라 '예배당'이며, 예배가 인간 중심이 아니라 '하나님이 받으시는 예배'가 되어야 하기 때문입니다. 저자는 코로나 팬데믹 때 교회의 문이 닫히는 것을 보고, 그동안 잘못된 예배에 대해 말라기

1장 10절에서 "너희 중에 성전 문을 닫을 자가 있었으면 좋겠도다"라는 하나님의 탄식하시는 말씀을 발견하고 큰 충격을 받았다고 합니다.

더 결정적으로 매 주일 한 번 예배 혹은 한 시간 예배드린 것을 주일을 성수한 것으로 착각하는 점을 지적합니다. 그래서 주일은 온 종일을 주님께 드리는 주님의 날로서, 교회가 '온주일 성수'를 회복해야 하나님이 기뻐하시는 예배가 될 수 있다고 주장합니다.

지금까지 이 책의 주요한 내용을 언급하는 가운데 느끼는 것은 누구든지 자신의 예배에 대해 재평가를 해야 한다는 것입니다. 그러므로 일방적인 인간 중심의 예배를 중지하고, 이제부터 영과 진리로 예배하면서 하나님이 기뻐하시는 바른 예배를 통해 한국교회와 세계교회를 살리는 일에 기여하려는 것이 이 책을 쓴 목적이라고 봅니다. 귀한 책을 출판하신 저자의 노고를 치하하고 독자들에게 적극적으로 추천하는 바입니다.

2023년 가을
권다니엘 박사
(United Bible University & Seminary 총장)

추/천/의/ 글/

"복음만을 강조는 순수 복음을 전파"

한요한 목사님의 책 《예배 변질은 사탄의 계략이다》는 목회자라면 누구나 한 번은 반드시 읽어야 할 책이라고 생각한다. 왜냐하면 책 속에는 재미있는 설교가 좋은 설교가 아니고 하나님께 영광이 되는 설교라야 참 예배가 된다는 메시지가 담겨 있기 때문이다. 이번 책에서 그는 예배가 회복되고 교회가 성장하는 설교가 설파되어야 한다는 점을 강조하고 있다. 또 설교에는 항상 사탄의 역사가 따라 오기 때문에 기도 중에 복음의 변질이 없도록 조심해야 할 것을 강조한다.

1885년 언더우드와 아펜젤러와 같은 선교사들이 한국에 와서 복음만을 강조함으로 인해 변질되지 않은 순수 복음을 전파함으로써 결과적으로 초대 한국교회가 크게 성장하였다. 문제는 어떤 교회가 참된 교회인가이다. 그것은 성경적이요 복음적인 교회라야 한다고 믿는다. 복음적인 설교여야 한다. 그러나 한국교회에도 복음적이지 않은 자유주의가 들어와 교회를 분열시키는 일이 없었던 것은 아니다. 그럼에도 불구하고 한국교회의 설교가 거의가 복음적이고 보수주의적이었기 때문에 한국교회는 교회사에 남는 성장을 하였던 것이다.

 물론 한국교회가 변화하는 시대에 맞추어 복음을 전파한 것은 사실이지만, 사회적 제도에 완전히 들어가지 못한 것도 부인할 수 없는 사실이다. 한국교회의 특징이 복음적인 것은 사실이지만 학교나 정치나 제도 속에 스며들지는 못했다. 그것은 지도자들이 시대를 바로 분별하지 못했고, 그 변하는 제도 속에 뿌리를 내리지 못했기 때문에 한국교회의 성장이 오래도록 계속하지 못했던 것도 부인할 수 없는 사실이다.

 가장 큰 문제는 복음이 한국사회에 들어갈 수 있도록 목회자들을 길러내지 못한 것이다. 그 점이 가장 후회스럽다. 그런데 이번에 한요한 목사님이 《예배 변질은 사탄의 계략이다》란 책을 발간하며, 예배를 바로 세워야 한다는 내용을 30가지 항목으로 나누어서 서술한 것은 칭찬할 만하다. 음식을 담는 그릇은 그 종류가 많다. 중요한 것은 형태는 변해도 내용은 변하지 말아야 한다.

 복음의 본질은 영원하기 때문에 보수적이어야 하지만 그것을 담는 그릇은 달라야 한다. 밥그릇, 김치그릇, 간장그릇 등 그 모양이 필요에 따라 다르지만, 담은 내용물에 따라 형태와 크기가 다르지만, 그릇에 따라 내용물이 변해서는 안 된다. 지금 모든 교회를 보면 교회의 형태와 색깔은 서로 다른 것을 볼 수 있다. 교회의 형태와 크기는 다르지만 교회의 본질은 같아야 한다고 믿는다. 이번에 출판한 한 목사님 책의 목차는 30개 항목으로 되어 있고 그 내용도 적지 않다. 바라기는 이 책을 한꺼번에 다 읽어야 할 필요는 없다고 본다. 각 장마다 언급된 것을 하나하나씩 자기 교회의 형편과 비교해 보다 보면, 이 책과 좋은 친구가 될 수 있을 것이다.

2023년 가을
신성종 목사
(전 총신대학교 대학원장)

추/천/의/ 글

"교회가 교회 되게, 예배가 예배 되게"

하나님의 평강이 온 교회 위에 함께하시기를 기원합니다.
하나님은 사람을 창조하시고 사랑하시며 구원의 은혜를 베푸시고 그를 통하여 영광받으시기를 원하십니다. 그래서 사람이 영과 진리로 드리는 예배를 받으시기를 원하십니다. 그러므로 올바른 예배는 사람이 할 수 있는 최고의 일입니다.

하나님께 드리는 예배가 회복되기를 간절히 염원하는 이때에 30년 전부터 교회본질예배회복운동을 기도로 시작하신 한요한 목사님께서 교회본질예배회복운동본부를 섬기는 가운데 첫 번째 저서 《예배 변질은 사탄의 계략이다》를 출간하게 된 것을 진심으로 축하드립니다.

한요한 목사님은 '교회본질예배회복운동본부' 총재로 교회와 성도들의 올바른 예배 회복에 온 힘을 쏟고 계시는 이 시대의 진정한 영적 리더이십니다. 그는 예배 회복의 열정으로 원주충만교회 담임목사로 섬기며, 대한예수교장로회 개혁회복총회 총회장으로 헌신하셨습니다.

한요한 목사님은 올바른 예배 회복을 위하여 국내외적으로 교회 본질예배회복 세미나를 매주 금요일 주강사로 섬기며 300회 이상 강의를 하고 계시고, 4차에 걸쳐 뉴욕, 뉴저지, 필라델피아, 로스앤젤스 등 미국 동부지역과 서부지역의 집회를 인도하며 동분서주하고 계십니다.

그렇게 바쁜 중에도 올바른 예배 회복을 위하여 연구에 연구를 거듭하는 신학자이십니다. 개혁신학대학원, 미국 쉐퍼드신학대학교에서 목회학 박사 학위를 받으시고, 연구와 실천을 인정받아 미국 UBU 명예신학박사, 코헨대학교 명예 신학 박사 학위를 받으셨습니다. 가히 예배신학에 관하여 최고 권위자이십니다.

이번에 출간되는 그의 저서 《예배 변질은 사탄의 계략이다》에서 "하나님은 우리를 예배자로 창조하셨고, 예배자로 부르셨으며, 예배자가 되게 하기 위해 구원하셨고, 또 우리를 예배자로 인도하시기 위해 예수님이 십자가에서 못 박혀 죽으셨습니다. 그럼에도 예배가 예배 되지 못하고, 교회가 교회 되지 못함으로 원수들에게 교회가 짓밟히는 것입니다"라고 힘주어 말씀하시면서 더 나아가서 "예배를 드린다고 하면서 하나님을 높이지 않고 하나님의 계명을 지키지 않는 것은 하나님을 사랑하고 하나님을 자기 목숨보다 더 귀하게 여기는 것이라고 할 수 없습니다. 예배당에 나오기만 하면 되고 참석만 하면 되는 것이 예배가 아닙니다. 기도만 하고, 찬양만 하고, 예물만 드리면 되는 것이 아니라, 하나님이 받으시고 흠향하시며 기뻐하실 만한 예배가 되어야 합니다"라고 하시면서 영과 진리로 드리는 올바른 예배를 회복하라고 외치고 계십니다. 이 책을 읽는 동안에 저도 생수를 쏟아붓는 것처럼 정신이 번쩍 들었습니다.

이 책을 통하여 모든 교회가 교회다운 교회가 되고 하나님께서 기뻐 받으시는 예배를 드리는 교회와 성도가 될 것을 기원하면서 예수 그리스도를 구주로 믿는 모든 분에게 일독을 권하며 이 책을 추천드립니다.

2023년 가을
정도출 목사
(한국기독교부흥협의회 대표회장)

축/시/

예배의 향기

이 수

청산의 신록 앞산을 적시는데
산새들도 메아리 되어
옹달샘마저 화답하네

하나님의 시선이시여
내 안에 계셔
마음의 지성소
예배의 성전 삼으셨네

아, 거룩한 음성
"하나님은 영이시니 예배하는 자가 영과 진리로
예배할지니라"(요 4:24)

주를 향한 섬김이
은혜와 진리로

한 송이 꽃을 피우네

오, 거룩한 성
하늘의 신비 노래하리
하나님의 보좌
천상의 향기
기쁨이어라

오늘의 예배는
신령한 단비 되어
온 몸과 마음 적시네

이스라엘의 찬양 중에 거하시는 주여
그 이름이 어찌 그리 아름다운지요
예배하는 자를 찾으시는 주여
그 이름 크시도다

오, 주여
태고의 숨결

영혼의 고향이기에
성삼위 하나님의 임재하심과
하나님의 권능
예배로 드러나리

거룩한 시편이여
예배의 선율이어라

아벨의 예배여
하나님이 기뻐하시는 예배
살아 숨 쉬는 예배이어라

오직 복음을 위하여
삶으로 담아내신
교회본질 예배회복
예수향기로 꽃피우신
복음의 사수자
예배의 회복을 위한
한요한 목사님

기독교 역사의
불을 밝히고
빛을 발하리라

> 2023년 가을
> 이 수 교수
> (VIRGINIA BIBLE UNIVERSITY, D.MIN.)

서/문

³찬송하리로다 하나님 곧 우리 주 예수 그리스도의 아버지께서 그리스도 안에서 하늘에 속한 모든 신령한 복을 우리에게 주시되 ⁴곧 창세 전에 그리스도 안에서 우리를 택하사 우리로 사랑 안에서 그 앞에 거룩하고 흠이 없게 하시려고 ⁵그 기쁘신 뜻대로 우리를 예정하사 예수 그리스도로 말미암아 자기의 아들들이 되게 하셨으니 ⁶이는 그가 사랑하시는 자 안에서 우리에게 거저 주시는 바 그의 은혜의 영광을 찬송하게 하려는 것이라 ⁷우리는 그리스도 안에서 그의 은혜의 풍성함을 따라 그의 피로 말미암아 속량 곧 죄 사함을 받았느니라 ⁸이는 그가 모든 지혜와 총명을 우리에게 넘치게 하사 ⁹그 뜻의 비밀을 우리에게 알리신 것이요 그의 기뻐하심을 따라 그리스도 안에서 때가 찬 경륜을 위하여 예정하신 것이니 ¹⁰하늘에 있는 것이나 땅에 있는 것이 다 그리스도 안에서 통일되게 하려 하심이라 ¹¹모든 일을 그의 뜻의 결정대로 일하시는 이의 계획을 따라 우리가 예정을 입어 그 안에서 기업이 되었으니 ¹²이는 우리가 그리스도 안에서 전부터 바라던 그의 영광의 찬송이 되게 하려 하심이라 ¹³그 안에서 너희도 진리의 말씀 곧 너희의 구원의 복음을 듣고 그 안에서 또한 믿어 약속의 성령으로 인치심을 받았으니 ¹⁴이는 우리 기업의 보증이 되사 그 얻으신 것을 속량하시고 그의 영광을 찬송하게 하려 하심이라 **엡 1:3-14**

하나님께서 우리를 예배자로 부르셨다, 부르심에 합당한 예배를 드리라!

우리는 그리스도 안에서 하나님께 택함받고 그분의 아들이 된 신령한 복을 받은 사람입니다. 하나님은 우리를 한 점의 흠도, 점도 없는 자로 그분의 기쁘신 뜻대로 예정하셨습니다. 허물과 죄 가운데 죽었던 우리, 곧 세상 풍조를 따르며 공중의 권세 잡은 자를 따라 마음껏 육체와 마음이 원하는 것을 하며 살아온(엡 2:1-2) 우리가 말로 다 할 수 없는 예수 그리스도의 십자가의 크신 은혜를 입어 하나님의 자녀가 되었고, 하나님 나라의 백성으로 살아가게 되었습니다. 사탄의 종노릇하던 자에서 하나님이 택하신 족속이요, 왕 같은 제사장이요, 거룩한 나라요, 그의 소유가 된 백성(벧전 2:9)으로 전혀 다른 신분으로 변화를 받은 자로서 주님의 남은 고난을 채우며 살아가는 복된 삶이 되게 하셨습니다. 하나님께서는 우리를 위해 자신의 하나밖에 없는 아들을 우리와 똑같은 육체를 입도록 보내셨으며, 급기야 사랑하는 그 아들이 십자가에서 고통스럽게 쏟아내는 부르짖음조차 외면하실 만큼 하나님께 우리는 값진 자들입니다. 우리는 이처럼 엄청난 주님의 긍휼을 입은 자인 것입니다. 하나님께서 왜 이렇게 하셨습니까?

한국교회는 1885년 언더우드와 아펜젤러 선교사에 의해 복음이 전해진 이후 세계 선교 역사상 유래를 찾아볼 수 없는 엄청난 부흥을 경험했습니다. 하나님을 믿고 자신들의 죄를 회개하는 대각성운동이 일어났으며, 하나님께 나아가려는 뜨거운 마음들이 기도의 불을 붙였고, 삶에는 신약의 초대교회 모습과 같은 섬김과 희생이 있었습니다. 하나님께서는 그런 믿음과 헌신하는 사람들을 보시고 이 땅에 신앙의 부흥과 함께 경제적인 발전을 주셨습니다.

이처럼 한국교회는 풍요로움 속에서 놀랍게 부흥하고 성장했지만 오래지 않아 교회의 타락과 부패가 무엇인지를 보여 주는 상황을 맞이하고 말았습니다. 북이스라엘 역사상 최고의 전성기를 누린 제13대 왕 여로보암 2세 치하에서 북이스라엘은 정치적으로나 경제적으로 풍요와 번성을 누렸지만 곧 영적인 타락이 뒤따랐습니다. 외적으로는 부귀와 번영의 열쇠를 쥐고 있었지만 속으로는 곪아 가고 있다는 사실을 그 누구도 눈치채지 못했습니다. 이와 같이 한국교회도 당시 영적 성장과 함께 경제적 부흥을 누리고 있었지만 안에서는 고름이 차오르고 있는 것을 아무도 의심하지 못했습니다.

초대교회의 부흥의 현상들이 점점 사라져 갔습니다. 삶이 어렵고 힘들고 고통스러울 때는 하나님께 나아와 기도하며 은혜와 긍휼을 구했고, 기쁠 때는 하나님의 인도하심과 행하심을 찬양하고 영광 돌리며 예배를 사모하였으며, 교회당에는 사람들이 넘쳐났습니다. 그러나 부와 번영을 누리게 되자 더는 하나님을 필요로 하지 않게 되었습니다. 하나님께 나아가는 걸음을 멈추게 되었습니다. 그나마 남은 자들에게는 예배가 점점 형식적이 되어 버렸습니다. 몸은 성전에 나와 있지만 마음은 다른 곳에 가 있고 전심으로 주님을 찾지 않게 되었습니다.

율법만 남은 이스라엘 종교지도자들이나 바리새인, 율법교사들과 같이 성경 지식만 바벨탑처럼 쌓여 갔습니다. 또 짝퉁 예배를 드리며 하나님을 점점 멸시했습니다. 하나님이 예배를 받으시는지 받지 않으시는지에는 관심조차 두지 않았고, 교회 지도자들은 성도들이 예배당에 한 번 나와 주는 것만으로도 감지덕지하면서 '그래도 괜찮다'는 말로 이해해 주고 또 성도들은 '그래도 되는구나'로 인식하게 되었습니다. 사람들의 입맛에 맞추어진 예배는 현대적 논리로 편리성을 위해 합리화되었고 결국 형식만 남았습니다.

　사회, 정치, 교육, 문화 등 모든 영역에서 불법이 성행하고 무엇이 옳은지에 대한 기준이 혼탁해졌습니다. 심지어 불법을 서로 옳다고 말하는 지경에까지 이르렀습니다. 하나님을 믿지 않는 사람들조차 어렵고 힘든 일이 있을 때는 "교회에 한번 가볼까?"하며 그래도 교회에서 소망을 찾으려 했었으나, 어느 때부터인가 교회는 손가락질하고 비난하는 놀림과 조롱의 대상이 되고 말았습니다. 그러면서 믿음이 있었던 사람들도 교회를 떠나고 이제 교회는 텅 비었습니다.

　그토록 목마르게 하나님을 갈망하고 기도하며 부르짖고 찾던 이들과 그 후예들은 다 어디 갔습니까? 하나님이 이대로 두고 보시겠습니까? 용납하시겠습니까? 하나님의 진노로 영원한 폐허가 되지 않도록 해야 하지 않겠습니까? 아무리 세상이 타락해도 유일한 소망이 교회에 있다는 것을 알려 주어야 하지 않겠습니까? 다음세대는 어떻게 하겠습니까? 누가 그들에게 살 수 있는 길을 알려 주겠습니까? 듣든지 안 듣든지 이것이 살길이라고 알려 주어야 하지 않겠습니까? 하나님께서 진노하시고 내버려 두심으로 세상의 두려움과 놀람과 비웃음거리가 되게 해야겠습니까?

　'하나님께서 왜 이렇게 하셨습니까?'라는 처음 질문으로 다시 돌아가 봅니다. 하나님은 우리를 택하셨습니다. 그리고 천사들도 받을 수 없는 신령한 복을 주셨습니다. 왜입니까?

⁶이는 그가 사랑하시는 자 안에서 우리에게 거저 주시는 바 그의 은혜의 영광을 찬송하게 하려는 것이라…¹²이는 우리가 그리스도 안에서 전부터 바라던 그의 영광의 찬송이 되게 하려 하심이라…¹⁴이는 우리 기업의 보증이 되사 그 얻으신 것을 속량하시고 그의 영광을 찬송하게 하려 하심이라 **엡 1:6-14**
하나님은 영이시니 예배하는 자가 영과 진리로 예배할지니라 **요 4:24**

하나님의 은혜의 영광을 찬송하게 하고, 하나님의 영광의 찬송이 되게 하시며, 하나님의 영광을 찬송하게 하려 하심입니다. 그렇게 부름받은 교회가 자신들의 배만 불리며 교회로서 짊어져야 할 십자가도 지지 않고 하나님께 영과 진리로 예배하지 않는다면, 이는 그 존재 자체의 목적이 훼손되는 것입니다. 무엇이든 존재의 목적이 바뀌면 폐기되고 맙니다. 우리는 예배한다고 하면서 하나님을 멸시하지 않아야 합니다. 예배는 우리 삶의 전부입니다. 우리는 모두 하나님이 말씀하신 진리를 좇는 사람이어야 합니다. 교회의 본질 및 예배의 정의와 가치를 바로 알고 예배를 드리며 그에 합당한 경건한 삶을 살아야 합니다.

초대합니다.

지금도 교회의 본질과 예배 회복을 위하여 몸부림치는 이들이 있습니다. 하나님께서 곳곳에 남겨 두신 이런 칠천 인과 같은 분들과 함께하기를 원합니다. 이 일은 어느 한 개인이 할 수 있는 일이 아닙니다. 같은 마음, 같은 뜻을 가진 이들과 연합하여 주님 다시 오시는 날까지 교회의 본질과 예배의 가치를 회복하기 위해 주님이 가장 기뻐하시는 이 일을 함께합시다.

> 잠시 잠깐 후면 오실 이가 오시리니 지체하지 아니하시리라 **히 10:37**
> 아멘 주 예수여 오시옵소서 **계 22:20**

    주님이 반드시 곧 오시리라는 믿음을 가지고 준비하며 깨어 달려가는 경건한 자들에게 성령께서 영원토록 함께하시고 인도하시며 지키시고 건지시며 은혜와 평강이 충만하기를 기도하며, 이 책을 출간하는 데 많은 도움을 주신 최충하 목사, 김유진 목사, 최지혜 전도사께 감사의 마음을 전합니다.
    이 책을 출간하는 목적대로 오직 교회가 깨어나고 예배가 회복되기를 바라며, 이 일을 인도하시고 행하실 하나님께 모든 영광과 감사를 드립니다.

교회 본질과 예배 회복에 목숨 건 종
한요한 목사

목/차/

추천의 글 이선구 목사(사)사랑의쌀나눔운동본부중앙회 이사장)… 04
윤사무엘 목사(겟세마네신학교 총장, 로이교회 위임목사)… 06
권다니엘(United Bible University & Seminary 총장)… 08
신성종 목사(전 총신대학교 대학원장)… 10
정도출 목사(한국기독교부흥협의회 대표회장)… 13
축시 이 수 교수(VIRGINIA BIBLE UNIVERSITY, D.MIN.)… 16
서문 … 20

1. 가증한 예배를 멈추라 ǀ 30
2. 감사로 드리는 예배 ǀ 40
3. 거룩한 것을 가지고 예배하라 ǀ 49
4. 거룩한 몸으로 드리는 예배 ǀ 57
5. 거룩한 예배자 ǀ 66
6. 거짓 예배에서 벗어나라 ǀ 76

7. 겸손히 예배하라 ǀ 86
8. 고난과 영광의 예배 ǀ 94
9. 교회의 본질은 예배다 ǀ 104
10. 구원의 감격으로 예배하라 ǀ 114
11. 기쁨이 충만한 예배자 ǀ 123
12. 모조품 예배에서 벗어나라 ǀ 131

3부

13. 부활 신앙으로 예배를 회복하라 | 144
14. 예배의 본질은 사랑이다 | 153
15. 성도의 예배 생활 | 162
16. 성일(聖日)을 훼손하지 않는 예배자 | 171
17. 순종 없는 예배는 예배가 아니다 | 179
18. 십자가의 영성으로 예배의 영광을 | 188

4부

19. '아멘'으로 예배하라 | 198
20. 영광스러운 예배자 | 206
21. 영광을 드러내는 예배자 | 215
22. 영적 위선을 벗는 예배자 | 224
23. 착한 행실의 예배자 | 234
24. 창세 전에 택하신 예배자 | 242

5부

25. 초대교회 예배의 모범 | 252
26. 하나님만 섬기는 예배자 | 261
27. 하나님의 관심은 예배자에게 있다 | 269
28. 향기로운 예배 | 276
29. 헛된 예배자들 | 287
30. 회개로 예배를 회복하자 | 295

1부

1.
가증한 예배를 멈추라

(렘 7:1-15)

[1]여호와께로부터 예레미야에게 말씀이 임하니라 이르시되 [2]너는 여호와의 집 문에 서서 이 말을 선포하여 이르기를 여호와께 예배하러 이 문으로 들어가는 유다 사람들아 여호와의 말씀을 들으라 [3]만군의 여호와 이스라엘의 하나님께서 이와 같이 말씀하시되 너희 길과 행위를 바르게 하라 그리하면 내가 너희로 이곳에 살게 하리라 [4]너희는 이것이 여호와의 성전이라, 여호와의 성전이라, 여호와의 성전이라 하는 거짓말을 믿지 말라 [5]너희가 만일 길과 행위를 참으로 바르게 하여 이웃들 사이에 정의를 행하며 [6]이방인과 고아와 과부를 압제하지 아니하며 무죄한 자의 피를 이곳에서 흘리지 아니하며 다른 신들 뒤를 따라 화를 자초하지 아니하면 [7]내가 너희를 이곳에 살게 하리니 곧 너희 조상에게 영원무궁토록 준 땅에니라 [8]보라 너희가 무익한 거짓말을 의존하는도다 [9]너희가 도둑질하며 살인하며 간음하며 거짓 맹세하며 바알에게 분향하며 너희가 알지 못하는 다른 신들을 따르면서 [10]내 이름으로 일컬음을 받는 이 집에 들어와서 내 앞에 서서 말하기를 우리가 구원을 얻었나

이다 하느냐 이는 이 모든 가증한 일을 행하려 함이로다 [11]내 이름으로 일컬음을 받는 이 집이 너희 눈에는 도둑의 소굴로 보이느냐 보라 나 곧 내가 그것을 보았노라 여호와의 말씀이니라 [12]너희는 내가 처음으로 내 이름을 둔 처소 실로에 가서 내 백성 이스라엘의 악에 대하여 내가 어떻게 행하였는지를 보라 [13]여호와의 말씀이니라 이제 너희가 그 모든 일을 행하였으며 내가 너희에게 말하되 새벽부터 부지런히 말하여도 듣지 아니하였고 너희를 불러도 대답하지 아니하였느니라 [14]그러므로 내가 실로에 행함같이 너희가 신뢰하는바 내 이름으로 일컬음을 받는 이 집 곧 너희와 너희 조상들에게 준 이곳에 행하겠고 [15]내가 너희 모든 형제 곧 에브라임 온 자손을 쫓아낸 것같이 내 앞에서 너희를 쫓아내리라 하셨다 할지니라

하나님께 우리가 어떻게 기억되어야 하겠습니까? 예배자로 기억되기를 바랍니다. 우리 인생은 예배로 갈라지게 되어 있습니다. 즉, 예배에 성공하느냐 성공하지 못하느냐, 예배자로 사느냐 살지 못하느냐, 하나님이 기뻐하시는 예배자가 되느냐 그렇지 못한 예배자가 되느냐 하는 것입니다. 이 둘은 극과 극입니다.

 본문에서 하나님은 놀라운 말씀을 선포하십니다. 가증한 예배를 드리면서도 예배드리고 교회에 나오니 복받을 것이라는 거짓말을 하지 말라고 말씀하십니다. 그런 허황되고 가증한 거짓말을 하지 말라는 것입니다. 하나님은 그런 예배를 받으신 적도 없고, 기억하지도 않는다는 것입니다. 이 말씀을 통해 자신을 돌아보기를 바랍니다. 자신이 가고 있는 그 길이 사망의 길인지 생명의 길인지, 죽는 길인지 사는 길인지 확인해 보아야 할 것입니다. 만약 사망의 길로 가고 있다면 속히 생명의 길로 돌이키기 바랍니다. 칠흙 같은 어두운 밤에 빛이 없어 갈 길을 잃어 버린 것처럼, 혼탁하고 혼미한 영이 들어

1. 가증한 예배를 멈추라 (렘 7:1-15)

오고 진리와 예수와 십자가가 없어 영혼의 소경이 되어 방황하다가는 결코 돌이키지 못합니다.

예배하러 교회에 나왔으면 천지가 개벽하고 핵폭탄 천 개가 떨어져도 집중해서 눈 하나 깜빡하지 말아야 합니다. 우리를 살리고 죽일 수 있는 분은 하나님이시지 코로나가 아닙니다. 핵폭탄도, 칼도, 총도 우리를 죽일 수 없습니다. 칼 맞았다고 다 죽는 것이 아닙니다. 총 맞지 않아도 죽을 사람은 죽습니다. 코로나로 죽든, 감기로 죽든, 독감으로 죽든, 사고로 죽든, 죽는 사람은 그것 때문에 죽는 것이 아니라 그의 때가 되었으므로 하나님이 그 사건을 통해 생명을 도로 찾으시는 것입니다. 우리 인간은 병들어 죽는 것이 아니라 하나님 말씀을 따라 죽기도 하고 살기도 하는 것입니다.

"한 번 죽는 것은 사람에게 정해진 것이요 그 후에는 심판이 있으리니"(히 9:27).

사람이 죽는 것은 하나님이 정해 놓으셨습니다. 하지만 주님이 말씀하시기를 "듣는 자는 살아나리라"라고 하십니다. 또 "나는 부활이요 생명이니 나를 믿는 자는 죽어도 살겠고 무릇 살아서 나를 믿는 자는 영원히 죽지 아니하리니 이것을 네가 믿느냐"(요 11:25-26)라고 말씀하시지 않았습니까? 인간은 하나님이 정해 놓으신 법칙대로 죽는 것이고, 사는 것도 하나님 말씀대로 사는 것입니다. 그런 하나님 말씀을 우리가 듣는 것입니다. 들을 때는 귀로만 듣는 것이 아니라 가슴으로 듣고 그 말씀대로 행해야 합니다.

본문 2절은 "너는 여호와의 집 문에 서서 이 말을 선포하여 이르기를 여호와께 예배하러 이 문으로 들어가는 유다 사람들아 여호와의 말씀을 들으라"라고 말씀하고 있습니다. 예배드리기 위해 성전에 들어가려는 자들에게 이 말씀을 성전 문 앞에 서서 선포하여 듣게 하라는 것입니다. '그런 마음으로, 그런 생각으로, 그런 자세로 예배를 드리면 안 된다' 하시며 예배에 대해 가르쳐 주십니다.

본문 4절에서는 "너희는 이것이 여호와의 성전이라, 여호와의 성전이라, 여호와의 성전이라 하는 거짓말을 믿지 말라"라고 말씀하고, 8절에서는 "보라 너희가 무익한 거짓말을 의존하는도다"라고 말씀합니다. 즉, 성전에만 나오면 구원받는다는 허황되고 가증한 거짓말을 하지 말고 또 속지 말라고 경고하십니다. 그저 예배 참석만 하면 하나님이 복과 생명과 건강을 주시고, 또 그 예배를 받으시겠냐는 것입니다. 이는 '예배를 장난삼아 드리느냐? 예배에 참석하여 구경꾼처럼 형식적인 예배를 드리지 말라'고 말씀하시는 것입니다.

하나님께서는 예배드리러 나오는 자들에게 예배가 무엇인지 알 수 있도록 성전 문 앞에 서서 가르쳐 올바른 예배를 드리게 하라고 말씀하십니다. 헛된 예배가 되지 않도록, 예배에 실패하지 않도록 예배에 대해 가르치라는 것입니다. 사람들은 종종 성전에 매여 성전보다 크신 하나님이심에도 하나님을 의식하지 않습니다. 화려하고 웅장한 예배당 건물을 자랑하고 우상으로 만들어 실질적으로는 하나님을 높이지도 않고, 하나님이 무엇을 바라시는지도 알지 못한 채 예배를 드리고 있습니다.

예배는 참석하는 것이 전부가 아닙니다. 다른 사람들이 예배하는 것을 보는 구경꾼이 되어서는 안 됩니다. 형식적으로 드리는 예배는 하나님이 받지 않으십니다. 만약 그런 예배를 받으신다면 그는 하나님이 아닙니다. 하나님은 거룩하고 존귀하신 분입니다. 그러므로 목숨을 걸고 예배를 드려야 하고, 예배에 성공하기 위해 몸부림을 쳐야 합니다.

1. 가증한 예배를 멈추라 (렘 7:1-15)

우리는 시간이 남거나 허락되어 예배당에 나와 앉아 있는 것이 아닙니다. 하나님은 우리를 예배자로 창조하셨고, 예배자로 부르셨으며, 예배자가 되게 하기 위해 구원하셨고, 우리를 예배자로 인도하시기 위해 예수님이 십자가에서 못 박혀 죽으셨습니다. 그럼에도 예배가 예배 되지 못하고, 교회가 교회 되지 못함으로 원수들에게 교회가 짓밟히는 것입니다.

나아가 예배를 드린다고 하면서 하나님을 높이지 않고 하나님의 계명을 지키지 않는 것은 하나님을 사랑하고 하나님을 자기 목숨보다 더 귀하게 여기는 것이라고 할 수 없습니다. 예배당에 나오기만 하면 되고 참석만 하면 되는 것이 예배가 아닙니다. 기도만 하고, 찬양만 하고, 예물만 드리면 되는 것이 아니라, 하나님이 받으시고 흠향하시며 기뻐하실 만한 예배가 되어야 합니다.

그렇게 하기 위하여 예배드리기 전에 문 앞에 서서 가르치라고 하시는 것입니다. 하나님은 영과 진리로 예배하는 자들을 찾고 계십니다. 예배는 흉내만 내면 되는 것이 아니요, 인간이 평안을 얻기 위한 것이 아니라, 모든 만물을 창조하신 하나님을 높이는 것입니다. 예배에 대하여 잘 몰라 예배를 소홀히 여겼다는 것은 핑계가 될 수 없습니다. 우리는 예배를 하나님이 받으셨는지 받지 않으셨는지에 대하여 아무런 관심도 없고 다만 예배를 자기 만족으로 삼고 스스로 합리화시켰습니다.

주일은 하루 전체를 가리킵니다. 그리고 주일은 예배로 하나님의 이름을 높이고 영광을 돌리며 경배하는 귀하고 귀한 날입니다. 그런데 그런 주일이 훼손되어 버렸습니다. 주일 낮 예배만 참석하면 주일을 지켰다고 말하는 그런 거짓말에 속지 말아야 합니다. 주일은 하루 전체, 온종일입니다. 주일은 그날의 몇 시간이나 절반만이 아니라 그날 전체입니다. 우리는 주일을 온 맘 다해 온전한 주일로 철저하게 지키는 것을 생명처럼 귀하게 여겨야 합니다.

언제인가부터 주일이 형식화되어 버렸습니다. 주일이 주일 되지 못하고, 예배가 예배 되지 못하는 것입니다. 주일다운 주일이 없어졌기 때문에 주일을 온전히 지키지 않은 죄를 회개하고 통회할 수도 없습니다. 누구 마음대로 주일 저녁 찬양예배가 4시, 3시, 2시, 1시로 변형되어 버렸습니까? 인간들이 함부로 주일을 변질시키거나 훼손하면 안 됩니다. 그러면 주일이라고 하지 말아야 됩니다.

진정한 주일이 있어야 합니다. 주일은 주님의 날입니다. 창조주의 날입니다. 우리를 구원하신 구세주의 날입니다. 주인의 날입니다. 주인도, 아버지도 알지 못하면서 성전에만 나오면 하나님 앞에 할 일을 다 한 것처럼, 계명대로 주일을 지킨 것처럼, 예배를 드린 것처럼 말하는 거짓말에 속지 말고 가증한 예배를 금지하라고 본문은 말씀하고 있는 것입니다.

그렇다면 어떻게 예배를 드려야 합니까? 본문 3절은 "너희 길과 행위를 바르게 하라"라고 말씀합니다. 예배드리기 전에 먼저 자신의 길과 행위를 바르게 하라는 것입니다. 많은 사람이 넓은 길로 가겠지만 그 길은 멸망의 길이요 사망의 길이니 좁은 길로 걸어야 합니다. 좁고 협착하지만 그 길이 영생의 길이요, 하나님이 인정하시는 생명의 길이요, 십자가의 길이요, 고난의 길입니다. 하나님 앞에서 고난 없이 예배자로 살아갈 수 있는 방법은 없습니다.

"아무든지 나를 따라오려거든 자기를 부인하고 날마다 제 십자가를 지고 나를 따를 것이니라"(눅 9:23)라고 주님은 말씀하십니다. 십자가를 지는 것이 예배입니다. 그래서 '너의 길과 행위를 바르게 하라'

1. 가증한 예배를 멈추라 (렘 7:1-15)

는 것입니다. 우리 자신이 하고 싶은 대로, 원하는 대로, 바라는 대로 하는 것은 신앙생활이 아니고 취미생활입니다.

어떻게 우리가 구원을 받았습니까? 우리는 하나님의 원수이자 죄인으로서 지옥에 갈 수밖에 없었지만, 예수님이 이런 우리를 구원하기 위해 십자가에 못 박혀 죽으셨습니다. 또 하나님은 이로써 자신의 사랑을 확증해 주셨습니다. 받을 자격 없는 우리에게 은혜와 사랑과 생명을 주시기 위해 하나님 자신이 이 땅에 오셔서 십자가에서 피 흘리시며 모진 고난과 고통과 괴로움을 감당하신 것입니다.

우리가 은혜로 구원받았다면 다시는 구원받지 못한 세상 사람들과 같이 자기를 위해 살지 않고 주와 복음을 위해 살아야 합니다. 그렇게 살다가 주일에 예배당에 나와 예배드려야 하는 것입니다. 월요일부터 토요일까지 욕심 부리고, 미워하고, 용서하지 않고, 섬기지 않고, 사랑하지 않고, 대접하지 않으며 하나님의 계명대로 살지 않고 욕심대로 넓은 길로 가다가 주일이라고 예배당에 나와 경건한 척, 거룩한 척 가증한 예배를 드리지 말라고 말씀하시는 것입니다.

바로 이런 것들을 회개해야 하지 않겠습니까? 혹 '그래도 괜찮다, 하나님은 사랑이시다, 하나님은 자비와 긍휼이 많으시다' 하고 말하고 있습니까? 성경 어디에서 이런 것을 괜찮다고 하고 있습니까? 오히려 회개하라고 하십니다. 예배는 회개할 수 있고 용서받을 수 있는 엄청난 은총의 시간입니다. 그런데 그것을 죄라고 가르쳐 주지 않으니 다 놓쳐 버리고 마는 것입니다. 예배 참석만 하면 되고, 헌금 내면 되고, 기도하면 되고, 찬송하면 되고, 경건하고 거룩한 척하고 있으면 그것이 다 예배라는 것입니다. 그러나 하나님은 그런 것이 예배라고 하는 가증한 거짓말에 속지 말라고 강조하십니다.

또 5절에서는 "너희가 만일 길과 행위를 참으로 바르게 하여 이웃들 사이에 정의를 행하며"라고 말씀합니다. 이웃들 사이에서 정의를 행하며, 원망 들을 만한 삶을 살지 말라는 것입니다. 우리는 평소에도 예배자로 살다가 주일에 예배드리러 나와야 합니다. 하나님은 예배자로 살고, 하나님 말씀대로 살고, 이웃을 사랑하다가 하나님께 나아와 예배드리는 예배자를 찾으십니다. 만일 그렇게 살지 못했더라도 예배에서 회개할 수 있는 기회를 얻을 수 있지 않습니까? 그런데 이런 것도 없이 그냥 '괜찮다'라고 하는 거짓말에 속지 말라고 강조하는 것입니다. 우리는 세상에 있는 동안 공의와 정의를 행해야 하고, 저울추가 우리 자신 쪽으로 기울어져 있게 하면 안 됩니다. 세상에서 사람들에게 원망 들을 만한 일을 하지 말고 지내다 예배드려야 하는 것입니다.

계속해서 6절에서는 "이방인과 고아와 과부를 압제하지 아니하며"라고 말씀합니다. 사회적 약자를 핍박하지 말고 도와주라는 것입니다. 이웃이 어려움을 당했을 때 지나치지 말라는 것입니다. 누군들 되고 싶어서 고아가 되고 과부가 되었겠습니까? 여기서 말하는 이방인은 나그네입니다. 우리는 이런 이들을 기꺼이 돌보고 도와주어야 합니다.

예수님께서 누가복음 10장 30-37절에서 말씀하신 비유를 보면 과연 누가 강도 만난 자의 이웃입니까? 제사장은 제사 집도해야 해서 바쁘다고 그냥 가버렸습니다. 제사를 위해 봉사하며 섬겨야 하기에 바쁘다며 레위인도 그냥 가버렸습니다. 강도 만난 사람이 피를 흘리며 당장 죽게 생겼는데 그들은 바쁘다고 다 가버렸습니다. 그런데 지나가던 한 사마리아인이 그를 보살펴 주었습니다. 바쁘게 가던 길을 멈추고 보살펴 주고, 주막으로 데려가 그 주인에게 "이 사람을 돌보아 주라 비용이 더 들면 내가 돌아올 때에 갚으리라"(눅 10:35) 하며 자기 길을 갔다는 것입니다. 이 비유에서 과연 누가 강도 만난 자의 이웃입니까?

이웃이 있어야 예배가 됩니다. '네 이웃을 네 몸과 같이 사랑하라'는 계명을 무시하고 '하나님만 잘 섬기면 돼, 주일만 지키면 돼, 예배만 참석하면 돼' 하는 것은, 예배가 귀한 줄은 알지만 어떻게 예배를 드리는지는 모르는 것입니다. 즉, 한 주간 동안 이웃을 사랑하며 돌보고 서로 종노릇하다가 하나님께 나아와 예배드리라는 것입니다. 이것을 예배드리기 전에 성전 문 앞에서 선포하고 가르치라는 것입니다. 그래야 형식적인 예배가 되지 않기 때문입니다. 하나님이 가인의 예배를 받지 않으셨던 것을 기억해야 합니다. 가인은 예배를 드렸다고 착각했지만 하나님은 받지 않으셨습니다.

최근 우리 모두가 코로나로 어려움을 겪지 않았습니까? 주변의 어려움을 겪고 있는 이웃들을 보살펴 주는 것이 그리스도인입니다. 즉, 그리스도인으로서의 삶을 살며 하나님께 나아와 예배드리라는 것입니다(마 5:16).

본문 9-11절에서는 "너희가 도둑질하며 살인하며 간음하며 거짓 맹세하며 바알에게 분향하며 너희가 알지 못하는 다른 신들을 따르면서 내 이름으로 일컬음을 받는 이 집에 들어와서 내 앞에 서서 말하기를 우리가 구원을 얻었나이다 하느냐 이는 이 모든 가증한 일을 행하려 함이로다 내 이름으로 일컬음을 받는 이 집이 너희 눈에는 도둑의 소굴로 보이느냐 보라 나 곧 내가 그것을 보았노라 여호와의 말씀이니라"라고 말씀합니다. 사람들이 거룩하다고 하는 성전이 하나님이 보시기에는 도둑의 소굴이라는 것입니다. 가증하다는 것입니다. 우리는 십계명을 무시해서는 안 됩니다. 십계명은 예배자로 사는 규칙을 가르쳐 줍니다. 하나님은 하나님 외에 다른 신을 섬기지 말고, 부모를 공경하며, 하나님을 사랑하고 이웃을 사랑하라는 큰 계명을 주셨습니다. 모두 반드시 지켜야 할 계명입니다.

만약 지키지 않았다면 회개해야 합니다. 회개하고 예배를 드리라는 것입니다. 그래서 예배에서 가장 먼저 참회기도를 하지 않습니까? 예배드리기 전에 먼저 간절한 마음으로 한 주간 저지른 부끄러운 일들, 곧 하나님의 계명대로 살지 못하고, 이웃을 사랑하지 못하고, 이웃을 위해 기도하지 못하고, 전도하지 못하고, 어려운 이웃을 돌보지 못하고, 양심이 무뎌져서 살아온 것 등을 참회하고 통회하고 자복해야 하는 것입니다. 이러한 회개 없이 예배드리지 말라는 것입니다. 그런 예배는 가증하다는 것입니다.

성전에 나오면 다 구원받고, 다 복받는 것입니까? 하나님은 성전보다 크신 분이십니다. 우리는 하나님의 뜻을 깊이 헤아려 하나님이 찾으시는 예배자가 되어야 합니다.

가증한 예배를 멈춰야 합니다. 예배가 예배 되지 못하니 가증한 것이요, 예배가 예배 되지 못하니 거짓 예배입니다. 부족해서 잘못할 수도 있고, 믿음이 없어서 잘못할 수도 있으며, 약해서 잘못할 수도 있지만, 잘못한 것만큼은 알고 하나님께 나아가야 되지 않겠습니까?

이웃을 전도하지 않는 것은 그 영혼들이 지옥에 가도 아무런 감정이 없다는 것입니다. 이런 사람이 어찌 온전한 하나님의 자녀라 할 수 있겠습니까? 주위의 어려움을 겪고 있는 이웃들에게 빛과 소망이 되어 줄 때 자신이 참된 예수의 사람임을 증명할 수 있습니다. 하나님이 받으실 만한 아름다운 예배자로 회복되기를 바랍니다.

2.
감사로 드리는 예배

(시 136:1-26)

[1]여호와께 감사하라 그는 선하시며 그 인자하심이 영원함이로다 [2]신들 중에 뛰어난 하나님께 감사하라 그 인자하심이 영원함이로다 [3]주들 중에 뛰어난 주께 감사하라 그 인자하심이 영원함이로다 [4]홀로 큰 기이한 일들을 행하시는 이에게 감사하라 그 인자하심이 영원함이로다 [5]지혜로 하늘을 지으신 이에게 감사하라 그 인자하심이 영원함이로다 [6]땅을 물 위에 펴신 이에게 감사하라 그 인자하심이 영원함이로다 [7]큰 빛들을 지으신 이에게 감사하라 그 인자하심이 영원함이로다 [8]해로 낮을 주관하게 하신 이에게 감사하라 그 인자하심이 영원함이로다 [9]달과 별들로 밤을 주관하게 하신 이에게 감사하라 그 인자하심이 영원함이로다 [10]애굽의 장자를 치신 이에게 감사하라 그 인자하심이 영원함이로다 [11]이스라엘을 그들 중에서 인도하여 내신 이에게 감사하라 그 인자하심이 영원함이로다 [12]강한 손과 펴신 팔로 인도하여 내신 이에게 감사하라 그 인자하심이 영원함이로다 [13]홍해를 가르신 이에게 감사하라 그 인자하심이 영원함이로다 [14]이스라엘을 그 가운데로 통과하게 하신 이에

게 감사하라 그 인자하심이 영원함이로다 ¹⁵바로와 그의 군대를 홍해에 엎드러뜨리신 이에게 감사하라 그 인자하심이 영원함이로다 ¹⁶그의 백성을 인도하여 광야를 통과하게 하신 이에게 감사하라 그 인자하심이 영원함이로다 ¹⁷큰 왕들을 치신 이에게 감사하라 그 인자하심이 영원함이로다 ¹⁸유명한 왕들을 죽이신 이에게 감사하라 그 인자하심이 영원함이로다 ¹⁹아모리인의 왕 시혼을 죽이신 이에게 감사하라 그 인자하심이 영원함이로다 ²⁰바산 왕 옥을 죽이신 이에게 감사하라 그 인자하심이 영원함이로다 ²¹그들의 땅을 기업으로 주신 이에게 감사하라 그 인자하심이 영원함이로다 ²²곧 그 종 이스라엘에게 기업으로 주신 이에게 감사하라 그 인자하심이 영원함이로다 ²³우리를 비천한 가운데에서도 기억해 주신 이에게 감사하라 그 인자하심이 영원함이로다 ²⁴우리를 우리의 대적에게서 건지신 이에게 감사하라 그 인자하심이 영원함이로다 ²⁵모든 육체에게 먹을 것을 주신 이에게 감사하라 그 인자하심이 영원함이로다 ²⁶하늘의 하나님께 감사하라 그 인자하심이 영원함이로다

사람은 어디에 있는지에 따라 그 가치가 달라집니다. 예배는 하나님을 만나는 것입니다. 하나님을 만나면 무슨 일이 생길까요? 좋은 일이 생길까요, 나쁜 일이 생길까요? 엄청나게 좋은 일이 생깁니다. 하나님은 능치 못함이 없으시고, 모든 것을 우리에게 주기를 원하십니다. 자신의 독생자까지 주신 분으로 '구하는 자에게 좋은 것으로 주지 않겠느냐'고 하십니다. 실로 하나님은 우리에게 모든 것을 주셨습니다. 천지 만물을 창조하셨을 뿐만 아니라 공기를 주시고 해를 주시고, 우리가 살아갈 수 있는 환경과 집과 가정과 나라를 주셨습니다. 모두 하나님이 하신 일입니다. 우리는 우리 스스로 살 수 없습니다. 사람은 스스로 살 수 있는 존재가 아닙니다. 하나님께 받은 생명을 가지고 살아가는 것입니다.

절기는 참으로 아름답고 풍성한 것입니다. 하나님이 왜 우리에게 절기를 주셨습니까? 왜 절기를 지키라고 하셨습니까? '기억해라! 잊지 말아라! 절기대로 살아라!' 하신 것은 절기가 우리에게 더없이 유익하기 때문입니다. 예수님은 유월절과 칠칠절과 초막절 세 절기를 통해 이 땅에 오셨습니다. 절기를 통해 우리를 구원하셨고, 이로써 우리가 영원한 하나님의 나라에 가게 된 것입니다.

시편 기자는 1절에서 "여호와께 감사하라 그는 선하시며 그 인자하심이 영원함이로다"라고 노래합니다. 그리고 "그 인자하심이 영원함이로다"는 매 절 반복됩니다. 인자하심은 하나님의 성품이며, 그 인자하심으로 인한 특별한 사랑과 은총을 찬양하고 있는 것입니다. 하나님은 항상 우리에게 인자와 인애와 긍휼을 베풀어 주십니다. 죄인인 인간은 본래 영원히 멸망당해야 마땅한데 하나님의 인애하심과 인자하심을 따라 구원받았기에 기뻐하고 감사해야 합니다. 감사와 찬양은 예배의 핵심 키워드입니다. 그러기에 감사가 없는 예배와 신앙생활, 찬양이 없는 예배와 신앙생활은 신앙생활도, 예배도 아니고 종교생활일 뿐입니다. 그러니 절기를 형식적으로 지켜서는 안 됩니다.

1620년에 영국의 기독교인들은 종교적 박해 때문에 제대로 신앙생활을 할 수가 없어 메이플라워호를 타고 신대륙 아메리카로 이주했습니다. 그곳은 미지의 척박한 땅이었습니다. 추운 겨울을 지나면서 얼어 죽은 사람도 많았지만, 어렵게 살아남은 사람들은 옥수수 농사를 지어 첫 열매를 거두게 되었습니다. 그리고 죽음의 사선을 넘은 기쁨을 기념하기 위해 이날을 추수감사절로 지키게 되었습니다. 이스라엘 백성에게 추수감사절이란 애굽 땅에서 종노릇하던 것과 홍해를 건너 구원받은 것을 기억하는 것입니다. 특별히 광야에서 초막을 짓고 40년 동안 생활하던 것을 기억하는 것입니다.

예수님께서는 우리 모두가 영원한 나라에서 알곡과 쭉정이로 갈라지게 될 것이며, 그때 알곡들은 천국 곳간에 들이고 쭉정이들은 불살라 버린다고 하셨습니다. 이왕 예수 믿고 하나님의 자녀가 되었으니 절기를 통해 알곡 같은 신앙생활을 할 수 있기를 바랍니다. 이것은 해도 되고, 안 해도 되는 것이 아닙니다. 사람은 누구나 반드시 죽기 때문입니다. 죽으면 그 후에는 반드시 심판이 있습니다. 심판주 하나님은 우리가 행한 대로 갚아 주시고, 심은 대로 거두게 하십니다. 좋은 것을 심었으면 좋은 것을 거두고, 나쁜 것을 심었으면 나쁜 것을 거두게 되며, 많이 심었으면 많이 거두고, 적게 심었으면 적게 거두게 될 것입니다.

그렇다면 어떻게 심어야 합니까? 믿음으로 심어야 합니다. 우리 자신의 확신이 아니라 믿음으로 말입니다. 믿음은 들음에서 나며, 들음은 그리스도의 말씀으로 말미암습니다. 예수 그리스도가 믿음의 주요, 믿음을 온전하게 하시는 믿음의 주인이십니다. 그러므로 우리는 예수를 믿는 믿음, 예수를 따르는 믿음, 예수를 본받는 믿음의 알곡이 되어야 합니다.

본문에서 "감사하라"라는 말을 반복하는데, 이는 감사가 없는 신앙생활은 죽은 신앙생활이기 때문입니다. 감사가 없는 신앙생활은 종교생활보다 못한 것입니다. 레위기 23장에 따르면, 하나님께서 우리에게 절기를 주신 것은 하나님을 섬기게 하기 위함입니다. 즉, 절기는 하나님을 위한 것입니다. 하나님을 위하여 절기를 주셨습니다. 하나님을 섬기라고 주신 것입니다. 하나님을 높이고 경배하며 기억하라고 절기를 주셨습니다. 그럼에도 이러한 절기의 본질을 놓치고 사람들끼리 서로 즐거워하고 기뻐하고 행복만 좇는다면 이는 큰 잘못입니다.

본문에서 첫 번째로 말하는 것은 창조주 하나님을 기억하라는 것입니다. 하나님은 모든 만물의 주인이시라는 것입니다. 이사야 1장 3절에서 하나님은 "소는 그 임자를 알고 나귀는 그 주인의 구유를 알건마는 이스라엘은 알지 못하고 나의 백성은 깨닫지 못하는도다"라고 책망하십니다. "내가 너희의 주인인데 나를 두려워함도 없고, 내가 너희 아버지인데 공경함도 없다"고 말씀하십니다. 그래서 절기 때는 돌아와야 되고 회복되어야 합니다.

절기가 절기 될 때 인생도, 가정도, 환경도 회복되는 것입니다. 창조주 하나님을 모른다면 어디로 돌아오겠습니까? '창조주 하나님'이란 말은 하나님이 '주인'이라는 뜻입니다. 하나님은 모든 만물의 주인이십니다. 그러므로 해와 별과 달을 창조하신 하나님께 감사하라는 것입니다. 참으로 하나님은 주인이십니다. 우리의 인생과 가정은 물론, 모든 만물의 주인이심을 기억하고 감사하며 찬양할 수 있기를 바랍니다. 감사하고, 감사하고, 감사하다 보면 찬양이 나옵니다. 또 찬양에서는 감사가 빠질 수 없습니다. 감사와 찬양은 손바닥과 손등과 같습니다. 우리가 할 것은 감사뿐입니다. 우리가 할 것은 감사를 찬양에 담아 하나님께 영광 돌리는 것뿐입니다. 하나님은 우리에게 모든 것을 주셨고, 우리를 지켜 주시고 이끌어 주시며 오래 참아 주셨습니다. 이것이 하나님의 인자하심입니다.

본문 2-3절에서는 "신들 중에 뛰어난 하나님께 감사하라 그 인자하심이 영원함이로다 주들 중에 뛰어난 주께 감사하라 그 인자하심이 영원함이로다"라고 찬양합니다. 모든 신 중의 신이시며 경배를 받으실 분은 오직 하나님 한 분뿐이시라는 것입니다. 사람은 대부분 자기가 주인 노릇을 하려고 하지만 참 주인은 하나님이시며 주인 중의 주인은 하나님이시니 감사하라는 것입니다.

또 우리는 우리가 하나님의 것을 가지고 살아온 청지기라는 것을 기억해야 합니다. 하나님은 우리 각자에게 생명과 육체와 인생과 시간과 가정과 자녀를 맡겨 주셨을 뿐 아니라 재능과 일터와 일감을 맡겨 주셨습니다. 하나님께서 맡겨 주신 것을 가지고 청지기로서의 삶을 살아가라는 것입니다. 그러므로 항상 자신이 청지기인 것을 잊지 말고 기억해야 합니다. 청지기로 살아갈 때 하나님 앞에 감사할 수 있고, 그럴 때 하나님의 자비하심을 느낄 수 있습니다.

아름다운 절기를 통해 우리는 반드시 빈손으로 왔다가 빈손으로 간다는 것을 기억해야 합니다. 때때로 모든 것을 움켜쥐고 자기 것인 듯 착각하고 살지만 우리는 모두 청지기로서 빈손으로 왔으니 빈손으로 갈 수밖에 없습니다. 땡전 한 푼 가져온 것이 없는 인생들입니다. 지금까지 하나님의 것을 가지고 살았음을 기억하고 잊어버리지 말아야 합니다. 그러므로 하나님이 맡겨 주신 것을 관리하는 청지기로, 하나님의 자녀로, 빛으로 살아가기를 바랍니다.

예수님은 우리에게 '너희는 세상의 소금이다'라고 말씀하셨습니다. 소금인 우리로 인해 썩어질 세상이 썩지 않게 되는 것입니다. 3퍼센트의 염분 때문에 97퍼센트의 바닷물이 썩지 않는 것처럼 청지기로서 세상에서 소금의 역할을 감당해야 합니다. 우리에게 주어진 시간, 건강, 재정 등을 이웃의 영혼을 살리고 사랑하는 일에 마음껏 사용해야 합니다.

흔히 말하듯 사랑하기도 바쁜데 미워할 시간이 어디 있습니까? 감사하면서 살기도 바쁜데 왜 원망하고 불평하며 사느냐는 것입니다. 더러운 원수들이 틈타지 못하도록 지켜 주는 감사가 하나님의 능력이 되고 권능이 될 줄 믿습니다. 감사할 때는 불평불만이 사라집니다. 감사할 때는 원망, 근심, 걱정이 사라집니다.

 감사가 능력이 되는 것을 경험해야 합니다. 감사하는 가정은 행복한 가정입니다. 부모는 자녀에게 '네가 건강하게 자라 주니 감사하구나. 네가 내 자녀로 아름답게 살아가니 감사하구나' 하며, 자녀는 자기를 낳아 주신 부모에게 감사해야 합니다. 형제간, 부부간, 모든 관계에서 감사할 때 원수들이 틈타지 못합니다.

 원수들은 이간자입니다. 사람들이 서로 다투고 분쟁하고 불편하게 만듭니다. 가족끼리도 불편해서 서로 쳐다보기도 싫어지게 만듭니다. '너는 네 방에, 나는 내 방에' 하며 일주일 내내 서로 얼굴 구경하기가 힘듭니다. 주일 아침에나 한 번씩 보게 되니 약간의 낯설음이 있기도 합니다. 전에는 가족이 한 밥상에 둘러 앉아 같이 밥을 먹는 일이 많았습니다. 그러나 지금은 그러기가 어렵습니다. 원수들은 사람들 사이를 이간질하기 좋아하지만 하나님은 그렇지 않습니다. 감사로 더러운 원수들을 물리치기를 바랍니다.

 또 하나님의 어떤 부분을 잃어버리지 말아야 합니까? 우리를 구원하신 하나님을 잃어버려서는 안 됩니다. 우리가 받은 구원을 잃어버리지 말라는 것입니다. 하나님은 절기를 통해 구원을 잃어버리지 말고 기억하며 구원받은 자답게 살라고 하십니다.

 성경에서 어떤 사람들은 구원을 잃어버리고 믿음이 파선한다고 했습니다. 아무리 좋은 것을 받았다 한들 잃어버린다면 뭐하겠습니까? 아무리 귀한 것을 가지고 있다 한들 잃어버린다면 무슨 소용이 있겠습니까? 원수는 빼앗는다고 했습니다. 구원뿐 아니라 하나님께 받을 상도 빼앗습니다. 빼앗기지 않는 능력이 감사입니다. 감사와 찬양은 우리 신앙생활에서 반드시 필요한 절대적인 요소입니다. 우리는 하루 또는 한 주간을 살아가면서 얼마나 감사하고 있습니까?

한국 사람들은 감사의 민족입니다. 식당에서 자기 돈 주고 사 먹으면서도 나올 때는 감사하다고 합니다. 옷 가게에서 옷을 사고 나오면서도 감사하다고 하고, 버스를 타고 가면서도 내릴 때도 감사하다고 합니다. 목적지까지 안전하게 데려다 주는 것이 감사한 것입니다. 그런데 하나님께 드리는 감사를 잃어버린다면 어찌 하나님을 아는 사람, 하나님을 섬기는 사람, 하나님의 자녀라 할 수 있겠습니까? 감사하면 다툼이 사라져 버립니다. 감사하면 모든 질병도 사라지고 행복해집니다. 성경은 범사에 감사하라고 말씀합니다. 감사가 생활이 되기를 바랍니다.

부족함이 있더라도 감사하면 하나님이 덮어 주십니다. 인자하심이 영원하신 분이 우리를 특별한 사랑의 대상으로 삼아 주시고 사랑하시기 때문입니다. 우리에게 특별한 은혜를 베풀어 주시는 분이라는 말입니다. 은혜는 받을 수 없는 무자격자가 받는 생명입니다. 우리는 은혜로 구원을 받았고, 은혜로 죄 사함을 받았습니다. 우리는 은혜로 하나님의 자녀라는 신분으로 살아가는 것입니다. 그러므로 은혜를 잃어버리지 말기 바랍니다. 은혜를 잃어버리면 그다음에는 원수가 들어오게 되어 있습니다. 지금껏 살아온 것이 은혜요, 또 앞으로 살아갈 것도 은혜이기에 지금껏 주신 은혜와 장차 받을 은혜에 대해 감사로 하나님께 영광 돌리기를 바랍니다.

감사는 기독교인들의 특징입니다. 일상에서 '감사합니다', '고맙습니다' 같은 언어를 사용하는 사람은 대부분 기독교인입니다. 예수를 믿지 않는 사람이 그런 언어를 쓴다면 그 사람은 반드시 예수를 믿을 사람입니다. 우리가 무슨 크고 대단한 일을 해서 빛이 되는 것이 아닙니다. 우리의 입술과 표정에서 밝히 드러납니다. 그리스도인이기 때문에 절기를 지키고 감사로 살아가는 것이 참된 신앙생활입니다. 조금은 어둡고 어렵고 힘들어하는 이웃들에게 우리가 그리스도를 알게 하는 징검다리가 되기를 바랍니다. 우리의 입술이 침묵해서는 안 됩니다. '감사합니다', '고맙습니다', '축복합니다', '사랑합니다' 이런 언어를 사용하는, 감사로 드리는 예배의 절기가 되기를 바랍니다.

3.
거룩한 것을 가지고 예배하라

(시 96:1-13)

¹새 노래로 여호와께 노래하라 온 땅이여 여호와께 노래할지어다 ²여호와께 노래하여 그의 이름을 송축하며 그의 구원을 날마다 전파할지어다 ³그의 영광을 백성들 가운데에, 그의 기이한 행적을 만민 가운데에 선포할지어다 ⁴여호와는 위대하시니 지극히 찬양할 것이요 모든 신들보다 경외할 것임이여 ⁵만국의 모든 신들은 우상들이지만 여호와께서는 하늘을 지으셨음이로다 ⁶존귀와 위엄이 그의 앞에 있으며 능력과 아름다움이 그의 성소에 있도다 ⁷만국의 족속들아 영광과 권능을 여호와께 돌릴지어다 여호와께 돌릴지어다 ⁸여호와의 이름에 합당한 영광을 그에게 돌릴지어다 예물을 들고 그의 궁정에 들어갈지어다 ⁹아름답고 거룩한 것으로 여호와께 예배할지어다 온 땅이여 그 앞에서 떨지어다 ¹⁰모든 나라 가운데서 이르기를 여호와께서 다스리시니 세계가 굳게 서고 흔들리지 않으리라 그가 만민을 공평하게 심판하시리라 할지로다 ¹¹하늘은 기뻐하고 땅은 즐거워하며 바다와 거기에 충만한 것이 외치고 ¹²밭과 그 가운데에 있는 모든 것은 즐거워할지로다 그때 숲의 모든 나무들이 여호와 앞에서 즐거이 노래하리니 ¹³그가 임하시되 땅을 심판

하러 임하실 것임이라 그가 의로 세계를 심판하시며 그의 진실하
심으로 백성을 심판하시리로다

　하나님의 자녀에게 하나님께 예배드리는 것만큼 행복하고 기쁘
고 즐거운 것은 없습니다. 우리는 하나님의 자녀입니다. 자녀로서
아버지에 대해 배우는 것이 얼마나 기쁩니까? 하나님이 보통 아버
지입니까? 전능하신 하나님, 그분이 우리의 아버지입니다. 하나님이
우리의 아버지라는 것을 믿는다면, 예배는 하나님 아버지를 뵙는
것입니다. 하나님의 자녀에게 하나님 아버지를 뵙는 것만큼 기쁜
것은 없습니다. 그분은 우리의 모든 것을 아시는 분입니다. 우리를
창조하셨기에 우리보다도 우리를 더 잘 아시는 분입니다. 무엇이 필
요한지 벌써 알고 계시기에 그분을 전지전능하신 하나님이라고 하
는 것입니다.

　그분 앞에 우리는 이 모습 이대로 나아가는 것입니다. 그분 앞에
서는 아무것도 숨길 수 없고, 숨을 수도 없습니다. 하나님은 다 알
고 계십니다. 우리의 머리카락까지 다 세시는 분이 무엇을 모르시겠
습니까? 그럼에도 우리의 더러운 죄를 예수 그리스도의 보혈로 덮어
주셔서 더 이상 그 죄를 보지 않으십니다. 오직 우리 안에 계신 예
수 그리스도로 말미암아 하나님께 기쁨의 예배를 드릴 수 있게 된
것입니다. 그러므로 예배는 기쁘고 즐거운 것이며 잔치입니다.

　주일은 잔칫날입니다. 잔칫날 우울하면 되겠습니까? 잔칫날에 한
숨이나 쉬고 있으면 되겠습니까? 하나님께 예배드리러 나왔다면 성
공한 사람이요, 승리자입니다. 인생을 바꿀 수 있고, 인생의 생사화
복을 주관하시는 분은 오직 하나님이십니다. 그분을 뵙는 예배의 주

인공들이 되기를 바랍니다. 예배의 구경꾼이 되어서는 안 됩니다.

우리가 예배의 주인공입니다. 이것만은 확실하게 알고 있어야 합니다. '나 같은 것이 무슨 예배의 주인공이야? 죄가 이렇게 많은데…, 부끄러운데…, 양심의 거리낌이 있는데…' 하고 생각한다면 천만의 말씀입니다. 걱정하지 마시기 바랍니다. 인간의 방법으로 해결할 수 없기 때문에 주님이 친히 죽어주셨습니다. 피 흘려 주신 것입니다. 이것을 믿음으로 나아가는 것입니다. 믿음으로 하나님을 기쁘시게 하는 것이니 믿음으로 예배에 성공하시기를 바랍니다.

본문 시편 96편 1절부터의 말씀이 영의 양식이 되어 죽은 심령이 살아나고, 모든 근심과 걱정과 염려가 깨끗이 사라지기를 바랍니다. 우리는 행복할 자격만 있을 뿐 불행할 자격이 없습니다. 이미 우리 인생에서 불행은 다 사라져 버린 것입니다. 누가 뭐래도 우리는 행복자란 말입니다.

그런데 원수 마귀는 우리를 "네가 무슨 행복자야? 네가 뭔데 복이 있는 사람이야?"라고 정죄합니다. 그러나 하나님은 그렇지 않습니다. 성령 안에서는 정죄함이 없다고 말씀합니다. 그러므로 아무도 우리를 정죄할 수 없습니다. 우리는 하나님의 귀한 자녀로 신분이 바뀌었습니다. 뭘 잘했다거나 어떤 노력을 해서가 아닙니다. 하나님의 자녀라는 것 그 자체가 복입니다.

하나님은 거룩하시니 거룩한 것을 가지고 예배해야 합니다. 레위기 11장 44절에서 하나님은 "내가 거룩하니 너희도 몸을 구별하여 거룩하게 하고"라고 말씀합니다. 우리는 거룩한 성도입니다. 주일은 거룩한 날입니다. 하나님이 거룩하십니다. 거룩하다는 것은 다르다는 말입니다. 하나님은 피조물과 다르기 때문에 거룩하신 분입니다.

성도들은 세상 사람과 다르다는 말입니다. 뭐가 다릅니까? 코가 다릅니까? 입이 다릅니까? 키가 다릅니까? 그런 것은 똑같지만 다른 것이 있습니다. 가는 길이 완전히 다릅니다. 우리는 예수 믿고 천국으로 갑니다. 날마다 행복하고 기쁘고 즐거운 천국이 되는 것입니다. 예수 그리스도가 계시지 않다면 다른 많은 것을 가졌어도 그건 행복이 아니라 그 자체가 불행이고 실패일 뿐 아니라 모든 삶이 늘 불안하고 초조합니다.

하나님을 믿고 의지하기를 바랍니다. 거룩함은 제 아무리 노력해도 사람의 힘으로는 될 수 없고 오직 하나님의 영으로만 가능합니다. 그분이 거룩하시고, 그분의 이름이 거룩하십니다.

시편 기자는 본문 1절에서 "새 노래로 여호와께 노래하라 온 땅이여 여호와께 노래할지어다"라고 말하고, 2절에서도 "여호와께 노래하여 그의 이름을 송축하며 그의 구원을 날마다 전파할지어다"라고 하면서 하나님의 거룩한 이름을 송축하라고 합니다. 그리고 9절에서는 "아름답고 거룩한 것으로 여호와께 예배할지어다 온 땅이여 그 앞에서 떨지어다"라고 하며 아름답고 거룩한 것으로 하나님께 예배하라고 명령합니다. 하나님을 두려워하지 않는다면 세상 것을 두려워하고 비굴해질 수밖에 없습니다.

우리는 누구도 내일을 살아 본 적이 없습니다. 내일 어떤 일이 일어날지 아무도 모릅니다. 그렇기 때문에 두려운 것입니다. 인생은 연습이 없습니다. 한 번 지나가면 끝납니다. 연습해 보고 인생을 살 수 있다면 좀더 잘 살아 볼 수도 있을 텐데 인생은 그렇지가 않습니다. 그렇기 때문에 우리는 두려울 수 있지만, 하나님이 우리의 마음을 감찰하시고, 우리 가는 길에 등과 빛이 되어 주시면 두려움이 사라집니다.

우리는 거룩한 것을 가지고 예배해야 하는데, 첫째로 하나님의 이름을 가지고 예배해야 합니다. 8절에서 "여호와의 이름에 합당한 영광을 그에게 돌릴지어다 예물을 들고 그의 궁정에 들어갈지어다"라고 말씀합니다. 예물을 들고 하나님께 예배하라는 것입니다. 제물과 예물이 무슨 차이가 있습니까? 구약 시대에는 하나님께 나아가려면 제물과 희생을 드려야 했습니다. 죄인들이 하나님을 만나기 위해서는 반드시 희생의 제물이 필요합니다. 우리 자신을 대신할 희생의 제물이 필요한 것입니다. 그래서 양이나 소, 또는 비둘기를 잡아 죽여야 했습니다.

과거에 죄인들이 하나님께 나아가기 위해서는 반드시 제물이 필요했습니다. 하지만 지금 우리가 드리는 것은 제물이 아니라 예물입니다. 구원받은 우리가 하나님께 감사하여 기쁨으로 드리는 것이 예물입니다. 마태복음 23장 23절에서 예수님은 외식하는 자들에게 "너희가 박하와 회향과 근채의 십일조는 드리되 율법의 더 중한 바 정의와 긍휼과 믿음은 버렸도다"라고 말씀하십니다. 무엇을 버렸다는 것입니까? 정의와 긍휼과 믿음입니다. 이는 곧 믿음과 사랑과 감사함이 빠졌다는 것입니다.

신약 시대에 와서는 예수님이 희생의 제물이 되셨습니다. 히브리서 7장은 예수 그리스도가 십자가에서 제물이 되신 것을 말씀하고 있는데, 예수님이 단번에 제물이 되셔서 다시는 제사의 법이 우리에게 통용되지 않는다고 설명합니다. 로마서 12장 1절은 "너희 몸을 하나님이 기뻐하시는 거룩한 산 제물로 드리라"라고 말씀합니다. 우리 몸이 산 제물입니다. "너희는 너희가 하나님의 성전인 것과 하나님의 성령이 너희 안에 계시는 것을 알지 못하느냐"(고전 3:16).

본문 8절의 "여호와의 이름에 합당한 영광을 그에게 돌릴지어다 예물을 들고 그의 궁정에 들어갈지어다"에서 궁정은 성전을 말합니다. 성전에서 예배드릴 때 하나님께 거룩한 것을 가지고 드리라는 것입니다. 하나님께 나아갈 때는 하나님의 이름과 예물이 필요합니다. "나에게 나아올 때 빈손으로 오지 말라"는 것은 반드시 예물이 필요하다는 것인데 이것은 곧 신앙고백입니다. 제물이 아니라 예물이라는 말입니다. 예수님이 이미 제물이 되어 주셨습니다. 이제는 은혜받은 죄인들이 예수님을 믿고 의지하며 그의 이름과 피, 고난과 죽으심으로 참된 자유자가 되었기에 하나님께 나아갈 때 기쁨과 감사로 예물을 드리는 것입니다.

"너희 보물 있는 곳에는 너희 마음도 있으리라"(눅 12:34).

예물을 드리는 것은 마음의 고백입니다. "돈보다 하나님을 더 사랑합니다. 물질보다 하나님을 더 의지합니다." 이런 고백입니다. 금도 은도 다 하나님의 것입니다. 하나님은 우리의 코 묻은 돈을 받으시는 것이 아니라 우리의 마음을 받으시며, 우리는 베풀어 주신 은혜에 대한 감사와 감격에 젖어 하나님께 예물을 드리는 것입니다. 무엇보다 우리 자신이 예물이 되어야 합니다. 우리 몸을 산 제물로 드려야 합니다.

본문은 '궁정에 들어가서 예배를 드리라'라고 분명히 말씀하고 있습니다. 성전에 들어가서 거룩한 예배를 드리라는 것입니다. 이는 곧 거룩한 것을 가지고 예배하라는 것입니다. 주일은 인간이 마음대로 쓸 수 있는 날이 아니라 거룩한 날입니다. 평일과 다른 날이라는 말입니다. 하나님께서는 아담에게 "동산 각종 나무의 열매는 네가 임의로 먹되 선악을 알게 하는 나무의 열매는 먹지 말라"(창 2:16-17)라고 하셨습니다. 그리고 먹는 날에는 반드시 죽을 것이라는 말씀도

덧붙이셨습니다. 에덴동산은 성전입니다. 아담과 하와는 선악과를 따 먹음으로 성전이었던 예배 장소에서, 예배 동산에서, 아름다운 동산에서 쫓겨났습니다. 우리가 주일만 잘 지켜도 하나님이 이 나라, 이 민족을 회복시켜 주실 것입니다.

성전에서 기도하기 전에 무엇을 해야 합니까? 주일을 잘 지키지 못한 것, 거룩한 예배를 드리지 못한 것, 거룩한 생활을 하지 못한 것 등을 회개해야 합니다. 그러면 시온의 대로가 활짝 열릴 것입니다. 우리의 소원을 만족하게 해주실 것입니다. 성경은 의인이 걸식하는 것을 보지 못했다고 말씀합니다.

본문 1절의 "새 노래로 여호와께 노래하라 온 땅이여 여호와께 노래할지어다"라는 말씀처럼 새 노래로 하나님께 예배드리기를 바랍니다. '새 노래'는 아무나 부르는 것이 아닙니다. 요한계시록 14장 3절은 "그들이 보좌 앞과 네 생물과 장로들 앞에서 새 노래를 부르니 땅에서 속량함을 받은 십사만 사천밖에는 능히 이 노래를 배울 자가 없더라"라고 말씀합니다. 물과 성령으로 거듭난 하나님의 자녀들이 하나님을 높이고 찬양하며, 하나님 앞에서 의와 진리와 거룩함의 생활을 하는 것이 곧 새 노래입니다. 은혜가 아니라 진리로 살아갈 때 새 노래가 되는 것입니다.

우리는 거룩한 하나님의 성전에 거룩한 예물을 가지고 베풀어 주신 거룩한 하나님의 은혜에 감사하는 마음으로 하나님을 예배해야 합니다. 지옥 갈 사람을 천국 갈 사람으로, 마귀의 자녀를 하나님의 자녀로 만드셔서 영원한 영생의 복을 주셨기에 이제 우리는 자신을 위해 살 수 없습니다. 고린도후서 5장 15절은 "다시는 그들 자신을 위하여 살지 않고 오직 그들을 대신하여 죽었다가 다시 살아나신 이를 위하여 살게 하려 함이라"라고 말씀하고, 갈라디아서 2장 20절에서도 "내가 그리스도와 함께 십자가에 못 박혔나니 그런즉 이제는 내가 사는 것이 아니요 오직 내 안에 그리스도께서 사시는 것이라"라고 말씀합니다.

이 썩어질 세상에서 건짐받은 의와 진리의 거룩함을 입은 새 사람으로서 하나님께 예배드리기를 갈망하십시오. 거룩한 것을 가지고 예배한다는 것은 이론이 아닙니다. 하나님의 말씀입니다. 하나님께서 우리에게 가장 원하시는 것은 예배입니다. 예배는 인생의 한 부분이 아니라 전부입니다. 이 세상 그 무엇보다 목숨 걸 만한 가치가 있는 것이 예배입니다.

본문 7-9절은 "만국의 족속들아 영광과 권능을 여호와께 돌릴지어다 여호와께 돌릴지어다 여호와의 이름에 합당한 영광을 그에게 돌릴지어다 예물을 들고 그의 궁정에 들어갈지어다 아름답고 거룩한 것으로 여호와께 예배할지어다 온 땅이여 그 앞에서 떨지어다"라고 말씀합니다. 거룩한 예배자로 살아가기를 다짐합시다.

4.
거룩한 몸으로 드리는 예배

(고전 6:12-20)

¹²모든 것이 내게 가하나 다 유익한 것이 아니요 모든 것이 내게 가하나 내가 무엇에든지 얽매이지 아니하리라 ¹³음식은 배를 위하여 있고 배는 음식을 위하여 있으나 하나님은 이것 저것을 다 폐하시리라 몸은 음란을 위하여 있지 않고 오직 주를 위하여 있으며 주는 몸을 위하여 계시느니라 ¹⁴하나님이 주를 다시 살리셨고 또한 그의 권능으로 우리를 다시 살리시리라 ¹⁵너희 몸이 그리스도의 지체인 줄을 알지 못하느냐 내가 그리스도의 지체를 가지고 창녀의 지체를 만들겠느냐 결코 그럴 수 없느니라 ¹⁶창녀와 합하는 자는 그와 한 몸인 줄을 알지 못하느냐 일렀으되 둘이 한 육체가 된다 하셨나니 ¹⁷주와 합하는 자는 한 영이니라 ¹⁸음행을 피하라 사람이 범하는 죄마다 몸 밖에 있거니와 음행하는 자는 자기 몸에 죄를 범하느니라 ¹⁹너희 몸은 너희가 하나님께로부터 받은바 너희 가운데 계신 성령의 전인 줄을 알지 못하느냐 너희는 너희 자신의 것이 아니라 ²⁰값으로 산 것이 되었으니 그런즉 너희 몸으로 하나님께 영광을 돌리라

우리를 거룩한 몸과 하나님의 집과 거룩한 성전으로 삼아 주신 하나님 아버지께 영광을 돌립니다. 하나님의 관심은 성전에 있습니다. 이것은 무슨 뜻인지 깨달을 수 있기를 바랍니다.

하나님이 이스라엘 백성을 선택하신 것은 성전 때문입니다. 에덴동산에서 아담과 하와를 하나님의 형상대로 창조하신 것도 성전 삼고자 함이었습니다. 성전은 하나님이 거하시는 집입니다. 본문에서 사도 바울은 "너희가 하나님의 성전인 것과 하나님의 성령이 너희 안에 거하시는 것을 알지 못하느냐"라고 말합니다.

우리는 우리 자신이 어떤 존재인지를 분명히 알아야 합니다. '나는 누구인가?', '나는 어떤 존재인가?'에 대한 답을 가지고 있어야 합니다. 그런데 세상에는 답이 없습니다. 세상의 학자들이 아무리 철학과 윤리, 도덕을 연구해도 찾지 못했습니다. 사람은 어디에서 와서 어디로 가는지 모릅니다. 그러나 성경은 우리가 어디에서 와서 어디로 가는지 분명히 말씀하고 있습니다. 무엇 때문에 하나님이 우리를 창조하셨는지, 어떻게 살아가야 하는지, 우리가 어떠한 존재인지를 하나님은 성경을 통해 분명히 알려 주고 계십니다. 우리는 우리 자신이나 우리를 낳아 주신 부모의 것이 아니라 부모를 통해 우리를 존재하게 하신 하나님의 것입니다.

이것을 분명히 알아야 합니다. 우리는 하나님의 것입니다. 우리는 원래 없었던 존재였지만 하나님께서 무(無)에서 유(有)를 창조하신 것입니다. 우리가 처음부터 있었습니까? 아닙니다. 하나님께서 부모를 통해 우리를 태어나게 하시고 생명을 주셔서 존재하게 하셨습니다. 우리는 우리 스스로 존재하는 것이 아닙니다. 그래서 '나는 나의 주인이 아니다'라는 것 하나만 알아도 인생은 확실하게 달라집니다. 세상 사람들은 이것을 모르기에 자기가 자신의 것인 줄로 착각하고 살다 빈손으로 왔으니 빈손으로 갈 수밖에 없고, 끝에 가서는 후회 외에는 아무것도 남는 것이 없습니다. 하지만 우리는 그렇지 않습니다. 창조주 하나님을 우리 아버지라고 고백하게 되었습니다. 주님이 피 값으로 우리를 사셨기 때문입니다.

본문 20절에서 "값으로 산 것이 되었으니 그런즉 너희 몸으로 하나님께 영광을 돌리라"라고 말씀합니다. 하나님은 예수 그리스도의 피 값으로 우리를 사셨습니다. 예수 그리스도의 피는 인간들의 썩은 피, 죄의 피가 아니라 거룩한 피입니다. 그래서 '보배로운 피'라고 하는 것입니다. 그 피로 우리가 죄 사함받아 하나님의 자녀가 되었고, 하나님의 것임을 깨닫게 되었습니다. 우리는 우리 자신의 것이 아닌데 자기 것인 줄로 착각하며 살다가 결국 멸망당하고 마는 것입니다.

하나님이 우리에게 생명과 건강을 맡겨 주셨습니다. 70년이면 70년, 100년이면 100년, 한평생을 우리에게 맡겨 주신 것입니다. 우리는 하나님이 맡겨 주신 인생이고, 생명이며, 몸뚱어리입니다. 이것을 아는 것이 복입니다. 어느 날 베드로가 예수님께 "주는 그리스도시요 살아 계신 하나님의 아들이시니이다"(마 16:16)라고 고백했습니다. 즉, 자기의 주인은 그리스도라는 것입니다. 주님은 이때 "바요나 시몬아 네가 복이 있도다 이를 네게 알게 한 이는 혈육이 아니요 하늘에 계신 내 아버지시니라"(마 16:17)라고 하셨습니다. 그것을 알게 한 존재는 인간의 지식이나 학문, 경험이 아니라 하나님 아버지라는 것입니다.

우리가 어떻게 보지 못하는 하나님을 믿을 수 있고, 2천 년 전에 오신 예수님을 구주로 영접할 수 있습니까? 믿음으로 구원받는다는 말씀이 믿어지게 하시는 이는 오직 성령이십니다. 예수님을 믿을 수 있도록 우리 발걸음을 인도하시고 인생을 이끌어 주신 분이 성령이라는 말입니다. 갈라디아서 3장 3절의 "너희가 이같이 어리석으냐 성령으로 시작하였다가 이제는 육체로 마치겠느냐"라는 말씀처럼, 성령으로 시작하였다가 육체로 마치면 비참한 사람이 되는 것입니다. 육체를 따라 사는 자는 썩어질 것을 거두고, 성령을 좇아 사는 자는 성령을 따라 영생을 거둘 것입니다.

우리가 예수님을 믿게 된 것이나 교회에 나오게 된 것, 전도하게 된 이 모든 것이 성령이 하시는 역사입니다. 우리는 성령으로 예수님을 믿게 된 것이고, 성령으로 말씀이 믿어진 것이고, 성령으로 하나님의 자녀가 된 것입니다. 그런데도 성령으로 시작했다가 육체로 마치는 것은 변질입니다. 분명한 용도가 있는데 용도에서 벗어났다면 곧 변질이고 타락입니다.

하나님께서는 하나님의 영광을 위해, 하나님의 이름을 위해, 하나님의 나라를 위해, 하나님의 권위를 위해 우리를 성전 삼아 주셨습니다. 성전만큼 귀한 것은 없습니다. 원래 우리는 성전이 아니라 본디 진노의 자녀였습니다. 우리 아비는 마귀요, 우리의 집은 악하고 더러운 영들이 득실득실한 귀신의 처소였습니다. 그런 우리를 불러 주시고, 주님의 거룩한 보혈로 깨끗하게 해주시고, 주님의 이름을 우리에게 주셔서 하나님의 자녀 즉 성전 삼아 주셨습니다. 우리를 성전 삼아 주시기 위해 예수님이 십자가에서 피 흘리시며 못 박혀 죽으셨습니다. 그럼에도 믿음으로 말미암아 구원받은 우리가 육체로 마치면 되겠습니까? 마지막에 비참한 결과로 종결된다면 헛된 신앙생활을 한 것이고, 헛된 인생을 산 것입니다. 아무리 열심히 부지런히 살아도 결국 후회할 일만 남게 될 것입니다.

하나님의 관심은 성전에 있습니다. 과거에는 성전이 건물로 지은 것이었지만, 이제는 예수 그리스도께서 우리를 성전 삼아 주셨습니다. 성령이 거하시는 성전, 하나님의 이름을 둔 성전 말입니다. 성전은 거룩한 하나님의 집이요, 하나님의 권속에게 베푸신 큰 은총입니다. 그래서 용도가 바뀌어서는 안 되는 것입니다. 하나님의 성전은 하나님의 이름과 영광을 위해, 하나님께 기쁨을 드리기 위해 존재하는 것인데 오늘날 그 성전의 용도가 바뀌어 버렸습니다. 성전의 목적이 달라졌습니다. 이것을 회복하는 것이 예배요, 회개요, 주일입니다.

우리가 성전이라면 우리 안에 하나님의 영이 계십니다. 그리고 하나님의 영광이 가득해야 성전입니다. 솔로몬이 성전을 지었을 때 하나님께서는 거기에 자신의 이름을 두시고, 그곳에서 하나님의 백성들이 기도하면 응답해 주시고, 전염병과 전쟁과 기근에서도 구원해 주겠다고 약속하셨습니다. 그런데 이들은 하나님보다 다른 것들을 더 사랑하고 우상을 섬김으로 성전을 더럽혔습니다. 종이 두 주인을 섬길 수 없듯 인간은 하나님과 재물을 겸해서 섬길 수 없습니다. 하나님이 그들을 자녀로 불러 주시고 피 값으로 사셨는데도 자신의 몸을 창기로 만들었습니다.

그렇다면 우리는 하나님 앞에 우리 자신을 어떻게 드려야 할까요? 말씀으로 깨끗하게 해야 합니다. 디모데후서 2장 21절은 "그러므로 누구든지 이런 것에서 자기를 깨끗하게 하면 귀히 쓰는 그릇이 되어 거룩하고 주인의 쓰심에 합당하며 모든 선한 일에 준비함이 되리라"라고 말씀합니다. 더러운 그릇이 되면 천하게 쓰이게 될 것입니다.

오늘날 성전은 성전인데 성전의 기능을 잃어버리고 용도가 바뀌어 버렸습니다. 서울의 경복궁이나 창덕궁도 과거에는 왕궁이었는데 지금은 왕이 없습니다. 무엇으로 바뀌었습니까? 문화재로 바뀌고, 관람객들이 보고 즐길 수 있는 유물관, 박물관, 관람관으로 바뀌

4. 거룩한 몸으로 드리는 예배 (고전 6:12-20)

어 버렸습니다. 대통령 집무실이었던 청와대도 용산으로 이전되면서 지금은 시민들의 공원으로 바뀌었습니다. 용도가 바뀌었다는 말입니다.

하나님이 우리를 성전으로 창조하시고 불러 주시며 피 값으로 사셨는데, 다른 용도, 즉 육신의 소욕대로 사용한다면 하나님의 영은 떠나 버리고 망하고 말 것입니다. 하나님의 성령으로 살면 생명과 평안을 얻을 수 있는데 지금 우리가 십자가의 원수로 행하고 있지는 않은지 점검해 보아야 합니다. 그리스도인인 우리는 그리스도와 함께 십자가에 못 박힌 사람이기에 우리를 하나님의 성전으로, 하나님의 거룩한 백성과 왕 같은 제사장으로 삼아 주신 것에 감사하고 기뻐해야 할 것입니다.

본문 12-13절은 "모든 것이 내게 가하나 다 유익한 것이 아니요 모든 것이 내게 가하나 내가 무엇에든지 얽매이지 아니하리라 음식은 배를 위하여 있고 배는 음식을 위하여 있으나 하나님은 이것 저것을 다 폐하시리라 몸은 음란을 위하여 있지 않고 오직 주를 위하여 있으며 주는 몸을 위하여 계시느니라"라고 말씀합니다. 또 갈라디아서 5장 24절은 "그리스도 예수의 사람들은 육체와 함께 그 정욕과 탐심을 십자가에 못 박았느니라"라고 말씀하고, 갈라디아서 2장 20절에서는 "내가 그리스도와 함께 십자가에 못 박혔나니 그런즉 이제는 내가 사는 것이 아니요 오직 내 안에 그리스도께서 사시는 것이라 이제 내가 육체 가운데 사는 것은 나를 사랑하사 나를 위하여 자기 자신을 버리신 하나님의 아들을 믿는 믿음 안에서 사는 것이라"라고 말씀합니다.

왕궁은 왕을 위해 있는 것이고, 성전은 하나님을 위해 있는 것입니다. 귀신의 처소였고, 사탄의 회(會)였으며, 마귀의 자녀였던 우리를 예수 그리스도의 피 값으로 사셔서 거룩하고 깨끗하게 하심으로 하나님의 성전 된 자로 또한 하나님의 이름을 우리에게 주셨으니, 이제 우리는 자신을 위해 사는 자가 아니라 주를 위해 사는 자가 되어야 합니다. 주님의 뜻대로, 주님이 원하시고 기뻐하시는 말씀대로 주님의 영광을 위해 살아가겠다는 마음을 먹고 열심히 노력해야 합니다. 그러한 목적으로 인생을 살아가길 바랍니다.

갈라디아서 5장 16절에서 사도 바울은 "너희는 성령을 따라 행하라 그리하면 육체의 욕심을 이루지 아니하리라"라고 말합니다. 육체의 욕심을 따라 사는 것은 결국 스스로 망하는 길입니다. 성전 된 우리 자신을 더럽히고 망치고 훼손하고 변질시키고 어둠의 영들을 끌어들이는 부끄러운 인생이 되고 말 것입니다. 육체의 소욕을 좇아 행하는 자들은 성령의 소욕을 거스르고, 성령의 소욕을 좇아 행하는 자들은 육체의 소욕을 거스릅니다. 우리 안에 성령이 거하신다면 성령을 훼방하지 말고 소멸치 말아야 합니다. 성령은 성전을 위해 우리에게 오신 하나님의 영임을 잊지 말아야 할 것입니다.

우리를 성전 삼아 주시기 위해 예수님은 하늘 보좌를 버리시고 이 낮은 곳까지 내려오셔서 하나님과 원수 되었던 죄인인 우리를 위해 십자가에서 못 박혀 죽기까지 하나님의 사랑을 확증해 보여 주셨습니다. 본문 19절에서 "너희 몸은 너희가 하나님께로부터 받은바 너희 가운데 계신 성령의 전인 줄을 알지 못하느냐 너희는 너희 자신의 것이 아니라"라고 말씀하듯, 우리는 나 자신이 나의 것이 아니라 주인이 있다는 것을 알아야 합니다. 그 주인은 하나님이십니다. 예수님이 우리의 주인이시라는 말입니다. 그 주인을 위하여 살아갈 때 그 사람을 복 있는 사람이라고 하는 것이며, 하나님의 나라에서 상 받을 사람이라고 하는 것입니다.

이 땅에서 사는 동안 우리는 영원하지 않습니다. 육체는 한시적이고 제한적이지만 그 육체의 때에 하나님의 전으로서 살아가기 위해 항상 깨어 있어야 합니다. 하나님의 전으로 살아간다면 결국 그 사람은 영원한 생명을 얻을 것이고, 또한 하나님과 함께 영원한 나라에서 영원한 행복과 기쁨을 누리게 될 것입니다.

하나님께서 우리를 하나님의 형상대로 창조하신 것은 하나님을 섬기며 나타내고, 하나님의 영광을 드러내며, 온전한 예배자로 살아가라는 것입니다.

우리 자신이 성전인데 더러운 육체의 욕심과 소욕, 욕망을 좇아 살아간다면 그는 성전이 아니라 귀신의 처소가 되고 말 것입니다. 아무리 행복한 집이라 할지라도 도적들이 들어와 살고 있으면 도적의 소굴입니다. 강도들이 집을 빼앗아 차지하고 있다면 그 집은 내 집이 아니라 강도의 소굴인 것입니다. 악한 원수들은 하나님을 위해 사는 우리에게 '너를 위해 살아! 주인을 위해 살지 말고 너를 위해 살아! 주의 영광을 위해 살지 말고 네 명예와 욕심, 쾌락, 욕망을 위해 살아!' 하며 속입니다. 그러나 우리는 우리 자신의 것이 아닙니다. '나는 주님의 것'이라고 고백하며 주님 것으로 살아갈 때 만물의 주인이 되시고 생명을 주신 주님께서 우리 인생을 책임져 주실 것입니다. 현세뿐 아니라 내세까지 책임 져 주시는 곳이 천국입니다. 결국 좋은 것으로 보상해 주시고 영원한 좋은 곳으로 인도하십니다. 곡함이나 애통하는 것도 없고 아픔도 슬픔도 없는 영원한 세계에서 살아가게 하십니다.

자신의 몸을 자기 것이라 착각하는 사람은 결국 망하고 맙니다. 생명의 주인이 '나'라면 책임을 져야 하는 것도 '나'인데 어떻게 내가 생명을 책임지겠습니까? 우리 생명은 하나님의 것이기 때문에 오늘 밤에라도 하나님이 부르신다면 죽을 수밖에 없습니다. 오늘도 하나님이 생명을 주셨기 때문에 우리가 온전할 수 있는 것입니다. 하나님은 우리에게 육체의 생명뿐 아니라 영원한 나라에서 사는 영원한 생명을 주시기 위해 우리를 예수 그리스도의 피 값으로 사시고, 성전 삼아 주시고, 성령으로 우리와 함께하시는 것입니다.

우리는 성전입니다. 하나님의 관심은 성전에 있습니다. 우리를 성전 삼아 주셨는데 여전히 육체의 욕심과 소욕을 좇아 산다면 무조건 죄를 지을 수밖에 없습니다. 하나님을 거스를 수밖에 없습니다. 고린도전서 3장 16절은 "너희는 너희가 하나님의 성전인 것과 하나님의 성령이 너희 안에 계시는 것을 알지 못하느냐"라고 말씀하며 누구든지 성전을 더럽히면 하나님이 멸하실 수밖에 없다고 합니다.

하나님은 모든 사람이 구원받아 지옥에 들어가지 않기를 바라십니다. 예수 믿고 구원받았다고 해도 육체가 하고자 하는 대로 살아간다면 성령으로 시작했다가 육체로 마치는 인생이 되고 만다고 말씀하십니다. 우리는 예수 그리스도와 함께 모든 욕심과 정욕과 교만을 십자가에 다 못 박았습니다. 이제는 주님을 위해, 주님의 영광을 위해 사는 참된 예배자로 하나님의 영광을 보기를 바랍니다.

성전을 더럽히면 하나님이 멸하실 수밖에 없는데, 그러한 의미에서 우리를 성전 삼아 주셨으니 우리만큼 복 있는 사람은 이 세상에 없습니다. 성전을 더럽히지 않고, 부숴뜨리지 않고, 훼손하지 않는 아름다운 성전 된 자들로 하나님의 말씀 곧 진리로 기둥과 터를 삼은 교회가 되어 하나님이 기뻐하시는 복 있는 사람이 되기를 바랍니다.

5.
거룩한 예배자

(시 5:1-12)

¹여호와여 나의 말에 귀를 기울이사 나의 심정을 헤아려 주소서 ²나의 왕, 나의 하나님이여 내가 부르짖는 소리를 들으소서 내가 주께 기도하나이다 ³여호와여 아침에 주께서 나의 소리를 들으시리니 아침에 내가 주께 기도하고 바라리이다 ⁴주는 죄악을 기뻐하는 신이 아니시니 악이 주와 함께 머물지 못하며 ⁵오만한 자들이 주의 목전에 서지 못하리이다 주는 모든 행악자를 미워하시며 ⁶거짓말하는 자들을 멸망시키시리이다 여호와께서는 피 흘리기를 즐기는 자와 속이는 자를 싫어하시나이다 ⁷오직 나는 주의 풍성한 사랑을 힘입어 주의 집에 들어가 주를 경외함으로 성전을 향하여 예배하리이다 ⁸여호와여 나의 원수들로 말미암아 주의 의로 나를 인도하시고 주의 길을 내 목전에 곧게 하소서 ⁹그들의 입에 신실함이 없고 그들의 심중이 심히 악하며 그들의 목구멍은 열린 무덤 같고 그들의 혀로는 아첨하나이다 ¹⁰하나님이여 그들을 정죄하사 자기 꾀에 빠지게 하시고 그 많은 허물로 말미암아 그들을 쫓아내소서 그들이 주를 배역함이니이다 ¹¹그러나 주께 피하는 모든 사람은

다 기뻐하며 주의 보호로 말미암아 영원히 기뻐 외치고 주의 이름을 사랑하는 자들은 주를 즐거워하리이다 ^{12}여호와여 주는 의인에게 복을 주시고 방패로 함같이 은혜로 그를 호위하시리이다

하나님은 거룩하시며 공의로우십니다. 공의의 하나님이시라는 것은 모든 기준이 하나님께 있다는 말입니다. 선과 악의 기준이 하나님께 있고, 모든 만물의 기준이 하나님께 있으며, 하나님께서 모든 것을 다스리고 통치하신다는 말입니다. 하나님의 심판의 기준이 공의이며, 하나님은 오판하시는 분이 아닙니다.

하나님이 거룩하시다는 것은 하나님의 본질이 거룩하시다는 것입니다. 거룩은 '다르다', '구별되다'라는 뜻으로, 성도를 거룩한 백성이라고 부르는 것은 이들이 세상 사람들과 전혀 다르기 때문입니다.

성전은 다른 건물과 다르며, 거룩한 주일이라는 것은 다른 날과 다르다는 것을 의미합니다. 주일은 월요일부터 토요일까지와는 전혀 다른 날입니다. 월요일부터 토요일까지는 우리가 임의로 사용하되, 도둑질하고 사기치고 남을 죽이는 일을 하라고 주신 것이 아니라, 하나님의 계명 안에서 정치인이면 정치인, 교사면 교사, 법조인이면 법조인, 상인이면 상인, 경제인이면 경제인, 노동자면 노동자 등 각기 달란트대로 하고 싶은 대로 거룩한 삶을 살라는 것입니다. 하지만 주일은 전혀 다른 날입니다. 우리가 하고 싶은 것을 하는 날이거나 우리 자신을 위한 날이 아니라, 하나님을 위한 날이기에 거룩한 주일입니다.

주일은 주님을 위한 날로, 주님을 높이고 경배하고 찬양하고 영화롭게 하는 구별된 날입니다. 주일은 복된 날이라고 하셨습니다.

다른 날과 다르기 때문에 복된 날이며, 이날은 하나님께서 복 주시 겠다고 약속하신 날입니다. 또 하나님께서 우리와의 거룩한 만남을 허락하신 날이 주일입니다.

세상에서 하나님의 자녀답게 살다가 하나님 앞에 나아와 거룩한 교제, 거룩한 만남, 거룩한 예배를 통해 하나님께 영광 돌리는 날이 주일입니다. 주일은 하루 전체가 예배의 날입니다. 온종일 거룩한 날입니다. 온종일 주님을 위한 날입니다. 하나님은 영이시니 영과 진리로 예배하는 날입니다. 그리고 또 하나님은 영과 진리로 예배하는 자들을 찾으십니다.

본문 1-12절의 말씀을 통해 거룩한 예배자로 거듭나기를 바랍니다. 하나님은 거룩하시기 때문에 죄인은 예배를 드릴 수 없습니다. 이것이 전제 조건입니다. 그렇기 때문에 먼저 예수 그리스도를 믿고, 죄 사함을 받고, 회개하고, 거룩한 생활을 해야 합니다. 하나님은 거룩하시기 때문에 죄인은 예배를 드릴 수 없고, 또 죽은 자는 하나님을 찬송할 수 없습니다. 죄인이라는 것은 영원히 죽었다는 것입니다. 육체의 사망만 있는 것이 아니라 영혼도 둘째 사망이 있다는 것을 기억해야 합니다.

사람은 예수님을 믿어도 되고 안 믿어도 되는 것이 아니라 반드시 믿어야 합니다. 믿지 않는다면 차라리 태어나지 않는 것만 못합니다. 안 믿는다는 것은 그 자체가 이미 실패한 인생이요, 그러기에 불쌍한 인생입니다. 그는 지옥 자식이 되어 버린 것입니다. 예수 그리스도를 믿음으로 우리는 죄 사함을 받았습니다. 그래서 예수 그리스도를 통해서만 예배를 드릴 수 있습니다. 죄 사함을 받은 자들만 예배를 드릴 수 있습니다. 우리는 살면서 말씀대로 살지 못한 것, 하나님 뜻대로 살지 못한 것이 많이 있을 것입니다. 이런 것들을 회개함으로 예배를 드릴 수 있는 것입니다.

예수 그리스도를 믿는다는 것으로 끝나는 것이 아니라, 날마다 하나님의 뜻과 방법대로 살지 못한 부분을 회개하며 예배자로 하나님께 나아가는 것입니다. 또 거룩한 행실을 통해 하나님께 예배드리러 나오는 것입니다. 착한 행실을 통해 하나님께 영광을 돌리는 것이 예배입니다. 삶에서 예배자로 살다가 주일에 하나님께 나아와 예배드리는 것입니다.

본문 4절의 "주는 죄악을 기뻐하는 신이 아니시니 악이 주와 함께 머물지 못하며"라는 말씀처럼 주는 죄악을 기뻐하시는 분이 아닙니다. 그래서 악이 주와 함께 머물지 못합니다. 우리는 오직 예수 그리스도의 피의 공로로 하나님께 나아갈 수 있기에 먼저 예수를 믿고 그분을 의지하여 회개하는 것입니다. 회심과 회개는 차이가 있습니다. 예수를 믿고 구원을 받았다면 이제 우리는 자신(육체)을 위해 사는 것이 아니라 우리 안에 계신 예수 그리스도를 위해 살아야 합니다. 그분이 우리를 위해 죽으셨습니다. 그분이 우리를 위해 고난받으셨습니다. 그러기에 그분을 위해 살아가는 것이야말로 진정한 예배자로 사는 것입니다.

또 5절에서는 "오만한 자들이 주의 목전에 서지 못하리이다 주는 모든 행악자를 미워하시며"라고 말씀합니다. 오만한 자는 하나님이 만나 주시지 않습니다. 그런 사람은 예배의 행위를 할 수는 있지만 예배자가 아닙니다. 예배 구경꾼은 될 수 있어도 예배자는 아닙니다. 예배에 성공하기 위해서는 반드시 겸손해야 합니다. 겸손이 무엇입니까? 낮아지는 것입니다. 우리가 낮아져야 하나님을 높일 수 있습니다. 우리를 부인해야 하나님을 높일 수 있습니다. 오만한 자는 무엇입니까? 오만한 자나 거만한 자, 이는 멸망의 앞잡이입니다. 이런 사람은 하나님이 은혜를 주시지 않고 물리친다고 하셨습니다. 하나님이 없는 것처럼 살아가는 자가 오만한 자입니다. 그는 하나님이 없는 것처럼 살아가며, 하나님을 일부러 잊으려 합니다. 하나님을 알긴 하지만 마치 없는 것처럼 살아갑니다.

우리는 하나님을 의지하지 않고는 단 하루, 단 한 시간, 단 1분 1초도 살아갈 수 없는 존재이기에 쉬지 않고 기도할 수밖에 없고, 하나님을 의지할 수밖에 없고, 하나님께 구할 수밖에 없습니다. 그렇게 하나님과 항상 함께 있어야 하지만 하나님이 없는 것처럼 살아가고, 하나님께 기도하지 않고, 하나님을 의지하지 않고, 하나님을 찾지 않아도 괜찮은 것처럼 살아갑니다. 문제가 생기면 사람을 찾고, 환경을 찾고, 권력을 찾고, 병원을 찾지만 하나님은 찾지 않습니다. 하나님을 믿고 의지하지 않는 이것이 오만한 사람입니다. 하나님이 없는 것처럼 살아가는 것입니다. 이런 자는 눈앞에 하나님을 알 만한 것들이 있지만 하나님께 감사하지도 않고 영화롭게 하지도 않는다고 하셨습니다.

하나님이 힘과 시간과 환경을 주시고, 일할 수 있는 능력과 지혜를 주셔서 우리가 무엇이든 할 수 있습니다. 하나님은 우리에게 해와 비를 주시고, 그 밖의 여러 환경을 주셨습니다. 그럼에도 하나님을 인정하지도, 감사하지도, 의지하지도 않는 오만한 자들은 결국 주의 목전에 서지 못할 것입니다.

하나님은 그런 자들의 예배를 받지 않으십니다. 그래서 무엇보다 하나님 앞에 나아갈 때는 겸손히 자신을 낮추어야 합니다. 자신의 공로나 의가 드러나서는 안 됩니다. 우리는 온전히 하나님의 은혜로 지금까지 살아왔고, 구원받았고, 하나님께 나아가 예배드릴 수 있는 것입니다. 이러한 은혜를 주신 분이 예수 그리스도이시고, 이분은 곧 하나님이십니다. 하나님이 육체로 이 땅에 오신 것은 죄인인 우리를 하나님의 거룩한 백성, 거룩한 자녀, 하나님을 예배하는 예배자로 불러 주시기 위함입니다.

본문 6절은 "거짓말하는 자들을 멸망시키시리이다 여호와께서는 피 흘리기를 즐기는 자와 속이는 자를 싫어하시나이다"라고 말씀합니다. 또 요한1서 1장 8절에서는 "우리가 죄가 없다고 말하면 스스로 속이고"라고 말씀하며, 이런 사람은 곧 하나님을 거짓말하는 분으로 만드는 자라는 것입니다.

이 세상에 죄 없는 사람이 어디 있습니까? 허물 없는 사람이 어디 있습니까? 그래서 다른 사람을 향하여 함부로 손가락질할 수 없고, 정죄할 수 없으며, 판단할 수 없습니다. 우리 자신이 죄인이기 때문에 우리 눈 속에 있는 들보를 먼저 빼고 상대방의 티눈을 보아야 합니다. 우리 눈 속에 있는 들보는 보지 못하면서 어떻게 상대방의 조그마한 약점, 허물, 잘못을 지적할 수 있겠습니까? 그러므로 죄가 없다고 하는 자는 거짓말하는 자라고 하시는 것입니다. 자신의 죄가 더 크게 보여지기를 바랍니다.

죄 없는 척, 경건한 척, 의로운 척, 착한 척, 괜찮은 척 거짓말하고 있는 자를 하나님은 싫어하십니다. 그런 자의 예배를 하나님이 받으시겠습니까? 또 여호와께서는 멸망시키고 피 흘리기를 즐겨하는 자를 싫어하십니다. 피를 흘린다는 것은 무엇입니까? 다른 사람을 죽이는 것입니다. 다른 사람을 정죄하고 판단하는 것입니다. 피 흘리기를 즐겨한다는 것은 다투고 싸우기를 좋아한다는 것입니다. 주님은 "나는 마음이 온유하고 겸손하니"(마 11:29)라고 말씀하셨습니다. 설사 억울한 일을 당했을지라도 하나님께 맡기고 용서하고 사랑하고 섬기는 데 전심전력하면 됩니다.

우리는 내 것을 빼앗기지 않으려 다른 사람을 미워합니다. 내가 갖고 싶은 것을 다른 사람이 가졌다고, 내가 할 수 없는 것을 다른 사람이 했다고 미워합니다. 시기하고 질투하는 이러한 것들이 바로 피 흘리기를 좋아하는 것입니다. 하나님이 인정하시는 예배자로 살아가기 위해서는 반드시 살리는 일을 해야 합니다.

누가복음 10장에 나오는 강도 만난 자의 이웃은 과연 누구입니까? 예배드려야 하기 때문에 바쁘다고 그냥 가버린 사람이 강도 만난 자의 이웃이겠습니까? 간단하게라도 응급처치를 해줘야 할 것 아니겠습니까? 피를 흘리며 죽어 가고 있으니 말입니다. 우리는 살리는 일에, 넘어진 자를 일으켜 세워 주는 일에 앞장서야 합니다. 분쟁하고, 이간질하고, 분리시키는 일에 함께하지 않기를 바랍니다. 형제 간에 이간질하고 분리시키고 다툼을 만들기보다 서로 화합하고, 화목하게 하고, 서로 사랑하고 아끼도록 해야 합니다. 은근히 나쁜 말을 전하는 것도 피 흘리는 것입니다. 다른 사람을 미워하는 것은 살인죄입니다. 피 흘리는 자를 하나님이 좋아하시지 않는다는 것은 곧 하나님이 이런 자의 예배를 받지 않으신다는 것입니다.

거짓말하는 자와 속이는 자는 좀 다릅니다. 죄 없는 것처럼 회개하지 않고, 스스로 살 수 있는 것처럼 기도하지 않으며, 하나님을 의지하지 않고 살아가는 것이 자신을 속이고 다른 사람도 속이는 것입니다. 속이는 자는 '주일을 지키지 않아도 괜찮아', '주일 낮 예배만 드려도 괜찮아', '선악과를 따 먹어도 괜찮아' 하며 자신과 다른 사람을 속입니다.

하나님은 아담에게 에덴동산의 모든 나무의 과실은 임의로 먹어도 되지만 동산 중앙에 있는 선악을 알게 하는 나무의 과실은 먹지 말라고 하셨습니다. 하나님은 먹는 날엔 반드시 죽을 것이라고 말씀하셨는데, 사탄은 죽지 않는다며 아담과 하와를 속입니다. 오히려 눈이 밝아져 하나님처럼 된다고 속입니다. 사탄은 이렇게 거짓을 믿게 만듭니다. 이처럼 거짓을 진실인 것처럼 믿게 하는 사람이 속이는 자입니다.

주일에 예배를 드리지 않아도 괜찮고, 주일 성수를 하지 않아도 괜찮다는 것은 전부 다 속이는 것입니다. "바쁜데 무슨 주일 저녁 예배냐?" 하며 주일 저녁 예배를 드릴 마음까지 없어지게 만들어 버립니다. 우리는 각자 믿음의 분량이 달라서 주일 낮 예배만 드리는 사람도 있고, 주일 저녁 예배까지 드리는 사람도 있습니다.

언제부터인가 주일 저녁 찬양예배가 사라져 버렸습니다. 예배 시간을 4시로 앞당긴 다음 주일 저녁 찬양예배라고 하기 부끄러우니까 오후 예배라고 이름을 바꾸어 버렸습니다. 그러면서 '그래도 괜찮아', '그래도 주일을 지킨 거야' 하며 스스로 속입니다. 그러나 주일은 그야말로 주일입니다. 아직은 주일 저녁 찬양예배를 드리지 못하는 믿음일지라도 '나도 언젠가는 주일 저녁 찬양예배를 드릴 거야' 하며 철저한 주일 성수를 하지 못한 것에 대해 하나님께 죄송한 마음이라도 있어야 하고, 이에 대해 회개할 마음이라도 있어야 합니다. 최소한 자기가 잘못한 것만큼이라도 깨달을 수 있어야 하는데 속이는 자들 때문에 주일 저녁 찬양예배가 사라져 버리지 않았습니까? 다 그런 건 아니지만 개념이 없어져 버렸습니다. 모두 속이는 자들 때문입니다.

하나님은 거룩하십니다. 그럼에도 주일 성수를 소홀히 하는 것은 하나님의 거룩하심을 인정하지 않는 것입니다. 주일은 거룩한 날이라고 하면서도 소홀히 하는 것을 괜찮다고 하는 것은 거짓말하는 것입니다. 속이는 것입니다. 영혼을 도둑질하는 것입니다. 하나님이 이렇게 속이는 자들을 싫어하시는데 무슨 예배가 되겠습니까?

주일을 지키기 싫으면 자기나 지키지 말 것이지 다른 사람들까지 지킬 수 없도록 하는 자가 속이는 자입니다. 이것이 사탄의 죄라는 것입니다. 예수님께서는 외식하는 서기관과 바리새인들에게 "너희는 천국 문을 사람들 앞에서 닫고 너희도 들어가지 않고 들어가려 하는 자도 들어가지 못하게 하는도다"(마 23:13)라고 크게 꾸짖으셨습니다. 이것이 속이는 자, 악한 자입니다. 누가 하나님의 거룩을 훼손하겠습니까?

그렇기 때문에 우리는 회개해야 하고, 회개에 합당한 열매를 맺어야 합니다. 회개의 열매가 아니라 "회개에 합당한 열매"(마 3:8)라고 성경은 말씀하고 있습니다. 마태복음 23장 15절에서 예수님은 "외식하는 서기관들과 바리새인들이여 너희는 교인 한 사람을 얻기 위하여 바다와 육지를 두루 다니다가 생기면 너희보다 배나 더 지옥 자식이 되게 하는도다"라고 말씀하십니다. 어렵게 교인 하나를 만들어 배나 더 지옥 자식이 되게 하는 것은 하나님의 거룩성을 무너뜨리고 훼방하는 것입니다.

말라기 1장 6절에서 하나님의 이름을 멸시하는 제사장들에게 하나님이 "내가 주인일진대 나를 두려워함이 어디 있느냐"라고 하십니다. 두려움이 있다면 어떻게 하나님의 거룩한 이름을 더럽히겠습니까? 어떻게 거룩한 주일을 더럽히겠습니까? 잘못한 것도 깨닫지 못하고, 회개도 못하고, 무엇을 잘못했는지도 모르게 속이고 있다는 말입니다. 믿음이 작은 사람은 큰 사람을 보고 더 커지기를 사모해야 합니다.

본문 7절은 "오직 나는 주의 풍성한 사랑을 힘입어 주의 집에 들어가 주를 경외함으로 성전을 향하여 예배하리이다"라고 말씀하고,

11-12절에서는 "그러나 주께 피하는 모든 사람은 다 기뻐하며 주의 보호로 말미암아 영원히 기뻐 외치고 주의 이름을 사랑하는 자들은 주를 즐거워하리이다 여호와여 주는 의인에게 복을 주시고 방패로 함같이 은혜로 그를 호위하시리이다"라고 말씀합니다. 죄를 짓지 않아서 의인이 아니라 죄를 깨닫는 자가 의인입니다. 사람은 죄를 짓지 않을 수 없습니다. 죄 없는 자가 없습니다. 의인은 없나니 하나도 없다고 하셨습니다(롬 3:10). 모두 도토리 키 재기입니다. 모두가 죄인일 뿐이기에 예수님이 필요한 것이고, 예수님을 의지하여 하나님께 나아가는 것입니다.

그런 의인은 하나님께서 복을 주시고 방패로 함같이 전염병과 전쟁, 위기, 억울한 일 가운데서도 막아 주시고 지켜 주십니다. 그래서 거룩성이 있어야 합니다. '하나님 아버지! 주일 저녁 찬양예배를 드리지 못해 죄송합니다. 제가 주일을 주일 되지 못하게 가로막는 자입니다. 용서해 주시옵소서.' 이렇게 회개하면 하나님께서 용서해 주실 텐데, 주일 저녁 찬양예배 자체가 없어져 버렸으니 하나님께 회개할 수도 없게 되었습니다.

하나님은 거룩하십니다. 그래서 성전에서 예배하는 자들 중에 거룩한 예배자를 찾으십니다. 거룩한 성도는 일반 사람과 다른 사람입니다. 거룩한 주일은 다른 날입니다. 거룩한 예배 시간은 다른 시간입니다. 거룩을 훼손하는 순간 이미 교회는 교회가 아니며, 예배도 예배가 아닙니다. 살았다는 이름은 가졌으나 실상은 죽은 자들의 모임입니다. 귀신의 처소가 되어 버립니다. 성경은 지금도 말씀하고 있습니다. 우리는 하나님 말씀에 비추어 우리 자신에게서 무엇이 잘못되었는지, 자신이 지금 무슨 죄를 짓고 있는지 살펴보고 회개함으로 거룩한 예배에 동참해야 합니다.

6.
거짓 예배에서 벗어나라

(사 1:10-17)

[10]너희 소돔의 관원들아 여호와의 말씀을 들을지어다 너희 고모라의 백성아 우리 하나님의 법에 귀를 기울일지어다 [11]여호와께서 말씀하시되 너희의 무수한 제물이 내게 무엇이 유익하뇨 나는 숫양의 번제와 살진 짐승의 기름에 배불렀고 나는 수송아지나 어린 양이나 숫염소의 피를 기뻐하지 아니하노라 [12]너희가 내 앞에 보이러 오니 이것을 누가 너희에게 요구하였느냐 내 마당만 밟을 뿐이니라 [13]헛된 제물을 다시 가져오지 말라 분향은 내가 가증히 여기는 바요 월삭과 안식일과 대회로 모이는 것도 그러하니 성회와 아울러 악을 행하는 것을 내가 견디지 못하겠노라 [14]내 마음이 너희의 월삭과 정한 절기를 싫어하나니 그것이 내게 무거운 짐이라 내가 지기에 곤비하였느니라 [15]너희가 손을 펼 때에 내가 내 눈을 너희에게서 가리고 너희가 많이 기도할지라도 내가 듣지 아니하리니 이는 너희의 손에 피가 가득함이라 [16]너희는 스스로 씻으며 스스로 깨끗하게 하여 내 목전에서 너희 악한 행실을 버리며 행악을 그치고 [17]선행을 배우며 정의를 구하며 학대받는 자를 도와 주며 고아

를 위하여 신원하며 과부를 위하여 변호하라 하셨느니라

인생에서 예배만큼 중요한 것은 없습니다. 예배가 인생의 중심이 되고, 핵심 포인트가 되어야 합니다. 예배를 위해 우리가 구원받았고, 예배 때문에 천국이 있는 것입니다. 예배가 없다면 그곳은 지옥입니다. 하나님을 뵙는 것이 예배요, 또한 하나님이 기뻐하시는 예배가 되어야 예배입니다. 그러면 예배를 통해 하나님의 임재를 경험하게 될 것입니다.

예배는 하나님을 만나는 것인데 하나님을 만나면 인생이 달라집니다. 비참하고 초라한 인생, 비겁하고 실패한 인생이 바뀝니다. 언제 바뀝니까? 즉시 바뀝니다.

본문 12절의 "너희가 내 앞에 보이러 오니 이것을 누가 너희에게 요구하였느냐 내 마당만 밟을 뿐이니라"라는 말씀은 참 비참합니다. 학교에 가서 마당만 밟고 오면 되겠습니까? 공부를 하고 와야 되지 않겠습니까? 자식이 매일 도시락 싸가지고 학교에 가서 나무 그늘에 앉아 다 까먹고 친구와 놀다 온다면 그 부모가 얼마나 속이 터지겠습니까? 학교에 가면 공부를 하고 와야 하는데 마당만 밟고 오는 자는 어리석은 자입니다.

어떤 것을 하더라도 마당만 밟아서는 안 됩니다. 어떤 경우라도 성전에 가서 예배 구경만 하고 와서는 안 됩니다. 하나님은 우리를 예배자로 창조하셨고, 예배자로 부르고 계시며, 예배자가 되도록 구원하셨습니다. 예배 때문에 우리가 존재하고 있다는 말입니다. 구원받았으면 다 천국으로 이끌어 가셔야지 왜 이 땅에 두셨습니까? 이 땅에서 우리를 예배자로 삼으셨기에 기억해 주시고, 오래 참아 주시고, 치료하시고, 고쳐 주시고, 한량없는 사랑을 베풀어 주시는 것입니다. 모두 예배 때문입니다.

그런데 거짓 예배가 있다는 것입니다. 거짓 예배는 예배가 아닙니다. 본문에서 사람들이 왜 이렇게 거짓 예배를 드리고 있을까요? 누가복음 13장을 보면, 한 사람이 포도원에 무화과나무를 심었습니다. 그런데 열매가 없자 주인이 와서 "땅만 버리고 있으니 뽑아 버려라" 하니 포도원지기가 사정사정하며 말합니다. "3년 동안만 그냥 놔둬 보세요. 제가 거름도 주고 가지도 쳐주고 물도 주어 열매가 맺히도록 하겠습니다. 그래도 열매가 맺히지 않으면 그때 뽑아 버리십시오." 간곡한 간청으로 주인이 3년 동안 기다렸습니다.

농사짓는 사람들이 무엇 때문에 농사를 짓습니까? 씨를 뿌리고 가꾸고 돌봐 주는 것은 좋은 열매를 얻기 위함입니다. 예수님이 길을 가시다가 무화과나무에서 열매를 구했는데 열매가 없는 것을 보고 저주하시자 나무가 뿌리채 말라 버렸습니다(막 11:12-14, 20-21). 나무가 열매가 있어야지 잎만 무성하면 되겠습니까? 겉모양만 갖춰서는 안 된단 말입니다. 실질적으로 예배는 예를 갖추어 하나님을 뵙는 것입니다. 백성 된 신하들이 왕을 뵙고 알현하는 것이 예배입니다. 탕자는 구걸하며 비참하게 실패했지만 아버지를 만나는 순간 모든 문제가 해결되었습니다. 예배는 하나님 아버지를 만나는 시간입니다.

누군가를 만나러 갔지만 만나지 못하고 언저리만 돌거나 대문만 쳐다보고 왔다면 허송세월한 것입니다. 시늉만 하고 있기 때문입니다. 밥을 먹어야 되는데 밥 먹는 시늉만 합니다. 공부하는 시늉만 하고 있는 것입니다. 책상 앞에 앉아 있다고 다 공부하는 것이 아닙니다. 책상 앞에 앉아 있다고 공부가 저절로 되는 것은 아니라는 말입니다.

오늘날 예배가 변질되어 가고 있습니다. 왜 그렇게 되었습니까? 단순히 참석하는 것이 예배라 가르치고, 또 그렇게 배운 자들은 그렇게 생각하고, 그 생각한 대로 예배를 드리고 있기 때문에 모조품 예배, 짝퉁 예배, 거짓 예배가 되어 버린 것입니다.

어떻게 하나님을 뵐 수 있습니까? 예수님이 우리를 대신하여 피 흘려 주시지 않았습니까? 죄인은 예배드릴 수 없기 때문에 죄인인 우리를 위해 피 흘려 주셨단 말입니다. 나 대신 제물이 되시고, 나 대신 십자가에 못 박혀 죽으셔서 하나님께 나아갈 수 있는 길을 열어 주신 엄청난 은혜와 은총을 받고 우리가 예배자가 되었는데 어떻게 형식적으로 예배드릴 수 있겠습니까? 우리는 예배를 드리면서 하나님을 만나도 되고 안 만나도 되는 것이 아니라, 꼭 만나야 합니다.

그래서 우리는 예배에 목숨을 걸어야 합니다.

삭개오는 예수님을 만난 순간 인생이 달라졌습니다. 그는 비참한 인생이요, 왕따였고, 사람들에게 인정받지 못하는 사람이었습니다. 일평생 돈을 벌기 위해 수단과 방법을 가리지 않은 사람이었습니다. 하지만 하나님을 만난 순간 180도 달라졌습니다. 맹인 바디매오도 주님을 만난 순간 육의 눈을 뜨고 영의 눈도 열려 인생이 180도 달라졌습니다. 이것이 예배입니다. 예배는 결코 그냥 참석하고 구경하는 것이 아닙니다. 본문 12절의 "너희가 내 앞에 보이러 오니 이것을 누가 너희에게 요구하였느냐"라는 말은 그들이 예배를 구경한다는 것입니다. 구경꾼이란 말입니다. 다른 사람이 밥 먹는 것을 구경하고, 다른 사람이 공부하는 것을 구경하는 것과 같습니다. 운동 경기에는 관중이 있어야 하지만 예배는 관중이 필요 없습니다. 아니 오히려 한 사람도 구경꾼이 없어야 합니다. 관전하는 사람이 있어서는 안 됩니다. 성전 마당만 밟고 가는 그런 인생에서 참된 예배자로 바뀌기기를 바랍니다.

그러면 그들의 예배가 왜 거짓 예배가 될 수밖에 없었습니까? 본문 10절의 "너희 소돔의 관원들아 여호와의 말씀을 들을지어다"라는 구절에서 볼 수 있듯, 말씀을 듣지 않으니 거짓 예배에서 벗어나지 못하고 성전 마당 뜰만 밟고 가는 것입니다. 그러므로 한 사람 한 사람이 다 예배자가 되기 위해서는 하나님의 말씀을 들어야 합니다. "듣는 자는 살아나리라"(요 5:25). 듣는 자의 예배는 살아나게 됩니다.

그러면 어떻게 들어야 합니까? 하나님 말씀을 명령으로 들어야 합니다. 계명은 명령입니다. 성경을 요약한 것이 십계명입니다. 십계명은 '하라'는 계명이 2개이고, '하지 말라'는 계명이 8개입니다. 이 십계명을 전부 다 명령으로 받는 순간 그 말씀이 우리에게 생명이 되고, 변화시켜 주십니다. 말씀을 명령으로 받는 순간 그대로 되는 것입니다. "나사로야! 나오라!" 예수님의 이 말씀을 죽은 나사로가 명령으로 받아들였을 때 무덤에서 일어났습니다. "풍랑아! 잠잠하라!" 바다는 예수님의 이 명령 앞에 잠잠할 수밖에 없습니다.

하나님의 말씀은 명령입니다. 명령은 지켜도 되고 안 지켜도 되는 것이 아니라 반드시 지켜야 하는 것입니다. 말씀을 명령으로 받기 위해서는, 우리가 알고 있는 지식이 어떠하든 간에, 우리의 경험이 어떠하든 간에, 무슨 말씀을 하시든 그대로 '예'와 '아멘'의 순종(고후 1:20)이 되어야 합니다. 하나님의 말씀은 천지 만물을 창조하신 말씀이요, 전능자의 말씀입니다. 그 말씀으로 우리를 창조하셨습니다. 우리가 이 땅에 지금 존재하는 것도 말씀으로 모든 것을 붙들고 계시고 있기 때문입니다. 그런 하나님의 말씀을 지키지 않는다면 어떻게 하나님을 만나거나 예배드릴 수 있으며, 또 하나님께 상달될 수 있겠습니까?

가인은 자기 생각, 자기 고집, 자기 경험대로 예배를 드렸기 때문에 하나님이 받지 않으신 것입니다. 하나님은 아벨과 달리 가인과 그 예물은 받지 않으셨습니다. 가인은 예물을 드렸음에도 예배자가 되지 못한 것입니다.

하나님 말씀이 들리기를 바랍니다. 말씀을 들을 수 있는 자가 복이 있습니다.

이처럼 말씀이 들려야 하는데 실상은 무엇이 들립니까? 세상 이야기가 들립니까? 세상 사람들은 세상 이야기에 귀를 기울입니다. 정치나 건강 이야기에 빠져 있습니다. 입만 열면 '건강! 건강!' 한다면 어찌 하나님의 사람이라 할 수 있겠습니까? 사람은 누구나 자신의 관심사에 대한 이야기가 잘 들리는 법입니다. 영혼과 하나님 나라에 관심을 두기를 바랍니다.

또 하나님을 사모하기를 바랍니다. 그분이 없으면 우린 있어도 없는 자요, 살아 있어도 죽은 자입니다. 살아 있다 해도 죽은 자보다 못한 자입니다. 천국에 예수님이 계시지 않는다면 그곳은 천국이 아닙니다. 고통의 현장에서도 예수님이 함께하신다면 그곳이 천국입니다. 말씀이 육신이 되어 우리 가운데 오셨는데 말씀은 듣지 않으면서 하나님은 만나려 합니다. 말씀은 듣지 않으면서 하나님을 사랑한다고 합니다. 말씀은 듣지 않으면서 하나님의 뜻대로 살아간다고 합니다. 전부 거짓입니다. 인간의 생각, 인간의 방법이 아무리 좋은 것이라도 먼저 들려 주시는 하나님 말씀을 명령으로 받아들이기를 바랍니다.

본문 10절은 "너희 소돔의 관원들아 여호와의 말씀을 들을지어다 너희 고모라의 백성아 우리 하나님의 법에 귀를 기울일지어다"라고 말씀합니다. 관심을 가지면 귀가 열리게 되어 있습니다. 물질, 정치, 건강 등 어떤 소리가 귀에 들려옵니까? 세상살이에 관한 소리가 들려옵니까? 하나님 말씀이 들리기를 바랍니다. 차단할 것은 차단하고, 열어 놓을 것은 열어 놓아야 합니다. 하나님 말씀이 들려오지 않으면 세상 소리가 들려오게 되어 있습니다. 거짓 예배에 빠지는 단 하나의 이유는 하나님 말씀을 듣지 않기 때문입니다. 말씀의 양육을 받지 않으니 거짓 예배자 곧 성전 뜰만 밟고 다니는 자가 되는 것입니다.

> "하늘이여 들으라 땅이여 귀를 기울이라 여호와께서 말씀하시기를 내가 자식을 양육하였거늘 그들이 나를 거역하였도다"(사 21:2).

사람은 양육을 받지 않으면 자기 멋대로, 자기 성질대로 행동합니다. 다듬어 주고 가꿔 주지 않으면 잡초가 되어 버리는 것입니다. 아무리 꽃밭이 아름다워도 가꾸어 주지 않는다면 잡초 밭이 되어 버리고 말 것입니다. 그러므로 양육을 받아야 합니다. 말씀으로 양육받지 않으면 세상 밭이 되어 버리고 아무데도 쓸데없는, 별 볼 일 없는 사람이 되어 버립니다.

주님은 양육자이십니다. 기도도 우리 마음대로, 생각대로 하는 것이 아니라 '이렇게 기도하라'라고 하셨고, 전도도 '이렇게 전도하라'라고 하셨습니다. 예배도 자기 생각대로 드리는 것이 아니라 무엇인지 알고 드려야 합니다. 벌써 장성한 자가 되었어야 할 성도가 아직까지 영적인 어린아이 상태에 머무는 것은 무엇 때문입니까? 신앙생활 한 연수는 오래되었으나 교육을 받지 않았기 때문입니다. 배운 적이 없어 짐승처럼 사는 것입니다. 세상에서도 양육과 교육을 통해 사람이 성숙해져 간다는 것은 다 알고 있지 않습니까?

하나님의 사람들 역시 하나님 말씀으로 양육받지 않는다면 헛된 예배자가 될 수밖에 없습니다. 왜 그렇습니까? 하나님을 모르기 때문입니다. 하나님이 어떤 분이신지 모르고, 예수님이 어떤 분이신지 모르면 소돔과 고모라 성같이 되어 버립니다.

"만군의 여호와께서 우리를 위하여 생존자를 조금 남겨 두지 아니하셨더면 우리가 소돔 같고 고모라 같았으리로다"(사 1:9).

교회가 소돔과 고모라성이 되어 버린다는 말입니다. 하나님의 백성이 소돔과 고모라 성같이 되고 배나 더 지옥 자식이 되어 버린다니 얼마나 무서운 말씀입니까? 교회 역시 귀신의 처소와 사단의 모임이 되고, 세상에 사로잡히고 세상에 속하게 됩니다. 빛은 빛인데 빛을 잃어버리고, 소금은 소금인데 짠맛을 잃어버려 세상에 짓밟혀 버립니다. 그러므로 우리 모두 하나님 앞에 온전한 예배자, 하나님이 기뻐하시는 성전이 되어가야 합니다.

하나님은 성전을 더럽히면 그곳을 멸한다고 하셨습니다(고전 3:16-17). 교회의 자존심은 큰 건물이나 많은 성도 수가 아니라 성령의 능력으로 세워집니다. 예수님께서는 빌라델비아 교회가 적은 능력을 가지고서도 큰 일을 행했다며 그들의 자존심을 세워 주셨습니다(계 3:8). 자존심은 인간이 세우는 것이 아니라 하나님이 세워 주시는 것입니다. 라오디게아 교회는 건물이 몇천 평 되고, 땅이 몇만 평 되고, 성도 수가 몇백만 명 되고, 재정이 넘쳤을지는 몰라도 "네 곤고한 것과 가련한 것과 가난한 것과 눈먼 것과 벌거벗은 것을 알지 못하는도다"(계 3:17)라는 책망을 들었습니다. 차든지 뜨겁든지 해야 하는데 거짓 예배로 인해 실상은 죽은 교회였기 때문입니다(계 3:16).

교회는 무엇보다 성령의 능력이 나타나야 합니다. 그것 없이는 인간들이 아무리 힘과 능력이 있을지라도 하나님께는 오물일 뿐입니다. 엘리야는 초라한 나그네와 같은 별 볼 일 없는 사람이었습니다. 하지만 하나님이 그와 함께하시니 850명의 거짓 선지자를 다 멸망시켰습니다(왕상 18:19, 40). 또 당시 실세인 나아만 장군이 찾아왔지만 엘리사는 나가 보지도 않았습니다(왕하 5장). 그만큼 음부의 권세가 이기지 못하는 것이 교회입니다. 우리에게 필요한 것은 믿음과 주님이 우리와 함께하시는 것뿐입니다.

형식적인 예배, 의무감에 젖어 있는 예배, 요식 행위에 불과한 예배를 벗어나 참된 예배자가 되기를 바랍니다. 그리스도인이 예배에 목숨을 걸지 않는다면 어디에 목숨을 걸겠습니까? 우리는 가인이 드린 것과 같은 예배는 하나님이 받지 않으신다는 사실에 충격을 받아야 합니다. 우리 모두 예배를 배우고 양육받아 참된 예배자의 복된 길로 나아가기를 바랍니다.

우리와 후손들이 현세와 내세에서도 잘되고 복받는 것이 진정한 복입니다. 물질이나 건강이 복이 아니고, 하나님이 인정하시는 예배가 진정한 복입니다. 건강해서 다른 사람을 괴롭히고, 죽이고, 도둑질하고, 살인하고, 강도질한다면 그것이 어떻게 복이겠습니까? 많은 재물을 가졌다 해도 육체를 위해서만 살아간다면 그것이 무슨 복이겠습니까? 부족한 것이 없으니 그것을 믿고 오히려 하나님께 기도하지 않고, 하나님을 의지하지 않고, 하나님 앞에 나아오지 않는데 말입니다. 그것은 복이 아니라 저주입니다. 주님 때문에 행복하고 기뻐하는 삶이 되시기 바랍니다.

2부

7.
겸손히 예배하라

(시 95:1-11)

¹오라 우리가 여호와께 노래하며 우리의 구원의 반석을 향하여 즐거이 외치자 ²우리가 감사함으로 그 앞에 나아가며 시를 지어 즐거이 그를 노래하자 ³여호와는 크신 하나님이시요 모든 신들보다 크신 왕이시기 때문이로다 ⁴땅의 깊은 곳이 그의 손 안에 있으며 산들의 높은 곳도 그의 것이로다 ⁵바다도 그의 것이라 그가 만드셨고 육지도 그의 손이 지으셨도다 ⁶오라 우리가 굽혀 경배하며 우리를 지으신 여호와 앞에 무릎을 꿇자 ⁷그는 우리의 하나님이시요 우리는 그가 기르시는 백성이며 그의 손이 돌보시는 양이기 때문이라 너희가 오늘 그의 음성을 듣거든 ⁸너희는 므리바에서와 같이 또 광야의 맛사에서 지냈던 날과 같이 너희 마음을 완악하게 하지 말지어다 ⁹그때에 너희 조상들이 내가 행한 일을 보고서도 나를 시험하고 조사하였도다 ¹⁰내가 사십 년 동안 그 세대로 말미암아 근심하여 이르기를 그들은 마음이 미혹된 백성이라 내 길을 알지 못한다 하였도다 ¹¹그러므로 내가 노하여 맹세하기를 그들은 내 안식에 들어오지 못하리라 하였도다

우리가 영원한 하나님의 나라에 가면 하나님 아버지께 영광 돌리는 예배자의 삶을 살게 됩니다. 그러기에 예배만큼 소중한 것이 없습니다. 예배가 그렇게 중요하다는 것은 다 알고 있습니다. 그러나 과연 우리가 드리는 예배를 하나님이 받으시는지, 하나님이 인정하시는지는 생각해 볼 필요가 있습니다. 예배에 참석만 하는 것이 참예배는 아니기 때문입니다. 하나님이 인정하시는 예배가 되어야 한다는 말입니다.

그리스도인이라면 성경을 통해 하나님이 아벨과 그 예배는 받으셨으나 가인과 그 예배는 받지 않으셨다는 정도는 알고 있습니다. 그러나 여기서 자세히 보아야 할 부분은 가인은 자신의 예배가 실패한 것에 분노했다는 것입니다. 예배의 실패로 인한 분노는 살인까지 초래하고 맙니다. 인류 역사 최초의 살인 사건으로 형이 동생을 죽인 것입니다. 가인이 왜 동생을 죽였습니까? 자기의 예배가 성공하지 못한 것에 대한 분노 때문입니다. 우리는 다시 한번 과연 우리가 드리는 예배가 하나님이 받으실 만한 예배인지 아닌지를 생각해 보아야 한다는 것입니다.

본문은 우리에게 겸손히 예배하라고 말씀합니다. 우리는 겸손하게 하나님 앞에 나아가야 합니다. 예수님도 "나는 마음이 온유하고 겸손하니 나의 멍에를 메고 내게 배우라 그리하면 너희 마음이 쉼을 얻으리니"(마 11:29)라고 하셨습니다. 이것이 참된 예배자의 모습입니다. 예수님이 우리에게 예배의 모범을 보여 주셨고, 예배의 길을 열어 주셨습니다. 예수님은 예배를 받으실 하나님이기도 합니다.

최종적인 결론이 예배입니다. 하나님은 예배자로 우리를 부르시고, 구원하시고, 창조하시고, 오래 참아 기다려 주셨습니다.

말라기 3장에서 하나님은 예배자를 아낀다고 하셨습니다. 예배자를 자신의 눈동자같이 아끼시며, 불꽃 같은 눈으로 바라보시며 그가 드리는 예배를 기뻐하시는 것입니다. 하나님은 소돔과 고모라 성에 하나님께 합당한 의인 열 명만 있어도 멸하지 않겠다고 하셨습니다. 하나님의 관심은 예배에 있고, 지금도 하나님은 하나님이 기뻐하시는 예배를 드리는 예배자를 찾고 계십니다.

"아버지께 참되게 예배하는 자들은 영과 진리로 예배할 때가 오나니 곧 이때라 아버지께서는 자기에게 이렇게 예배하는 자들을 찾으시느니라 하나님은 영이시니 예배하는 자가 영과 진리로 예배할지니라"(요 4:23-24).

하나님의 관심은 예배에 있는데, 우리는 현재 예배가 형식적으로 흘러가 버린 안타까운 현실을 마주하고 있습니다. 이것을 깨닫고 회개하여 돌이키고 회복해야 합니다. 예배가 예배 되게 하기 위해서 하나님은 계속 말씀하고 계십니다.

우리는 겸손히 예배해야 합니다. 겸손이 무엇입니까? 성경에서 말씀하는 대로 자신을 비워 버리는 것입니다. 자신의 생각, 방법, 경험을 내려놓고, 오직 예수 그리스도, 그분이 우리의 주인이 되어야 하고, 왕이 되어야 하며, 우리를 주관하셔야 합니다. 그분께 전부 맡기고 의지하는 것이 겸손입니다. 겸손은 예배자로서 첫 번째로 가져야 하는 덕목입니다. 십자가 밑에 우리의 모든 것을 내려놓고 예수 그리스도만 보아야 합니다. 그래야만 예수 그리스도로 말미암아 하나님께 나아갈 수 있는 예배자가 되는 것입니다.

본문 6절은 "오라 우리가 굽혀 경배하며 우리를 지으신 여호와 앞에 무릎을 꿇자"라고 말씀합니다. 우리는 전쟁에서 패배하여 백기를 들고 패잔병으로 적군 앞에 비참하게 무릎을 꿇게 되는 경우가 있습니다. 또한 세상 권력과 재력 앞에 비굴하게 무릎을 꿇는 경우도 있습니다. 이처럼 우리가 살기 위해, 유익을 얻기 위해 자존심을 버리고 권력 앞에, 물질 앞에 무릎을 꿇는다는 것은 참으로 비굴한 일입니다.

하지만 하나님 앞에 무릎을 꿇는 것은 하나님의 은혜에 감사하고, 존엄하신 하나님을 존중하고 존경하고 인정하기 때문입니다. 하나님을 사랑하고 섬기고 경외하기 때문에 그분 앞에 무릎을 꿇는 것은 진정한 예배자의 아름다운 모습입니다.

마태복음 10장 28절에서 예수님은 "몸은 죽여도 영혼은 능히 죽이지 못하는 자들을 두려워하지 말고 오직 몸과 영혼을 능히 지옥에 멸하실 수 있는 이를 두려워하라"라고 말씀하십니다. 우리는 비굴하게 세상에 아첨하고 굴복하며 사는 자들이 아닙니다. 하나님은 우리를 하나님의 형상대로 지으시고 복 주시며 "생육하고 번성하라, 땅에 충만하라"고 하셨습니다.

땅을 정복하고 다스리기 위해서는 하나님을 두려워할 줄 알아야 합니다. 하나님이 우리를 위협하고 억압해서 두려운 것이 아니라, 하나님의 존엄하심을 알기 때문에 두려운 것입니다. 하나님은 크고 존귀하시며 모든 만물의 창조자이자 주인이시기에 두려운 것입니다. 말라기 1장 6절에서 하나님은 이렇게 말씀하십니다.

"내 이름을 멸시하는 제사장들아 나 만군의 여호와가 너희에게 이르기를 아들은 그 아버지를, 종은 그 주인을 공경하나니 내가 아버지일진대 나를 공경함이 어디 있느냐"

하나님이 우리의 생사화복을 주관하는 주인이신데도 두려워함이 없고, 하나님을 아버지라 하면서도 공경함이 없다며 하나님의 이름을 멸시하는 제사장들을 책망하셨습니다.

겸손은 자기 스스로 살 수 없음을 고백하는 것입니다. 스스로 살 수 없기 때문에 하나님을 찾고 기도하고 의지하며 하나님께 나아가 무릎을 꿇는 것입니다. 스스로 살 수 없는 존재라는 것을 분명히 아는 것이 겸손입니다. 왜 사람들이 겸손하지 않습니까? 하나님이 없어도 살 수 있고, 행복할 수 있고, 건강할 수 있고, 무엇이든 할 수 있다고 착각하기 때문입니다.

그러나 인간은 스스로 살 수 있는 존재가 아닙니다. 오직 하나님만이 스스로 계신 분이시요, 존귀와 영광의 예배를 받으실 유일한 분이십니다. 그러므로 그분 앞에 겸손해야 합니다. 사람들이 하나님을 왜 의지하지 않습니까? 왜 기도하지 않습니까? 하나님이 도와주시지 않아도 스스로 살 수 있다는 마음을 갖기 때문이며, 이것을 교만이라고 하는 것입니다.

야고보서 4장 6절은 "하나님이 교만한 자를 물리치시고 겸손한 자에게 은혜를 주신다 하였느니라"라고 말씀하고, 베드로전서 5장 5절도 "다 서로 겸손으로 허리를 동이라 하나님은 교만한 자를 대적하시되 겸손한 자들에게는 은혜를 주시느니라"라고 말씀합니다. 이처럼 하나님은 겸손한 자에게 은혜를 더해 주십니다. 하나님 앞에 예배자로 나아왔으면서도 겸손한 마음이 없다면 하나님이 어찌 그 예배를 받으시겠으며, 기뻐하시며, 흠향하시겠습니까? 겸손의 덕목을 가지고 하나님께 예배하는 자가 되기를 바랍니다.

하나님 앞에 무릎을 꿇고 겸손하게 예배하고 경외하는 것은 그분이 창조주이기 때문입니다. 본문에서도 하나님은 "모든 만물을 내가 창조하지 않았느냐? 내가 주관하지 않느냐? 바다도, 하늘의 별들도, 땅에 있는 모든 것도 내가 창조하지 않았느냐? 내가 만들지 않았느냐? 내가 너희들을 짓지 않았느냐?"라며 계속 강조하십니다. 그런 하나님을 두려워할 줄 모른다면 원수 마귀에게 속고 있는 것입니다. 본문 10절에서는 이런 사람을 "마음이 미혹된 백성"이라고 말합니다.

우리가 하나님께 무릎을 꿇어야 하는 것은 하나님이 구원자이시기 때문입니다. 하나님 앞에 무릎을 꿇으면 세상에 무릎 꿇을 일이 없습니다. 하나님 앞에 겸손하게 무릎 꿇지 않기에 세상 권력 앞에 무릎 꿇고, 돈을 비롯해 자기의 유익을 위한 모든 것 앞에 무릎을 꿇는 것입니다. 하나님이 보시기에 이 얼마나 비참한 일입니까? 자신의 자녀들이 헛된 것들에게 무릎을 꿇고 있는 것을 보시는 아버지의 마음이 어떠하겠습니까? 이는 하나님을 욕되게 하는 것이고, 자기를 낳으신 아비를 욕되게 하는 것이며, 또한 하나님의 마음을 아프게 하는 것일 뿐 아니라 불충하는 것입니다.

우리는 하나님의 자녀입니다. 예수님은 "하늘과 땅의 모든 권세를 내게 주셨으니 그러므로 너희는 가서 모든 민족을 제자로 삼아 아버지와 아들과 성령의 이름으로 세례를 베풀고 내가 너희에게 분부한 모든 것을 가르쳐 지키게 하라 볼지어다 내가 세상 끝 날까지 너희와 항상 함께 있으리라"(마 28:18-20)라고 말씀하셨습니다. 주님이 우리와 함께하시는데 왜 세상을 두려워합니까? 코로나는 더러운 것이지 두려운 것이 아닙니다. 배설물이 더러운 것이지 두려운 것이 아닌 것처럼 우리가 두려워할 대상은 오직 하나님밖에 없습니다.

우리는 하나님의 자녀요, 예수 그리스도를 통해서 구원받은 하나님의 백성입니다. 신분이 다르다는 말입니다. 설사 우리가 세상에서 실패했고, 가진 것이 별로 없고, 지식이나 학벌이나 재산이나 능력이 없고, 뒤에서 도와주는 이가 없을지라도 우리가 하나님 아버지의 자녀인 것을 잊지 않기를 바랍니다. 잘난 자식만 자식이 아닙니다. 열 손가락 깨물어 아프지 않은 손가락이 없습니다. 더구나 부모는 부족한 자식, 조금 모자라다 싶은 자식, 유약하고 약한 자식에게 마음이 더 가는 것입니다.

가진 것이 있어도 감사하지만, 가진 것이 아무것도 없거나, 그나마 가진 것들을 다 잃어버려도 우리가 하나님의 자녀란 사실을 기억한다면 이것 하나만으로도 우리는 세상과 환경과 원수 마귀의 유혹을 이길 수 있는 것입니다.

본문 7절은 "그는 우리의 하나님이시요 우리는 그가 기르시는 백성이며 그의 손이 돌보시는 양이기 때문이라 너희가 오늘 그의 음성을 듣거든"이라고 말씀합니다. 왜 우리가 하나님 앞에 경배하고 예배드리며 무릎 꿇고 겸손해야 합니까? 그분은 창조주 하나님이시요, 우리의 아버지시요, 우리의 목자이시기 때문입니다.

죄인들로서 감히 하나님께 나아갈 수 없는 추악한 인생들인 우리가 무엇이기에 예수 그리스도께서 당신의 살을 찢으시고 당신의 피 값으로 우리를 구원하셨습니까? 이 은혜를 어찌 잊을 수 있겠습니까? 그렇다면 그 주님 앞에 겸손해야 하지 않겠습니까? 그 앞에서 자랑할 것이 무엇이 있겠습니까? 자랑하더라도 주 안에서 자랑하시기 바랍니다.

무엇이 이렇게 우리를 자신만만하게 만들었습니까? 주님의 은혜가 아니겠습니까? 내가 나 된 것은 다 주님의 은혜 아니겠습니까?(고전 15:10) 그분 앞에 겸손하게 무릎을 꿇고 한없이 낮아질 수밖에 없는 이것이 참된 예배자의 모습입니다. 우리는 하나님을 경배할 때 무릎을 꿇고 겸손한 자세를 가져야 합니다.

마음이 겸손하다는 것은 바로 심령이 가난한 것을 말합니다. 성경은 "심령이 가난한 자는 복이 있나니 천국이 그들의 것임이요"(마 5:3)라고 말씀합니다. 그러면 가난한 사람이 복이 있으니 가난하게 살라는 것입니까? 그런 말이 아닙니다. 모든 것이 하나님의 것이기에 우리에게 있는 것도 우리 것이 아니라는 말입니다. 아무리 많이 가졌어도, 아무리 큰 것을 받았어도, 아무리 많은 재주를 받았어도 그저 맡겨 주신 것이란 뜻입니다. 우리에게 허락하신 물질이나 달란트 등 모든 것이 주와 복음을 위해서 쓰라고 주신 것임을 인정하고 그와 같이 사용하는 것이 심령이 가난한 자입니다. 즉, 자신이 청지기임을 알라는 것입니다. 그런 사람은 가진 것이 없어 가난한 것처럼 보이나 결코 가난한 사람이 아닙니다.

우리는 단지 청지기로서 내 것이라고 주장할 수 있는 것이 없기 때문에 겸손할 수 있습니다. 우리에게 무언가를 맡겨 주신 그분이 우리의 주인이요, 하나님이요, 목자요, 구원자가 되심을 기억하고, 하나님 앞에 살아갈 때 자신의 의와 자랑을 드러내지 않고 겸손하게 낮아져 주님만을 높이고 경배하는 진실한 예배자가 되길 바랍니다.

8.
고난과 영광의 예배

(롬 8:12-17)

¹²그러므로 형제들아 우리가 빚진 자로되 육신에게 져서 육신대로 살 것이 아니니라 ¹³너희가 육신대로 살면 반드시 죽을 것이로되 영으로써 몸의 행실을 죽이면 살리니 ¹⁴무릇 하나님의 영으로 인도함을 받는 사람은 곧 하나님의 아들이라 ¹⁵너희는 다시 무서워하는 종의 영을 받지 아니하고 양자의 영을 받았으므로 우리가 아빠 아버지라고 부르짖느니라 ¹⁶성령이 친히 우리의 영과 더불어 우리가 하나님의 자녀인 것을 증언하시나니 ¹⁷자녀이면 또한 상속자 곧 하나님의 상속자요 그리스도와 함께한 상속자니 우리가 그와 함께 영광을 받기 위하여 고난도 함께 받아야 할 것이니라

사람들은 보통 고난을 받기 전에는 하나님 말씀에 순종하지 않지만, 고난을 겪게 되면 하나님 말씀을 듣게 되고 가까이하게 되며 하나님을 영화롭게 하게 됩니다. 그런데 이 고난에는 여러 가지가 있습

니다.

죄로 인한 고난은 징계입니다. 죄를 지어서 당하는 고난도 우리에게 유익하지만 죄로 말미암아 당하는 고난보다는 주와 복음을 위해, 이웃을 위해 당하는 고난이 더 복됩니다. 또 연단의 고난이 있습니다. 연단의 고난은 하나님께서 우리를 단련하시기 위해 주시는 고난입니다. 죄로 인한 고난을 받기보다는 연단하시는 고난에 참여하기를 바랍니다.

죄로 인한 고난은 항상 어린아이의 자리에 있게 합니다. 반면 연단하고 단련하시기 위한 고난은 성장을 가져옵니다. 청소년들이 겪는 성장통은 질병으로 인한 것이 아니라 성장하기 위한 통증입니다. 키가 쑥쑥 자라다 보니 뼈 마디마디에 고통과 통증이 있습니다. 이와 같이 영적 성장을 위한 연단의 고난은 대단히 유익한 것입니다.

또 어떤 고난이 있습니까? 성숙한 사람이 겪는 고난입니다. 잘못해서 당하는 고난이 아니라 다른 사람을 위해, 주님을 위해, 직분을 감당하고 봉사하고 섬기기 위해 당하는 고난입니다. 어렵고 힘든 일을 맞닥뜨리고 있다면 지금 자신이 당하는 고난이 어떤 고난인지 분별하기를 바랍니다.

하나님께서는 이스라엘 백성들이 불순종할 때마다 징계하셨습니다. 잘못을 깨달으라는 것입니다. 아버지가 자식을 징계하듯이 사랑의 매로 징계하시는 것입니다. 이 세상에 결코 우연은 존재하지 않습니다. 코로나도 어쩌다 우연히 생긴 것이 아닙니다. 하나님의 자녀들이 올바르게 신앙생활을 하지 못하니까, 특히 예배를 예배답게 드리지 않고 소홀히 여기며, 예배에 성공하고자 하는 간절한 마음이 없어서 주신 징계입니다. 그냥 예배에 참석하는 것만으로 만족하는 이들에게 하나님이 그 잘못을 깨달으라고 고난을 주시는 것입니다.

이런 것이 바로 죄로 인한 고난이고, 잘못되었으니 깨닫고 정신 차리라고 주시는 고난임을 기억하기 바랍니다.

개인적으로나 교회적으로도 사데 교회같이 살았다는 이름은 가졌으나 실상은 죽은 자들이 있습니다(계 3:1). 하나님은 이런 사람과 교회들에게 고난을 주셔서 깨달으라고 하십니다.

우리가 정신을 똑바로 차리고 바르게 신앙생활하려고 하면 반드시 마귀가 먼저 알고 우리의 앞을 가로막습니다. 이때 이런 것을 이겨야 합니다. 결코 져서는 안 됩니다. 주님은 이런 싸움에서 지지 않도록 깨어 기도하라고 말씀하셨습니다. 그러므로 우리는 끊임없이 기도해야 합니다. "우리 죄에서 구원하소서. 원수 마귀의 미혹과 유혹에서 구원하소서."

하나님은 우리에게 죄로 인해 고난을 받을 때 세상과 세상 것을 사랑하지 말라고 하셨는데 그것은 세상 것을 너무 좋아하여 세상에 빠질까 하는 염려 때문입니다. 누가복음 15장에 등장하는 둘째 아들은 아버지를 떠나 스스로 행복해 보려고, 아버지 없이 혼자 잘해 보려고, 자기가 원하는 대로 마음껏 살아보려고 세상에 흠뻑 젖어 탕자처럼 살아 갑니다. 그러나 고난이 찾아와 유산으로 물려받은 재산을 모두 탕진하고 하는 것마다 족족 망해 버립니다. 급기야 먹을 것이 없어 돼지들이 먹는 쥐엄나무 열매라도 먹으려고 하지만 그것도 주는 자가 없었습니다. 하나님이 막아 버리신 것입니다. 그처럼 막아 버리시는 것을 통해서 오는 것이 바로 고난입니다. 그 고난이 아버지를 찾게 하고, 아버지 집으로 발걸음을 향하게 한다는 말입니다. 그런 고난이 없다면 탕자가 아버지에게 돌아올 가능성은 희박합니다. 자기가 열심히 해서 잘되는 줄 알고, 자기가 능력이 있는 줄 알고, 자기가 다른 사람보다 뛰어난 줄 알기 때문입니다. 그러면 아버지께로 돌아올 생각조차 하지 않습니다.

히브리서 12장 8절은 "징계는 다 받는 것이거늘 너희에게 없으면 사생자요 친아들이 아니니라"라고 말씀합니다. 사생자는 징계, 즉 고난이 없습니다. 하나님을 믿지 않는데도 잘된다면 어쩌면 가장 불쌍한 사람이요, 사생아일 수 있습니다. 아버지가 없기 때문입니다. 자기 마음대로 살아도 누군가 잘못했다 지적해 주는 사람도 없고, 바르게 잡아 줄 사람도 없고, 잔소리하는 사람도 없습니다. 그것이 행복할 것 같습니까?

징계를 받을 때 어렵고 힘들더라도 온전히 기뻐하시기 바랍니다. 아버지가 있기 때문에 징계가 있는 것입니다. 성경은 고아와 맹인, 과부를 불쌍히 여기라고 말씀합니다. 영적인 고아가 되어 버리면 아버지가 없습니다. 하나님을 아버지라고 부를 수 있는 것을 기뻐하고 감사하기를 바랍니다.

우리에게 아버지가 있기 때문에, 하나님이 우리의 아버지이기 때문에 징계를 하시는 것입니다. "잘못 가고 있으니 정신 차려!" 하고 꾸짖는 아버지의 사랑입니다. 이런 고난을 받으면 빨리 회개하고 돌아서기를 바랍니다. 탕자가 아버지께로 돌아올 수 있는 길은 고난을 통해 예비되어 있습니다. 뭔가 안 되는 일이 있다면 하나님과의 관계를 확인해 보기 바랍니다. '아버지와 나와의 관계에 무언가 잘못된 것은 없는가?', '아버지와의 관계가 삐걱거리고 있는 것은 아닌가?', '아버지의 마음을 흡족하게 하기보다 아프게 하고 있지는 않은가?' 이렇게 스스로 확인해 볼 수 있기를 바랍니다.

본문 17절은 "자녀이면 또한 상속자 곧 하나님의 상속자요 그리스도와 함께한 상속자니 우리가 그와 함께 영광을 받기 위하여 고난도 함께 받아야 할 것이니라"라고 말씀합니다. 죄로 인한 고난은 징계의 고난이며, 연단의 고난은 단련과 성장에 필요한 고난입니다. 또 성숙한 자의 고난은 사랑과 섬김을 위한 것입니다. 대학 중에서 가장 유익한 대학은 고난의 대학이라고 합니다. 이 고난의 대학을 통해 우리는 사람답게 살게 됩니다. 예수님처럼 살게 됩니다. 예수님도 고난을 통해 순종함을 배우셨다고 하셨습니다(히 5장).

우리가 왜 어려움을 겪을까요? 왜 힘든 일을 겪을까요? 하나님의 형상으로 하나님의 말씀을 따라 살아가는 것이 아니라, 자기 고집이나 욕심대로 또는 자기가 하고 싶은 대로 살아가기 때문입니다. 그러나 그 모든 고난을 통해 예수님을 찾게 되고 본받게 될 것입니다.

고난에도 단계가 있습니다. 1단계 고난은 1학년의 고난으로, 고난을 만나면 원망이나 불평부터 하고 불만을 쏟아 냅니다. 무엇을 잘못했는지는 깨닫지 못하고, '내가 뭘 그렇게 잘못했다고 이런 시련을 주십니까?', '아무 잘못도 없는데 왜 내가 이런 고난을 당해야 합니까?' 하고 원망하며 불평합니다. 이것이 1학년짜리들의 가장 낮은 수준의 단계입니다.

2학년의 단계는 고난을 받을 때 참고 견딥니다. '그래도 내가 참고 견뎌야지' 하며 억지로라도 참고 견디려 합니다. 물론 원망하고 불평하는 1학년짜리보다는 낫지만, 억지로 참고 견디다 한계에 이르면 한순간에 폭발해 버립니다. 이것이 2학년짜리들의 고난 대학 수준입니다.

우리는 3학년 수준으로 가야 합니다. 이는 곧 고난을 만날 때 감사하는 단계입니다. 언제나 하나님께 감사가 넘치고 감사의 입술이 됩니다. 하나님께서 행하신 모든 것에 감사하고, 다른 사람을 정죄하고 업신여기는 것이 아니라 상대방에 대해 감사가 넘칩니다. 자신에게 주어진 현실 속에서 항상 하나님을 바라보고 범사에 감사하며 살아갑니다.

4학년의 단계는 사랑입니다. 다른 사람을 섬기고 대접하기 위해 어려움을 겪는 것입니다. 다른 사람을 사랑하는 것은 자신의 유익을 구하지 않는 것입니다. 이것이 사랑입니다. 사랑은 허다한 죄를 덮어 버려 다른 사람의 허물이 보이지 않게 합니다.

다른 사람의 허물이나 약점, 잘못만 보인다면 지금 자신의 수준이 1학년이라는 것을 깨닫고 4학년의 수준에 이르기까지 더욱 주님 앞에 서시기 바랍니다.

장성한 자에 이를 만큼의 세월이 지났는데도 아직까지 젖이나 먹는 수준에 있다면 1단계의 1학년 어린아이의 수준밖에 되지 않는 것입니다. 그러니 다른 사람의 허물이 보이고 자기의 잘못은 안 보입니다. 우리는 다른 사람의 눈 속에 있는 티끌을 보기 전에, 내 눈 속에 있는 들보를 빼내야 합니다. 1단계에서는 내 눈에 큰 기둥 들보가 들어 있는데도 그것은 보지 못하고 다른 사람의 조그마한 잘못이나 허물, 실수를 용서하지 못합니다.

하지만 고난 대학 4학년의 단계가 되면 상대방의 허물을 보는 눈이 긍휼히 여기는 마음으로 바뀝니다. 상대방의 허물이 보이지 않는 것입니다. 주님의 긍휼한 마음으로 보게 되면서 그들이 이웃과 형제와 가족으로 보입니다. 이런 수준의 단계까지 끌어 올리길 바랍니다.

마지막 5단계는 고난을 통해 영광이 나타나는 수준입니다. 고난의 영광이 나타나고, 아버지의 영광도 나타납니다. 예수님이 십자가에서 당하신 고난은 아버지의 영광이 나타난 고난입니다. 가장 장성한 자의 고난입니다. 그래서 고난이 유익이 됩니다.

시편 119편 71절에서 시편 기자는 "고난당한 것이 내게 유익이라"라고 고백합니다. 그러므로 고난을 받는다면 온전히 기뻐하라는 것입니다. 최고 고난의 수준에 있는 예배자는 '나 같은 것이야 어떻게 되든 아버지의 이름이 높아질 수만 있다면, 아버지의 영광이 나타날 수만 있다면…' 하며 자기의 자존심을 버리고 주님을 존귀하게 하는 것에만 집중합니다. 자신의 자랑은 온데간데없고 예수님만 높이고 자랑하게 됩니다. 자신의 욕심은 사라지고 하나님을 사랑하고 이웃을 사랑하는 것만 남습니다.

본문 17절의 "자녀이면 또한 상속자 곧 하나님의 상속자요 그리스도와 함께한 상속자니 우리가 그와 함께 영광을 받기 위하여 고난도 함께 받아야 할 것이니라"라는 말은 그와 함께 영광을 받으려면 그와 함께 고난도 받아야 된다는 뜻입니다.

누구나 영광받고 대우받는 것은 좋아하지만 고난받는 것은 싫어합니다. 다른 사람에게 대접받기를 좋아하지 대접하는 것은 싫어합니다. 주님은 나눠 주고 베풀고 섬기라고 하셨는데 섬김받고 대접받고 대우받기를 좋아합니다. 하나님 나라에서 영광을 받기 위해서는 주님과 함께 고난도 받아야 함을 잊지 말기를 바랍니다.

이 고난은 다른 사람을 섬기다 보니 내 것을 잃어버리게 되고, 손해 보게 되는 것입니다. 다른 사람을 위하다 보니 자신의 시간과 휴식을 포기하고 아픈 사람을 찾아보고, 어려움당한 사람을 돌아보며, 배고픈 사람에게 먹을 것을 가져다주게 됩니다. 이웃을 위하여 내가 쉴 수 있는 시간, 내가 사용할 수 있는 시간을 포기하는 것이 바로 고난입니다. 자신이 아닌 이웃을 섬기는 일에 자신의 모든 것을 사용하는 것이 고난입니다.

자기 육체를 위해 자기 자신을 섬기던 것에서 자기 영혼과 주님과 복음을 위해 이웃을 섬기는 것으로 바뀌는 것입니다. 자신의 시간과 권리를 포기하는 것이 고난입니다. 얼마든지 내가 누릴 수 있고,

내 것으로 취할 수 있지만 그 권리를 다른 사람을 위해 포기하는 것입니다.

마태복음 25장의 비유에서 예수님은 우편에 있는 양들에게 "내 아버지께 복받을 자들이여 나아와 창세로부터 너희를 위하여 예비된 나라를 상속받으라"(34절)라고 하시며 칭찬하셨습니다. 그리고 이어서 이렇게 말씀하셨습니다. "내가 주릴 때에 너희가 먹을 것을 주었고 목마를 때에 마시게 하였고 나그네 되었을 때에 영접하였고 헐벗었을 때에 옷을 입혔고 병들었을 때에 돌보았고 옥에 갇혔을 때에 와서 보았느니라"(35-36절). 즉, "내가 목마를 때 네가 먹을 물을 나에게 주지 않았느냐? 내가 배고팠을 때 너도 먹을 것이 부족한데 나에게 나누어 주지 않았느냐? 내가 병들었을 때 너도 힘들고 지쳤지만 나에게 와서 위로해 주지 않았느냐?"라고 하시는 것입니다. 이것이 바로 주님과 함께 영원한 영광의 자리에 있기 위해 이 땅에서 주님과 함께 고난받는 것입니다.

예수님께서는 "너희에게 자유를 주려고 내가 피 흘려 죽지 않았느냐? 그 자유를 받았으니 너희는 그 자유를 가지고 너희 육체의 즐거움과 쾌락과 안락함, 그리고 너희의 권리를 포기하고 이웃을 위해 사용하라"라고 하십니다. 물질도 마찬가지입니다. '어떻게 이웃을 위해 쓸까?', '어떻게 다른 사람의 영혼을 위해 쓸까?', '어떻게 하나님의 나라를 위해 쓸까?', '어떻게 하나님의 뜻대로 쓸까?', '어떻게 하나님의 일을 위해 쓸까?' 하고 생각해 보기를 바랍니다.

나사로는 죽어서 아브라함의 품에 안겼습니다. 이 땅에서의 부자는 하늘나라에서 완전히 거지가 되었습니다. 지옥불에 들어간 그는 아브라함에게 자기가 그토록 무시하고 업신여겼던 거지 나사로의 손가락 끝에 물 한 방울 찍어서 입술을 축이게 해달라고 부탁합니다.

그러나 그곳은 그것도 허락이 안 되는 곳입니다. 왜입니까?

"너는 살았을 때에 좋은 것을 받았고 나사로는 고난을 받았으니 이것을 기억하라 이제 그는 여기서 위로를 받고 너는 괴로움을 받느니라"(눅 16:25).

나사로는 살아 있을 때 고난을 받았고 부자는 고난을 받지 않았다는 것입니다.

나사로는 이 땅에서 받은 고난 때문에 아브라함 품에서 아버지의 영광을 누리게 되었는데 부자는 육체가 있는 이 땅에서 자신이 가진 것을 다 써버린 것입니다. 시간과 젊음과 재산을 다 써버렸습니다. 이 세상에서 날마다 잔치하고 연락하고 사람들을 즐겁게 해주었습니다. 그리고 결국 부자도 죽고 나사로도 죽었습니다. 죽은 후의 결과는 하늘과 땅 차이입니다. 고난이 왜 유익인지 깊이 깨닫기를 바랍니다.

시편 119편 67절에서 시편 기자는 "고난당하기 전에는 내가 그릇 행하였더니 이제는 주의 말씀을 지키나이다"라고 고백합니다. 고난은 유익한 것입니다. 혹 지금 어떤 죄를 지어 어려움을 겪고 있지는 않습니까? 그렇다면 하나님을 원망하거나 불평하지 말고, 누구 때문이라고 탓하지도 말고 빨리 깨달아 더 아픈 매를 맞지 않기를 바랍니다.

신앙의 성장통을 겪을 때는 영적인 사춘기입니다. 이때 지혜롭게 넘어가기 바랍니다. 원수 마귀는 끊임없이 우리를 무너뜨리려 합니다. 은혜 좀 받으려면 무슨 일이 생기고, 말씀 좀 듣고 순종하려면 무슨 일이 꼭 생깁니다. 원수가 먼저 알고 방해하고 훼방하기 때문입니다. 그럴 때 원수의 목전에서 상을 베푸시는 하나님께 '나에게 얼마나 큰 상을 주시려고 이런 어려움을 주십니까?' 하고 고백하기를 바랍니다.

고난받을 때 주저앉지 말고 주님을 바라보며 능히 이겨 다음 단계로 성큼 넘어가는 성장이 있기를 바랍니다. 그러면 원수들이 어느 순간 다 떠나가 버립니다. 환경이 바뀌어 버립니다. 어려움을 겪는다고 좌절하거나 실망하지 말고 주님께로 더 가까이 나아가 깨어 기도하며 주님을 의지하기를 바랍니다.

고난을 통한 영광의 예배자가 되길 바랍니다. 고난을 통과하지 않고는 결코 성장할 수 없을 뿐 아니라 하나님의 영광에 동참할 수도 없습니다. 고난에는 참여하기 싫고 하나님의 영광은 사모한다면 완전히 잘못된 신앙입니다. 아버지의 영광에 동참하기 위해서는 이 땅에서 주님과 함께 고난에도 참여해야 함을 잊지 마시기 바랍니다.

9.
교회의 본질은 예배다

(엡 3:14-21)

¹⁴이러므로 내가 하늘과 땅에 있는 각 족속에게 ¹⁵이름을 주신 아버지 앞에 무릎을 꿇고 비노니 ¹⁶그의 영광의 풍성함을 따라 그의 성령으로 말미암아 너희 속사람을 능력으로 강건하게 하시오며 ¹⁷믿음으로 말미암아 그리스도께서 너희 마음에 계시게 하시옵고 너희가 사랑 가운데서 뿌리가 박히고 터가 굳어져서 ¹⁸능히 모든 성도와 함께 지식에 넘치는 그리스도의 사랑을 알고 ¹⁹그 너비와 길이와 높이와 깊이가 어떠함을 깨달아 하나님의 모든 충만하신 것으로 너희에게 충만하게 하시기를 구하노라 ²⁰우리 가운데서 역사하시는 능력대로 우리가 구하거나 생각하는 모든 것에 더 넘치도록 능히 하실 이에게 ²¹교회 안에서와 그리스도 예수 안에서 영광이 대대로 영원무궁하기를 원하노라 아멘

교회의 본질은 예배입니다. 예배는 하나님께 영광을 돌리는 것입니다. 예배자의 삶은 먹든지 마시든지 무엇을 하든지 하나님의 영광을 나타내야 합니다. 그러기 위해서는 말씀대로 순종해야 합니다. 순종한다는 것은 내 생각, 내 지식, 내 경험을 죽이는 것입니다. 내 생각, 내 방법, 내 경험이 아무리 귀하고, 선하고, 의롭고, 착하고, 대단할지라도 하나님께는 쓰레기일 뿐입니다.

형식적인 예물과 예식으로 드리는 예배를 하나님은 결코 기뻐하시지 않습니다. 오히려 괴롭다고 말씀하십니다. 그러면서 "너희들은 나를 무엇으로 생각하느냐?" 하고 물으십니다. 세상 임금에게도 흠 있는 것, 점 있는 것, 병든 것, 저는 것을 바치지 않습니다. 이런 것들을 바쳤다가는 기쁘게 받기는커녕 오히려 큰 진노가 임할 것입니다. 예배는 하나님께 드리는 것입니다. 그리고 하나님이 받으셔야만 우리에게 생명과 복과 은혜를 주시며 치료하시고 응답해 주십니다.

우리가 하나님과 주고받는 아름다운 사랑의 교제가 예배입니다. 우리는 그렇게 살아 있는 예배를 드려야 합니다. 예배는 예배이지만 이름뿐인 예배, 짝퉁 예배는 죽은 예배이기 때문에 이런 예배는 하나님이 결코 받지 않으십니다. 이 세상에서 가장 아름다운 곳은 교회입니다. 교회 건물이 교회가 아닙니다. 교회 건물은 예배당, 즉 예배드리는 집이라는 뜻입니다. 교회는 그리스도를 믿는 성도들입니다.

또 교회는 그리스도의 몸이고, 그리스도는 교회의 머리가 되십니다. 성도들은 그리스도의 몸의 지체들입니다. 팔은 몸에 붙어 있을 때 몸입니다. 다리는 몸에 붙어 있을 때 몸입니다. 발가락도 몸에 붙어 있을 때 몸입니다. 그리스도는 교회의 머리가 되셨고 만물 위에 교회를 세우셨습니다. 그렇기에 교회는 이 세상에 속한 것이 아닙니다. 세상을 뛰어넘는 존재입니다. 세상에 있는 모든 것을 뛰어넘어 그리스도의 몸 된 교회가 세워진 것입니다.

사람들은 눈에 보이는 건물을 교회라고 착각합니다. 예배당에 왔다 갔다 하는 것으로 신앙생활을 한다고 합니다. 예배당에 와서 예배에 참석하는 것이 예배라고 착각한다는 말입니다. 예배는 예의를 갖추어 하나님을 뵙는 것입니다. 예의를 갖추어 하나님을 뵐 수 있도록 우리를 성전 삼아 주신 것입니다. 구약 시대는 성막과 성전 중심이었습니다. 다니엘은 하루 세 번씩 성전을 향해 기도했습니다. 이스라엘 백성은 광야에 성막을 지었고 성막을 중심으로 12지파가 조직적으로 움직였습니다.

솔로몬은 성전을 지은 후 "하늘과 하늘들의 하늘이라도 주를 용납하지 못하겠거든"(왕상 8:27)이라고 고백합니다. "우리가 성전을 지었다고 그것이 대단한 일이겠습니까? 성전이 크다 해서 하나님이 거기 계시겠습니까?"라고 기도한 솔로몬에게 하나님은 "나는 네가 건축한 이 성전을 거룩하게 구별하여 내 이름을 영원히 그곳에 두며 내 눈길과 내 마음이 항상 거기에 있으리니"(왕상 9:3)라고 말씀하셨습니다. 하나님이 그 성전에 하나님의 이름을 두셨다는 것입니다. 하나님의 이름은 하나님 자신입니다. 그 이름을 주셨습니다. 바로 성도들이 성전이라는 말입니다.

고린도전서 3장 16절에서 사도 바울은 "너희는 너희가 하나님의 성전인 것과 하나님의 성령이 너희 안에 계시는 것을 알지 못하느냐"라고 말합니다. 그러기에 성전을 더럽힌다는 것은 하나님의 이름, 즉 하나님의 영광을 더럽히는 것입니다. 우리 자신이 성전이고, 또한 그것이 교회란 말입니다. 교회는 하나님의 영광을 위해 세워졌습니다. 하나님의 영광이 나타나면 반드시 하나님의 뜻이 이루어지게 됩니다. 하나님의 영광을 나타내기 위해서는 우리 뜻대로가 아니라 하나님 아버지의 뜻대로, 우리가 원하는 대로가 아니라 하나님 아버지께서 원하시는 대로 되어야 합니다. 우리가 하나님의 말씀대로, 뜻대로 살아갈 때 하나님의 뜻이 이루어지고, 그렇게 하나님의 뜻이 이루어지는 것을 통해 하나님께 영광이 된다는 말입니다. 이것이 바로 교회요, 교회의 본질은 예배입니다.

예배는 그냥 예배의 자리에 참석하는 것이 아니라 하나님께 영광 돌리는 모든 행위를 말합니다. 그래서 우리의 자아를 죽이지 않고 그것이 살아 있는 한 하나님의 영광은 결코 나타나지 않습니다. 자아가 살아 있다는 것은 우리 자신이 주인이라는 것인데, 우리 자신이 주인이 아니라 예수님이 주인이 되어야 비로소 그것이 성전이고, 하나님께 영광이 되는 것입니다.

우리는 교회 된 자로서 하나님께 영광을 돌리는 예배, 참된 예배를 드리는 자들이 되어야 합니다. 예배당에 다니기만 하지 말고, 예배에 참석만 하지 말고 예배자가 되어야 합니다. 예배자는 하나님께 영광을 돌리는 복 있는 자녀들입니다.

"그런즉 너희가 먹든지 마시든지 무엇을 하든지 다 하나님의 영광을 위하여 하라"(고전 10:31).
"온전히 담대하여 살든지 죽든지 내 몸에서 그리스도가 존귀하게 되게 하려 하나니"(빌 1:20).

우리 마음대로, 소원하는 대로 이루려고 하는 것이 예배자로 살아가는 데 가장 큰 장애물입니다. 우리는 우리 몸의 주인이 아닙니다.

"너희 몸은 너희가 하나님께로부터 받은 바 너희 가운데 계신 성령의 전인 줄을 알지 못하느냐 너희는 너희 자신의 것이 아니라"(고전 6:19).

'그리스도께서 너희를 피 값으로 샀으니 너희는 너희 자신의 것이 아니요 하나님의 것이며, 하나님의 영광을 나타내기 위한 성전이다'라는 것입니다. 이것이 예배자입니다. 예배자는 반드시 삶을 통해 하나님의 영광을 나타내야 하는 것입니다.

요한복음 16장 13-14절에서 예수님은 "진리의 성령이 오시면…그가 내 영광을 나타내리니"라고 말씀하셨습니다. 즉, 예수님이 성령을 우리에게 보내주신 이유는 하나님께 영광을 돌리는 예배자로 살아가라는 것입니다. 성령이 아니고는 하나님의 뜻을 알 수 없고, 하나님의 뜻을 이룰 수도 없고, 하나님을 알 수도 없고, 예수님을 따를 수도 없습니다. 예수님의 열두 제자는 성령을 받기 전에는 아무리 하고 싶어 하고 호언장담을 했어도 주님을 따를 수 없었습니다. 사람의 일은 사람의 영으로 알 수 있지만, 하나님의 일은 하나님의 영으로만 알 수 있습니다.

예수님도 성령이 아니고는 하나님의 뜻대로 행할 수 없다고 말씀하셨습니다. 하나님께서 우리를 성령이 거하시는 성전으로 삼아 주셨으니 이제는 성령을 소멸하거나 훼방하거나 거역하지 않기를 바랍니다. 성령은 진리의 영입니다. 진리를 통해 하나님께 영광을 돌리라고 보내주신 분이 성령입니다.

본문 16절은 "그의 영광의 풍성함을 따라 그의 성령으로 말미암아 너희 속사람을 능력으로 강건하게 하시오며"라고 말씀합니다. 즉, 성령으로 말미암아 우리 속사람이 강건하게 됩니다. 우리 속사람은 영의 사람입니다. 우리는 속사람으로 하나님 앞에 예배드리는 것입니다. 겉사람이 속사람의 다스림을 받기를 바랍니다. 겉사람은 날로 후패하나, 속사람은 점점 새로워지고 자라고 성장하고 그리스도의 장성한 분량에 이르러야 합니다. 이것은 성령을 좇아 살아갈 때 가능합니다. 성령을 좇아 살아갈 때만이 '나는 그리스도와 함께 십자가 못 박혀 죽었으니 이제는 내가 사는 것이 아닙니다'라고 고백하며, 자신의 욕심과 생각대로 사는 것이 아니라 예수를 믿는 믿음 안에서 예수 그리스도를 주로 삼아 복종하게 되는 것입니다.

예수님도 이 땅에 계실 때 하나님이시지만 사람의 모양으로 나타나셔서 죽기까지 복종하고 십자가에 못 박혀 죽으셨습니다. 그리고 하나님 아버지의 영광과 그 이름을 위해, 하나님 아버지의 뜻대로, 하나님 아버지께서 기뻐하시는 일만 하셨습니다. 그래서 하나님께서 그분을 지극히 높여 주셨습니다. 하물며 피조물인 우리가 은혜로 구원받고 성전과 교회가 되었다면 어떻게 뒤를 돌아볼 수 있겠습니까? 어떻게 좌우로 곁눈질하며 두 마음을 갖겠습니까? 오직 한 마음으로 주님만 바라보고 따르기를 바랍니다.

교회의 본질은 영광스러운 예배입니다. 예수님께서 "나는 포도나무요 너희는 가지라 그가 내 안에, 내가 그 안에 거하면 사람이 열매를 많이 맺나니 나를 떠나서는 너희가 아무것도 할 수 없음이라"(요 15:5)라고 말씀하셨습니다. 가지인 우리가 포도나무인 예수님께 붙어 있으면 절로 열매를 맺고, 열매를 많이 맺으면 하나님 아버지께서 영광을 받으신다는 말입니다. 반면 예수님께 붙어 있지 않으면 말라 버려 결국 자르고 불살라 버린다고 하십니다. 예수님께 붙어 있다는 것은 무엇을 의미합니까? 주의 말씀이 명령으로 들리는 것, 주의 말씀에 순종하게 되는 것, 주의 말씀에 복종하게 되는 것이 바로 예수님께 붙어 있는 것입니다. 우리 자신의 생각을 고집하고 있다는 것은 가지가 나무에 붙어 있긴 하지만 말라 버리고 마는 상태입니다. 예수님이라는 나무에 붙어 있을 때, 즉 예수님께 순종하고 순복할 때 우리의 영혼은 점점 신부 단장을 하게 될 것입니다.

본문 21절은 "교회 안에서와 그리스도 예수 안에서 영광이 대대로 영원무궁하기를 원하노라"라고 말씀합니다. 여기서 교회는 교회당 건물이 아니라 교회 된 자들입니다. 우리는 그리스도께 붙어 있는 지체입니다. 붙어 있기에 생명을 얻습니다. 손가락은 몸에 붙어 있기에 노력하지 않아도 생명이 있습니다. 힘줄이 있고, 근육이 있고, 뼈가 있고, 또 몸에 붙어 있기 때문에 살아 있는 것입니다. 손가락과 몸의 연결이 끊어졌다고 생각해 봅시다. 힘줄이 끊어졌든, 혈관이 막혔든, 손가락은 금방 새카맣게 죽어 버리고 맙니다.

예수님께 붙어 있다는 것은 하나님의 말씀을 명령으로 받아 그대로 사는 것입니다. 가지가 나무에서 생명을 얻지 못한다는 것은 무엇을 말합니까? 자신의 생각과 고집과 방법과 경험대로 살아가는 것은 사는 것이 아니라 죽는 것입니다. 결국은 교회 안이 아니라 교회 바깥이 우리의 처소가 되어 버립니다. 교회 밖에서는 결코 예배를 드릴 수 없고, 우글거리는 사자의 먹잇감이 될 수밖에 없습니다.

자기 고집과 생각과 방법대로 살려는 완고한 사람들이 마귀의 밥이 됩니다. 우리는 어떻게든지 하나님 말씀대로 살려고 하는 자가 되어야 합니다. 마귀는 불순종의 아비입니다. 불순종하는 자들은 금세 마귀에게 속해 버립니다. 가지가 나무에서 떨어지면 말라 버리는 것과 같이 영혼이 점점 말라비틀어지게 되고, 결국은 잘라져 불살라집니다. 그러나 성도는 이 땅에 있는 동안에 예배자로 살다가 하나님께서 가장 기뻐하시는 아름다운 모습으로 천국에 들어가게 될 것입니다.

종교인과 신앙인의 차이가 무엇입니까? 종교인은 전부 자기에게 초점이 맞춰져 있습니다. 자기가 잘되기 위해, 높은 자리에 앉기 위해, 다른 사람보다 더 많은 것을 갖기 위해, 다른 사람보다 더 편한 자리에 앉기 위해 노력합니다. 그런 종교인으로서 열심히 살아간다면 쭉정이가 되고 나무에 붙어 있지 않아 말라 버리게 될 것입니다. 겉모습은 멀쩡한데 사실상 영혼은 말라비틀어져 죽는다는 말입니다. 우리는 육체를 가진 영적인 존재입니다.

하나님은 영이시기에 영과 진리로 예배하는 자를 찾고 계십니다. 그가 바로 교회 된 자입니다. 그래서 교회의 본질은 예배입니다. 예배는 하나님만을 높이는 것입니다. 삶에서 항상 하나님만을 높이기 바랍니다. 우리는 우리를 대속해 주시고, 우리를 위해 피 흘려 주시고, 지옥불에서 건져 주신 그 주님을 위해 사는 것이 당연합니다. 예수님은 우리가 죄인 되었을 때 십자가에 못 박혀 죽으심으로 하나님의 사랑을 확증해 보여 주셨습니다. 주님이 죄인 된 우리를 위해 십자가에 못 박혀 죽으셨으니 이제부터 우리는 우리 자신을 위해 사는 자가 하나도 없어야 합니다. 우리에게 생명과 구원과 사랑을 주신 그분을 위해 사는 것이 진짜 사는 것입니다.

무엇보다 주일을 철저하게 지켜야 합니다. 주일은 아침 첫 시간부터 저녁 시간까지 온종일 예배가 되어야 합니다. 예배가 무엇입니까? 하나님을 영화롭게 하기 위해 우리의 육체가 수고하는 것입니다. 누가 보지 않는다고 자기 육체의 유익을 위해서 무언가를 하면 안 됩니다. 이는 속는 것입니다. 교회는 하나님의 성전인데 어떻게 하나님의 이름을 높이기는커녕 불순종하고, 우상숭배하고, 원망하게 둘 수 있습니까? 어떻게 성전을 더럽힐 수 있습니까? 육신의 욕심대로 살면 성전이 더러워져 예배를 드릴 수가 없습니다. 성전을 더럽히면 멸망당할 수밖에 없습니다.

성경은 "말씀이 육신이 되어 우리 가운데 거하시매 우리가 그의 영광을 보니 아버지의 독생자의 영광이요 은혜와 진리가 충만하더라"(요 1:14)라고 말씀합니다. 하나님은 하나님 아버지의 영광을 드러내도록 우리에게 은혜를 주시고, 또 진리로 살아가도록 진리의 성령을 부어 주셨습니다. 이 진리의 성령이 오심으로 우리는 성령의 지배를 받으며 살아가야 합니다. 성령은 진리의 말씀을 따라 살아갈 수 있도록 우리를 인도하시는 분입니다.

우리 자신의 생각, 지식, 경험, 방법을 십자가에 못 박아야 합니다. 이제는 정말 주일부터 철저히 지켜야 합니다. 흠과 점이 있는 예배, 눈먼 예배는 하나님이 받지 않으십니다. 철저한 주일성수가 되도록 힘쓰시기를 바랍니다.

이제는 교회가 교회 되어야 합니다. 왜 교회가 변질되었습니까? 온전한 주일이 사라져 버렸기 때문입니다. 누구 마음대로 주일에 낮예배만 드립니까? 11시 예배에 한 번 참석해 놓고 무슨 주일을 지켰다고 말할 수 있습니까? 그것은 주일을 지킨 것이 아닙니다. 아침부터 저녁 해질 무렵까지 온전한 주일성수, 철저한 주일성수가 되어야 합니다.

우리는 성령이 거하시는 성전이요, 그리스도의 몸 된 교회의 지체입니다. 우리가 예배자라는 말입니다. 예배는 하나님께 온전히 영광을 돌리는 것입니다. 항상 마음을 다하고 목숨을 다하고 뜻을 다하여 주 하나님을 사랑해야 합니다.

본문 17절은 "믿음으로 말미암아 그리스도께서 너희 마음에 계시게 하시옵고 너희가 사랑 가운데서 뿌리가 박히고 터가 굳어져서"라고 말씀합니다. 믿음의 뿌리가 깊이 박히고 터가 굳어진다는 것은 어떤 상황에서도 흔들리지 않는다는 말입니다. 이는 곧 사랑입니다.

믿음의 터가 굳건해진 사랑은 믿음의 완성입니다.

계속해서 18절은 "능히 모든 성도와 함께 지식에 넘치는 그리스도의 사랑을 알고"라고 말씀합니다. 곧 그리스도의 사랑을 알라는 말입니다. 그 사랑을 받았으니 잊지 말라는 말입니다. 다른 사람을 미워하고, 헐뜯고, 업신 여기고, 아프게 하면서 어떻게 자기가 예배자라고 할 수 있겠습니까? 아직도 자신이 살아 있다면, 즉 자신의 더러운 자존심, 욕심, 이기심과 육신의 생각에 사로잡혀 있다면 성령을 거스르고 거역하고 훼방하는 것이기 때문에 하나님의 영광이 나타날 수 없고, 가인보다 못한 예배를 드리는 것입니다.

교회가 교회 되어야 하나님의 영광이 드러납니다. 교회가 교회 되기 위해서는 반드시 예배가 예배 되어야 합니다. 예배가 회복되어야 교회 본질이 회복되고 성령이 거하시는 성전이 됩니다.

10.
구원의 감격으로 예배하라

(출 15:1-18)

¹이때에 모세와 이스라엘 자손이 이 노래로 여호와께 노래하니 일렀으되 내가 여호와를 찬송하리니 그는 높고 영화로우심이요 말과 그 탄 자를 바다에 던지셨음이로다 ²여호와는 나의 힘이요 노래시며 나의 구원이시로다 그는 나의 하나님이시니 내가 그를 찬송할 것이요 내 아버지의 하나님이시니 내가 그를 높이리로다 ³여호와는 용사시니 여호와는 그의 이름이시로다 ⁴그가 바로의 병거와 그의 군대를 바다에 던지시니 최고의 지휘관들이 홍해에 잠겼고 ⁵깊은 물이 그들을 덮으니 그들이 돌처럼 깊음 속에 가라앉았도다 ⁶여호와여 주의 오른손이 권능으로 영광을 나타내시니이다 여호와여 주의 오른손이 원수를 부수시니이다 ⁷주께서 주의 큰 위엄으로 주를 거스르는 자를 엎으시니이다 주께서 진노를 발하시니 그 진노가 그들을 지푸라기같이 사르니이다 ⁸주의 콧김에 물이 쌓이되 파도가 언덕 같이 일어서고 큰 물이 바다 가운데 엉기니이다 ⁹원수가 말하기를 내가 뒤쫓아 따라잡아 탈취물을 나누리라, 내가 그들로 말미암아 내 욕망을 채우리라, 내가 내 칼을 빼리니 내 손이 그

들을 멸하리라 하였으나 ¹⁰주께서 바람을 일으키시매 바다가 그들을 덮으니 그들이 거센 물에 납같이 잠겼나이다 ¹¹여호와여 신 중에 주와 같은 자가 누구니이까 주와 같이 거룩함으로 영광스러우며 찬송할 만한 위엄이 있으며 기이한 일을 행하는 자가 누구니이까 ¹²주께서 오른손을 드신즉 땅이 그들을 삼켰나이다 ¹³주의 인자하심으로 주께서 구속하신 백성을 인도하시되 주의 힘으로 그들을 주의 거룩한 처소에 들어가게 하시나이다 ¹⁴여러 나라가 듣고 떨며 블레셋 주민이 두려움에 잡히며 ¹⁵에돔 두령들이 놀라고 모압 영웅이 떨림에 잡히며 가나안 주민이 다 낙담하나이다 ¹⁶놀람과 두려움이 그들에게 임하매 주의 팔이 크므로 그들이 돌같이 침묵하였사오니 여호와여 주의 백성이 통과하기까지 곧 주께서 사신 백성이 통과하기까지였나이다 ¹⁷주께서 백성을 인도하사 그들을 주의 기업의 산에 심으시리이다 여호와여 이는 주의 처소를 삼으시려고 예비하신 것이라 주여 이것이 주의 손으로 세우신 성소로소이다 ¹⁸여호와께서 영원무궁하도록 다스리시도다 하였더라

태양이 아무리 뜨겁다 할지라도 주님을 사랑하는 우리의 가슴만큼 뜨겁겠습니까? 더워서 땀이 나도 좋습니다. 그러면 땀방울이 핏방울이 되도록 기도하신 주님을 생각하시기를 바랍니다. 또 시원한 바람이 불어오면 주님의 마음을 여름날의 냉수처럼 시원하게 해드리고 싶다고 생각하는 온전한 예배자가 되시기를 바랍니다. 우리는 더위도 추위도 걱정 없습니다.

우리는 코로나가 두려워서가 아니라 더럽기 때문에 손도 씻고, 입도 씻고, 발도 씻는 것입니다. 더러운 것이니 씻어내는 겁니다. 세균은 더러운 것입니다. 더럽기 때문에 몸에 들어오지 못하도록 마스크를 씁니다. 질병은 더러운 것입니다. 더러운 것은 두려운 존재가 아닙니다. 그저 치워 버리면 됩니다. 그런데 지금은 코로나가 두려운

존재로 바뀌어 버렸습니다. 코로나가 두렵다면 그 사람은 하나님을 섬기는 사람이 아닙니다. 우리가 두려워해야 할 대상은 하나님 한 분뿐입니다. 그분이 우리를 살리기도 하고 죽이기도 하며, 지옥에 집어넣기도 하고, 천국으로 이끌어 구원해 주기도 하는 유일한 분이십니다. 살리고 죽이는 권한이 하나님 한 분에게만 있기 때문에 하나님을 두려워하는 사람은 결코 코로나나 그 이상도 두려워하지 않습니다.

구원의 감격으로 예배하십시오. 이스라엘 백성은 430년간 애굽에서 종살이를 했습니다. 거기서 구원받았다는 것은 감격입니다. 한번 생각해 보시기 바랍니다. 종살이를 한 세월이 4년도 아니고, 40년도 아니고, 자그마치 430년입니다. 종은 어떤 권리도 없습니다. 아무리 수고하고 땀을 흘려도 권리가 없습니다. 마음대로 쉴 수 있는 권리가 없고, 자기 것이라고 주장할 수 있는 권리가 없습니다.

하나님께서는 마귀에게 종노릇하는 우리를 자유하게 하기 위해 예수 그리스도를 보내주셨습니다.

"주는 영이시니 주의 영이 계신 곳에는 자유가 있느니라"(고후 3:17).

주의 영이 임함으로 자유가 임한다고 말씀합니다. 주는 자유자이자 권세자이십니다. 예수님께서 큰 놀이 일어난 바다를 잠잠하게 하시자 사람들이 "이이가 어떠한 사람이기에 바람과 바다도 순종하는가"(마 8:27) 하고 수군거립니다. 즉, 그가 어떤 권세를 갖고 있길래 바다가 순종하느냐는 것입니다. 주인이 명령했기에 만물이 복종하고 굴복하는 것입니다.

아무리 수고해도 자신의 것이 될 수 없고, 권리를 주장할 수 없고, 쉴 수 있는 권리도 없고, 가질 수 있는 권리도 없고, 줄 수 있는 권리도 없고, 쌓아 놓을 수 있는 권리도 없는 것이 종입니다. 얼마나 비참합니까? 주권이 없습니다. 그런데 430년 동안 이렇게 비참하게 살던 이스라엘 백성을 하나님이 구원해 내셨습니다. 종노릇하던 애굽 땅에서 탈출해 홍해로, 광야로 나왔던 그들의 감격은 이루 말할 수 없었을 것입니다.

그런데 사실상 430년 동안만 종살이한 것이 아닙니다. 아담과 하와는 자유자로서 에덴동산에서 하나님을 영화롭게 하며 예배하던 자리에서 쫓겨나 버렸습니다. 죄로 인해 하나님의 영광에 이르지 못한 죄인은 하나님께 예배를 드릴 수 없습니다. 예배드릴 수 없으니 쫓겨나 버렸습니다. 그렇게 1,500년이 지나서야 애굽 땅에서 벗어나 구원을 받았다는 말입니다. 그 감격은 이루 말할 수 없었을 것입니다.

그런 감격스러운 구원을 경험한 자들의 예배드리는 모습이 출애굽기 15장에 나오고 있습니다.

"이스라엘이 여호와께서 애굽 사람들에게 행하신 그 큰 능력을 보았으므로 백성이 여호와를 경외하며"(출 14:31).

이것은 이들이 하나님께 예배드리고 하나님을 영화롭게 했다는 말입니다. 예배는 하나님을 영화롭게 하는 것이며, 하나님께 영광을 돌려 드리는 것입니다. 예배는 인간을 위해서가 아니라 하나님을 위해서, 하나님을 영화롭게 하기 위해서 드리는 것입니다.

이스라엘 백성은 자신들의 노력으로 종살이하던 곳에서 구원받은 것이 아니라, 하나님의 큰 권능의 손이 그들을 구출하신 것입니다. 이는 인간이 한 것이 아니므로 인간의 공로는 없다는 뜻입니다.

오직 하나님의 은혜로 구원에 이르렀다는 말입니다. 하나님의 이적과 표적을 통해 멋지게 이스라엘 백성의 삶을 역전시켜 버린 것입니다. 곧 죽어 가던 자가 다시 살아나고, 패색이 짙던 사람이 역전된 것입니다. 야구로 말하면 9회 말 만루 홈런이나 마찬가지입니다. 그런 감격적인 순간입니다.

이들은 430년 동안 종살이하면서 자유자로서의 모든 것을 잃어버렸습니다. 나라도 잃어버렸고, 그들이 하나님의 백성이라는 것도 잃어버렸습니다. 하나님이 모세를 부르고 보내셔서 구원을 선포하고 이루셨습니다. 하나님이 열 재앙을 내리심으로 애굽을 탈출하게 되었을 때 앞에는 홍해가 가로막고 있고, 뒤에는 애굽 군대가 말을 타고 쫓아오는 그야말로 풍전등화 같은 결정적인 순간에 홍해를 갈라 주신 것입니다. 애굽 땅을 탈출해 바닷길을 걸어 광야로 나왔으니 얼마나 감격스러웠겠습니까?

출애굽기 15장 1절은 "이때에 모세와 이스라엘 자손이 이 노래로 여호와께 노래하니 일렀으되 내가 여호와를 찬송하리니 그는 높고 영화로우심이요 말과 그 탄 자를 바다에 던지셨음이로다"라고 말씀합니다. 하나님의 영광을 드러내는 것이 예배입니다. 영광은 하나님 자신을 나타내며, 또 하나님이 하신 일을 의미합니다.

모든 만물을 통해 하나님의 영광이 드러납니다. 하나님이 창조하신 작품들 곧 해와 별과 달과 산 등을 통해 하나님의 신성과 성품이 드러나게 하셨습니다. 그리고 구원받은 자들이 돌아오기를 모든 만물이 학수고대하고 있습니다. 이 모든 만물이 하나님의 영광의 도구로 쓰임받아야 할 텐데 오늘날 다른 용도로 고통당하고 있습니다. 하나님은 모든 만물을 통해 그분의 영광이 드러나게 하십니다. 모든 만물은 하나님의 작품입니다. 하나님이 창조주라는 말입니다.

또 하나님의 형상대로 지음받은 인간을 통해 가장 확실하게 하나님이 드러나게 하십니다. 하나님의 형상대로 하나님을 드러내고, 하나님의 영광을 나타나고, 하나님을 표현하고, 하나님을 보여 줄 수 있도록 하나님은 인간을 영광의 도구로 창조하셨습니다. 그런데 인간들이 타락하여 하나님의 영광을 드러내기는커녕 오히려 그 영광을 가려 버리고, 심지어 하나님의 이름을 망령되게 합니다.

하나님 앞에 예배자로, 영광의 도구로 계획되어 창조되었지만 그 목적을 잃어버리고 오히려 불의의 병기로 이용당해 430년간 원수들의 종노릇하고 있었던 이스라엘 백성을 구원해 주신 감동, 그것이 예배이며 하나님께 영광으로 나타나는 것입니다.

우리도 마찬가지입니다. 구원받았다는 것에 대한 감동과 감사와 감격이 있기를 바랍니다. 우리 같은 사람이 어떻게 구원받을 수 있다는 말입니까? "전에는 우리도 다 그 가운데서 우리 육체의 욕심을 따라 지내며 육체와 마음의 원하는 것을 하여 다른 이들과 같이 본질상 진노의 자녀이었더니"(엡 2:3)라는 말씀처럼, 우리는 무조건 지옥으로 갈 수밖에 없는 하나님의 진노의 자녀가 아니었습니까? 진노의 자녀란 하나님과 원수 된 자들인데 그런 우리를 하나님이 구원하셨습니다. 그러므로 이 구원에 대한 감동과 은혜를 잊어버리지 않기를 바랍니다. 처음 사랑을 잃어버리지 말고 늘 구원에 대한 감사와 감동이 넘치기를 바랍니다.

그 감동으로 하나님께 찬양하고 감사와 감격을 표현하는 것입니다. 더럽고 죄악된 세상에서 건져내신 하나님의 권능, 하나님의 역사하심을 노래와 간증, 선포와 감사로 표현하는 것이 신앙고백입니다. 그런 마음으로 "전능하사 천지를 만드신 하나님 아버지를…"이라고 고백하는 것입니다. 이것이 하나님께 영광을 돌리는 찬송입니다. 이런 감격이 있어야 된다는 말입니다.

　예수님은 하나님이십니다. 예수님은 참 하나님이시고, 또한 참 사람이십니다. 그러므로 사람은 예수님의 형상을 따라 지음받은 존재임을 인정하길 바랍니다. 하나님을 최고로 높이지 않고, 예수님이 하나님이신 것을 고백하지 않는 것이 이단이라고 요한1서는 분명히 말씀하고 있습니다.

> "예수 그리스도께서 육체로 오신 것을 시인하는 영마다 하나님께 속한 것이요 예수를 시인하지 아니하는 영마다 하나님께 속한 것이 아니니 이것이 곧 적그리스도의 영이니라"(요일 4:2-3).

　아무리 대단한 사람이나 유명한 사람이나 훌륭한 사람이 이야기를 해도 그것은 인간의 말일 뿐입니다. 예배는 구원에 대한 감격 그 자체입니다. 구원에 대한 경험을 가진 자들이 예배를 드릴 수 있습니다. 구원은 전적으로 하나님의 능력이요, 은혜입니다.

　본문 2절의 "여호와는 나의 힘이요 노래시며 나의 구원이시로다 그는 나의 하나님이시니 내가 그를 찬송할 것이요 내 아버지의 하나님이시니 내가 그를 높이리로다"라는 딱 이 한 절에서 말하고 있지 않습니까? 구원의 주체가 하나님이시라고 말입니다.

　이스라엘 백성은 430년간 종살이를 했습니다. 아니 1,500년 동안 예배의 자리에서 벗어나 있었습니다. 그들이 잘나서 구원받았습니까? 노력해서 구원받았습니까? 아닙니다. 우리도 마찬가지입니다. 우리가 남보다 좀 낫고 의로워서 구원받았습니까? 아닙니다. 전적인 하나님의 은혜요, 전적인 하나님의 역사요, 전적인 하나님의 능력입니다.

구원에 대해 하나님을 찬양하는 것은 하나님을 향한 고백입니다. 하나님께서 구원을 베풀어 주셨습니다. 하나님께서 죄악된 세상에 있던 자를 건져 주셨고 택해 주셨습니다. 이러한 고백과 함께 예배를 드리기 바랍니다. 예수 그리스도가 구원의 은혜요, 예배의 모범자이시며, 또한 예배의 중보자이십니다. 예수 그리스도를 통하지 않고는 하나님께 나아갈 수 있는 자가 한 사람도 없습니다. 오직 예수님의 십자가 공로 외에는 예배로 나아갈 수 없습니다.

하나님은 예배자들을 찾으십니다. 엉터리 예배자, 하나님을 멸시하는 예배자, 하나님을 욕되게 하는 예배자, 하나님의 이름을 더럽히고 하나님의 성호로 장난치는 예배자가 아니라 영과 진리로 예배하는 자입니다. 구원에 대한 경험이 있는 자만이 감격을 가질 수 있습니다. 병들어 아파 죽게 된 사람이 고침을 받았을 때 건강에 대한 고마움을 압니다. 굶어 보지 않았는데 어떻게 배고픈 심정을 알겠습니까? 추운 겨울을 맛보지 않았는데 어떻게 따뜻한 것을 고마워할 줄 알겠습니까?

자신이 이미 죽었기 때문에, 멸망을 당했기 때문에, 원수에게 종노릇했기 때문에, 원수에게 이용당하고 허송세월했기 때문에 구원에 대한 감동과 감사가 큰 것입니다.

예수님이 말씀하시지 않았습니까?

"내가 의인을 부르러 온 것이 아니요 죄인을 불러 회개시키러 왔노라"(눅 5:32).

병든 자라야 의원이 필요한 것처럼, 자신이 죄인인 것과 영원히 멸망받을 수밖에 없었던 자인 것을 알 때 구원에 대한 감동과 감사와 감격이 넘치게 될 것입니다. 찬송과 기도와 감사로 고백하는 것이 예배입니다. 구원에 대한 감격, 하나님이 하신 일을 마음껏 드러내고 표현하는 것이 예배입니다. 예배의 본질이 회복되어야 교회가 회복됩니다. 예배에 대한 감동과 감사와 감격은 저절로 생기는 것이 아닙니다. 구원을 경험한 자들에게만 있는 것입니다. '큰일 날 뻔했구나. 내가 지옥불에서 영원히 나오지 못할 뻔했구나' 하는 자만이 감사가 있는 것입니다.

우리는 죽을 뻔했던 자가 아닙니까? 하나님께서 죽었던 자를 살려 주신 것입니다(엡 2:1-5). 죽었던 자였는데 다시 살아났다는 말입니다. 실로 우리는 죽었던 자입니다. 본디 마귀의 자녀였습니다. 사망 권세 잡은 자에게 사로잡혀 있던 죽었던 자, 멸망받았던 자(요 8:44), 하나님과 원수 되었던 자라는 말입니다. 그런데 영원히 지옥에서 헤매일 수밖에 없는 고통에서 우리를 건져 주신 분이 바로 하나님이십니다. 예수 그리스도이십니다. 이를 찬송으로, 기도로, 감사로, 헌신으로, 신앙고백으로 높이는 것이 예배입니다. 예배 때마다 구원의 감격이 넘치기를 바랍니다.

11.
기쁨이 충만한 예배자

(요 15:1-11)

^{1}나는 참포도나무요 내 아버지는 농부라 ^{2}무릇 내게 붙어 있어 열매를 맺지 아니하는 가지는 아버지께서 그것을 제거해 버리시고 무릇 열매를 맺는 가지는 더 열매를 맺게 하려 하여 그것을 깨끗하게 하시느니라 ^{3}너희는 내가 일러 준 말로 이미 깨끗하여졌으니 ^{4}내 안에 거하라 나도 너희 안에 거하리라 가지가 포도나무에 붙어 있지 아니하면 스스로 열매를 맺을 수 없음같이 너희도 내 안에 있지 아니하면 그러하리라 ^{5}나는 포도나무요 너희는 가지라 그가 내 안에, 내가 그 안에 거하면 사람이 열매를 많이 맺나니 나를 떠나서는 너희가 아무것도 할 수 없음이라 ^{6}사람이 내 안에 거하지 아니하면 가지처럼 밖에 버려져 마르나니 사람들이 그것을 모아다가 불에 던져 사르느니라 ^{7}너희가 내 안에 거하고 내 말이 너희 안에 거하면 무엇이든지 원하는 대로 구하라 그리하면 이루리라 ^{8}너희가 열매를 많이 맺으면 내 아버지께서 영광을 받으실 것이요 너희는 내 제자가 되리라 ^{9}아버지께서 나를 사랑하신 것같이 나도 너희를 사랑하였으니 나의 사랑 안에 거하라 ^{10}내가 아버지의 계명을 지켜 그의 사랑 안에 거하는 것같이 너희도 내 계명을 지키면 내

사랑 안에 거하리라 [11]내가 이것을 너희에게 이름은 내 기쁨이 너희 안에 있어 너희 기쁨을 충만하게 하려 함이라

사람들은 좋은 날을 명절이라고 합니다. 그러나 예수 믿는 사람들은 명절의 가치 기준이 달라져야 합니다. 명절 중의 명절은 주일입니다. 세상의 명절은 부모와 형제를 만나는 날 아닙니까? 주일은 하나님 아버지를 뵙는 날입니다. 예배 자리에 참석만 하고 가는 것이 아니라 예배를 통해 하나님을 만나고 경험하고 생명을 얻는 것입니다.

예배자의 기쁨은 어디서 오겠습니까? 보통 자신이 바라고 원하고 소망하는 것을 충분히 얻었을 때 기쁨이 충만하다고 합니다. 기쁨에는 여러 가지가 있는데 크게 두 가지로 나누어 보면 육체의 기쁨과 영적인 기쁨이라고 할 수 있습니다. 육체의 기쁨은 육체가 원하는 것을 얻었을 때 생깁니다. 바라던 물질을 얻었을 때, 바라던 위치나 명예를 얻었을 때, 좋은 학교에 입학하고, 좋은 회사에 입사하고, 승진했을 때도 기쁩니다. 자신이 기대했던 것이나 그 이상의 것을 얻었을 때 기쁨이 생기는 것입니다. 육적인 기쁨에 덧붙여 혼적인 기쁨도 있습니다. 이는 곧 자기만족으로 자신의 생각이나 사상, 이론이 원하는 결과를 얻었을 때의 기쁨입니다.

하지만 육적인 기쁨이나 혼적인 기쁨보다 더 중요한 것이 있는데 바로 영적인 기쁨입니다. 영혼이 잘되는 것이 영적인 기쁨이기 때문입니다. 영적인 기쁨을 얻기 위해서는 어떻게 해야 합니까? 하나님을 기쁘게 해드려야 합니다.

우리는 자신의 어떤 뜻을 이루었을 때 기쁨을 얻습니다. 애써 노

력하여 목적을 이루었을 때 기쁨이 옵니다. 수고하고 땀 흘린 만큼 좋은 결과가 나오면 그 기쁨으로 모든 힘들고 어려웠던 순간을 깨끗이 잊어버릴 수 있습니다. 그러나 반대로 그에 합당한 결과가 나오지 않으면 더 힘이 듭니다. 그런데 주님은 항상 기뻐하라고 하십니다. 세상에는 없는 말입니다. 어떻게 살아가는 동안 항상 기뻐할 수 있겠습니까? 항상 기뻐하는 것은 주 안에서만 가능합니다. 세상에서 항상 기뻐하면 미친 사람입니다. 미친 사람은 이래도 웃고, 저래도 웃고, 부모가 죽어도 기쁘다고 시시덕거립니다.

본문 11절에서 예수님은 "내가 이것을 너희에게 이름은 내 기쁨이 너희 안에 있어 너희 기쁨을 충만하게 하려 함이라"라고 말씀하십니다. 어떻게 해야 영적인 기쁨을 얻을 수 있습니까? 무엇보다 믿음이 있어야 영적인 기쁨을 맛볼 수 있습니다. 믿음만큼은 어느 누구에게도 양보해서는 안 됩니다. 이 믿음을 갖기 위해서는 하나님 말씀을 들어야 합니다. 믿음은 들음에서 납니다. 하나님의 말씀을 듣지 못한다면 믿음을 가질 수도 없고, 믿음이 자랄 수도 없습니다. 형제간이라도 다른 것은 다 양보할지라도 믿음만큼은 양보해서는 안 됩니다. 부모와 자식 간에도 마찬가지입니다. 믿음이 없이는 하나님을 기쁘시게 할 수 없습니다. 그러므로 믿음을 갖기 바랍니다. 더 큰 믿음을 달라고 구하기 바랍니다. 믿음이 있어야 하나님을 기쁘시게 할 수 있고 영적인 기쁨을 누릴 수 있는 것입니다.

명절은 잔칫날입니다. 이와 같이 주일은 영적인 잔칫날입니다. 하나님 아버지를 만나는 날이고, 모든 것이 풍성하고 웃음이 가득한 날입니다. 잔칫날에는 먹을 것이 많습니다. 이와 같이 주일은 온종일 하나님의 말씀을 흠뻑 먹을 수 있으니 잔칫날이요, 참 좋은 날입니다.

본문 1절에서 예수님은 "나는 참포도나무요 내 아버지는 농부라"라고 선포하십니다. 가지가 포도나무에 붙어 있으면 절로 열매를 맺지만, 가지가 나무에 붙어 있지 않으면 마르기에 잘라 불살라 버린다고 하셨습니다. 교회는 그리스도의 몸입니다. 그리스도 안에, 말씀 안에 있어야 살아 있는 사람입니다. 육체가 아무리 건강하여 튼튼하게 살아 있다 해도 그리스도 안에 있지 않으면 그 영이 말라 죽고 맙니다. 영이 죽어 버린다면 영원히 멸망당할 수밖에 없습니다.

사람은 육체를 가진 영적인 존재입니다. 사람이 짐승과 다른 이유입니다. 영혼이 살아 있지 못하고, 구원받지 못한다면 짐승입니다. 짐승은 짐승인데 멸망할 짐승입니다(시 49:20). 사람은 사람답게 살아야 합니다. 사람이 짐승과 다른 이유는 영혼이 있는 영적인 존재이기 때문입니다. 하나님은 영이시기에 영과 진리로 예배하는 자들을 찾으십니다(요 4:23). 짐승들은 아무리 예배를 드리고 싶어도 드릴 수가 없습니다. 짐승들에게는 예배가 허락되지 않았습니다. 하나님의 형상대로 지음받은 인간들만이 하나님을 알고, 하나님을 예배할 수 있고, 하나님을 사랑할 수 있습니다.

하나님과 우리는 어떤 관계입니까? 아버지와 자식 관계입니다. 이처럼 엄청나고 특별한 우리는 하나님의 걸작품입니다. 하나님이 사람을 창조하시고 보시기에 '심히 좋다'라고 하셨는데 이는 기쁨이 충만했다는 말입니다(창 1:31). 예수님은 사람들을 향해 "나는 포도나무요 너희는 가지라"(요 15:5)라고 말씀하십니다. 농부가 무엇을 바라고 농사를 짓겠습니까? 열매를 바라고 농사를 짓는 것입니다. 땀 흘려 씨를 뿌리고, 풀도 베어 주고, 가지도 쳐주는 것은 열매를 바라보고 수고하는 것입니다. 예수님이 말씀하시길 하나님은 농부고, 우리는 예수님께 붙어 있는 가지라고 하셨습니다. 나무에서 열매가 맺히는 것이 아니라 나무에 붙어 있는 가지에서 열매가 맺힙니다. 가지인 우리에게서 열매가 맺혔을 때 하나님이 기뻐하시고 우리의 예배를 받아 주시는 것입니다.

우리는 자신이 수고한 대로 믿음의 열매, 영적인 열매, 회개에 합당한 열매를 맺습니다. 또 기도하면 기도의 열매가 있습니다. 성령의 아홉 가지 열매도 맺고, 전도의 열매도 수고한 대로, 심은 대로 거두게 됩니다. 좋은 것을 심으면 좋은 열매를 거두게 되고, 나쁜 것을 심으면 나쁜 열매를 거두게 됩니다. 나쁜 나무에서 좋은 열매가 맺힐 수 없고, 좋은 나무에서 나쁜 열매가 맺힐 수 없습니다. 열매를 보면 나무를 아는 것입니다. 아무리 크고 튼실한 나무라도 열매가 시원치 않고, 좋지 않으면 나쁜 나무가 되는 것입니다. 좋은 나무는 열매를 보고 판단하는 것입니다. 비록 겉모양은 시원찮아 보일지라도 좋은 열매가 주렁주렁 맺히길 바랍니다.

사람들은 겉만 봅니다. 그런데 잎만 무성하고 열매가 없습니다. 주님이 열매 없는 무화과나무를 저주하시자 뿌리째 말라 버렸다고 성경은 기록하고 있습니다. 주님이 원하시는 것은 열매라는 말입니다. 열매를 맺기 위해서는 절대적인 조건이 있는데 그것은 반드시 가지가 나무에 붙어 있어야 한다는 것입니다. 이와 같이 우리도 예수님께 붙어 있어야 합니다. 그리스도 안에서 교회 된 자들로 그리스도의 몸 된 교회에 붙어 있는 자들이 열매를 맺을 수 있습니다. 본문 2절에서 예수님은 "무릇 내게 붙어 있어 열매를 맺지 아니하는 가지는 아버지께서 그것을 제거해 버리시고 무릇 열매를 맺는 가지는 더 열매를 맺게 하려 하여 그것을 깨끗하게 하시느니라"라고 말씀하십니다.

거룩하고, 경건하고, 의로운 열매를 맺으려면 어떻게 해야 합니까? 예수님은 본문 4절에서 "내 안에 거하라 나도 너희 안에 거하리라 가지가 포도나무에 붙어 있지 아니하면 스스로 열매를 맺을 수 없음같이 너희도 내 안에 있지 아니하면 그러하리라"라고 말씀하십니다. 우리는 주님을 떠나서는 아무것도 할 수 없습니다. 주님을 떠나면 잠시 잠깐은 살 수 있을지 몰라도 나무를 떠난 가지처럼 금방 말라 버립니다. 아무리 꽃꽂이 된 상태가 좋아도 그 가지는 나무에서 떨어져 나갔습니다. 베어졌습니다. 그러므로 조금 있으면 시들어 말라 버릴 것이고, 결국은 불살라지게 됩니다. 그러므로 열매를 맺기 위한 절대적인 조건은 주님께 붙어 있는 것입니다.

계속해서 본문 7절에서 예수님은 "너희가 내 안에 거하고 내 말이 너희 안에 거하면 무엇이든지 원하는 대로 구하라 그리하면 이루리라"라고 말씀하십니다. 주님 안에 있을 때 무엇이든지 구하면 주시는 것입니다. 주님 밖에 있을 때는 아무리 기도해도 기도 응답이 없지만, 주님 안에 있기만 하면 열매는 저절로 맺히게 되는 것입니다. 우리는 결코 스스로 열매를 맺을 수 없습니다. 가지가 나무에 붙어 있기만 하면 좋은 열매를 맺듯, 우리도 주님께 붙어 있기만 하면 저절로 열매를 맺게 됩니다. 그리고 그것을 보시고 하나님은 기뻐하십니다. 우리의 모든 삶에서 믿음의 열매, 감사의 열매, 사랑의 열매가 주렁주렁 맺히는 것을 보고 하나님은 기뻐하십니다. 나아가 한 알의 밀알이 땅에 떨어져 죽어야만 많은 열매를 맺을 수 있습니다 (요 12:24).

하나님을 기쁘시게 하기 위해서는 말씀 안으로 들어가야 합니다. 그 말씀이 우리를 지배해야 합니다. 하나님의 말씀을 듣는 사람이 하나님의 사람입니다. "나는 하나님의 사람이다"라고 아무리 말해도 하나님의 말씀을 듣지 않으면 육의 사람입니다. 세상의 소리, 육신의 소리, 땅의 소리는 그렇게 잘 들으면서 하나님의 말씀은 안 들리고 듣지 못한다면 그 사람은 육의 사람입니다. 육신으로 썩어질 것을 심으면 반드시 썩어질 것을 거두는 반면, 의와 진리의 거룩함으로 지으심을 입은 새 사람으로 심으면 반드시 하나님의 영광 가운데 영생을 거두게 될 것입니다. 성경은 "썩을 양식을 위하여 일하지 말고 영생하도록 있는 양식을 위하여 하라"(요 6:27)라고 말씀합니다.

성령의 사람은 성령의 이끄심을 따라 사는 사람입니다. 그 사람은 반드시 성령의 열매를 맺게 됩니다. 하나님은 열매를 보고 그 나무를 아시며, 열매가 없는 나무는 잘라 버리십니다. 반면 열매가 있는 나무는 더 많은 열매를 맺도록 더 말씀을 주시고, 더 은혜를 주시고, 더 사랑을 주십니다.

예수님은 포도나무이고 우리는 가지입니다. 가지인 우리는 나무인 예수님께 붙어 있기만 하면 됩니다. 우리가 노력해서 열매를 맺는 것이 아니라 예수님께 붙어 있기만 하면 열매를 맺게 해주신다는 것입니다. 믿음으로 살지 않고, 자기 열심과 자기 노력만으로 사는 사람들은 썩은 열매, 더러운 열매를 맺게 될 것입니다.

하나님 말씀을 명령으로 받아야 합니다. 말씀이 곧 계명이라는 말입니다. 본문 10절에서 예수님은 "내가 아버지의 계명을 지켜 그의 사랑 안에 거하는 것같이 너희도 내 계명을 지키면 내 사랑 안에 거하리라"라고 말씀하십니다. 거한다는 것은 머무른다는 것입니다. 하나님 말씀을 한 귀로 듣고 흘려 보내지 말고 우리 안에 거하게 해야 합니다.

예수님이 삭개오에게 "오늘 밤 내가 너희 집에 거하여야 되겠다"라고 하셨던 것처럼 하나님의 말씀이 우리 안에 머무르기를 바랍니다. 잘 박힌 못과 같이 하나님의 말씀이 우리 심비(心碑)에 새겨져야 한다는 말입니다. 그러기 위해서는 하나님의 말씀을 사모해야 합니다. 하나님의 말씀을 들어야 살고, 못 들으면 죽는다는 간절함이 있어야 합니다(요 5:25). 하나님의 말씀이 우리를 지배하고 정복해야 합니다. 하나님의 말씀대로 살 수 있도록 말씀을 명령으로 받아들이기를 바랍니다.

말씀 안에 거해야 합니다. 주 안에 거해야 합니다. 포도나무에 가지가 붙어 있어야 합니다. 그러면 절로 열매를 맺습니다. 생활 속에 열매가 주렁주렁 맺히면 농부 되신 하나님께서 우리의 예배를 기뻐 받으십니다. 그러므로 허송세월해서는 안 됩니다. 영적인 명절 곧 주일을 우리 영혼이 성령과 함께 기뻐하기를 바랍니다. 하나님이 기뻐하시는 아름다운 예배자로 살아감으로 어디서 무엇을 하든 아름다운 열매를 반드시 맺기를 바랍니다.

12.
모조품 예배에서 벗어나라

(출 40:29-38)

²⁹또 회막의 성막 문 앞에 번제단을 두고 번제와 소제를 그 위에 드리니 여호와께서 모세에게 명령하신 대로 되니라 ³⁰그는 또 물두멍을 회막과 제단 사이에 두고 거기 씻을 물을 담으니라 ³¹모세와 아론과 그 아들들이 거기서 수족을 씻되 ³²그들이 회막에 들어갈 때와 제단에 가까이 갈 때에 씻었으니 여호와께서 모세에게 명령하신 대로 되니라 ³³그는 또 성막과 제단 주위 뜰에 포장을 치고 뜰 문에 휘장을 다니라 모세가 이같이 역사를 마치니 ³⁴구름이 회막에 덮이고 여호와의 영광이 성막에 충만하매 ³⁵모세가 회막에 들어갈 수 없었으니 이는 구름이 회막 위에 덮이고 여호와의 영광이 성막에 충만함이었으며 ³⁶구름이 성막 위에서 떠오를 때에는 이스라엘 자손이 그 모든 행진하는 길에 앞으로 나아갔고 ³⁷구름이 떠오르지 않을 때에는 떠오르는 날까지 나아가지 아니하였으며 ³⁸낮에는 여호와의 구름이 성막 위에 있고 밤에는 불이 그 구름 가운데에 있음을 이스라엘의 온 족속이 그 모든 행진하는 길에서 그들의 눈으로 보았더라

세상에서는 시작이 거창하고 대단해서 뭔가 보이는 것 같아도 끝에는 절망하고 비참해지는 경우가 많습니다. 그리스도인은 시작도 좋고 나중은 더 잘 될 것입니다. 작년보다 올해 더 잘 되고, 올해보다 내년이 더 잘 되고, 점점 더 성장하고 좋은 일이 생길 것입니다. 세상 사람들은 그렇지 않습니다. 젊었을 때는 잘 나가다가도 나이가 들면 초라해지고 스스로 비참해합니다. 성도들의 삶은 전혀 다릅니다. 겉사람은 날로 낡아지나 속사람은 날로 새로워집니다(고후 4:16). 믿음의 사람들은 나이에 매여서는 안 됩니다. 아니, 나이에 매여 있는 자가 아닙니다. 그러므로 나이를 초월하고 정복하고 다스리는 권세를 누리기 바랍니다.

나이로 유세를 부려서는 안 된다는 말입니다. 하나님은 아브라함을 75세에 부르셨고, 갈렙을 84세에 부르셨습니다. 그들은 스스로 아직 청년이니 하나님이 명령하시는 일을 할 수 있다고 생각했습니다. 멋진 믿음의 용장들입니다. 믿음의 사람들은 노년이 더 좋고 행복할 수밖에 없고, 더 잘 될 수밖에 없으며, 또 끝까지 잘 됩니다. 이것은 믿음으로 가능합니다.

모조품 예배에서 벗어나야 합니다. 세상 천지에 널린 것이 모조품 예배입니다. 모조품은 가짜로 일명 '짝퉁'입니다. 핸드백도 진짜 명품인 줄 알고 샀더니 짝퉁인 경우가 많습니다. 시계도 짝퉁이 많습니다. 세상에는 온통 짝퉁이 판을 치고 있습니다. 요새는 거지들도 사람들이 주는 돈을 잘 받지 않습니다. 자칫 가짜 돈을 가지고 있다가 경찰에 조사받고 망신당하는 일이 있기 때문입니다. 혹 가짜 돈이라도 많이 갖기를 바랍니까? 위폐를 가지고 있다가 위폐범으로 큰 수모를 당할 수도 있습니다.

가지려면 진짜를 가져야 합니다. 진품을 가져야 합니다. 정치도

가짜, 언론도 가짜, 여론조사도 가짜, 뉴스도 가짜가 많습니다. 가짜는 거짓이라는 뜻입니다. 거짓의 아비 사탄이 개입하는 것은 모두 가짜입니다. 그런데 기도도 가짜가 있습니다. 하나님께 보이려는 것이 아니라 사람들한테 보이려고 하는 기도입니다. 회개도 가짜가 있어서 눈물 흘리며 흉내만 내기도 합니다. 그러나 회개는 돌이키는 것입니다. 잘못된 길로 가고 있던 것을 돌이켜 주님께로 향하는 것입니다.

성도들 사이에 가짜 회개가 얼마나 많은지 모릅니다. 자신의 감정과 기분대로 하는 것은 회개가 아닙니다. 말씀에 비춰 보고 말씀대로 살지 않은 것을 회개해야 합니다. 그리고 회개했다면 이제는 말씀대로 살아야 진정한 회개입니다.

가짜 기도나 가짜 회개만 있는 것이 아니라 가짜 선지자도 있습니다. 말세에는 특히 거짓 선지자가 많이 일어난다고 했습니다(마 24:11). 엘리야 때도 엘리야 하나 빼놓고 전부 다 거짓 선지자들이었습니다. 변질되었더라도 선지자들이 많다고 하나님이 감동하시겠습니까? 거짓 성도도 있습니다. 곧 사데 교회처럼 "살았다 하는 이름은 가졌으나 죽은 자"(계 3:1)입니다. 예수 그리스도의 이름은 가지고 있으나 실상은 죽은 자라는 것입니다. 거짓 교회도 있습니다. 그런 교회는 곧 "사탄의 회당"(계 2:9)이요, "귀신의 처소"(계 18:2)입니다. 표적도 거짓이 있다고 했습니다. 거짓 선지자들이 많은 표적을 나타낼 것이니 현혹되지 말라는 것입니다. 그들은 거짓으로 스스로를 위장하고 포장하기 때문입니다. 간혹 진짜보다 더 좋아 보이는 가짜 금이 있습니다. 그래서 가짜를 사지 않기 위해서 믿을 만한 데서 사지 않습니까? 다이아몬드나 보석도 가짜가 많습니다.

가짜 예배도 있습니다. 예배는 하나님께 영광을 돌리는 것입니다.

12. 모조품 예배에서 벗어나라 (출 40:29-38)

하나님께 영광을 돌리면 하나님이 위로하시고 생명을 주시고 치료하시고 회복시켜 주시고 기도에 응답해 주십니다.

그런데 하나님께 영광을 돌리는 것에는 관심이 없고 '교회 가서 위로받아야지', '좋은 말씀 들어야지', '마음의 평강을 얻어야지' 하는 것은 자기만족입니다. 예배가 아닙니다. 완전히 다 속고 있는 모조품 예배입니다. 모조품을 진품으로 알고 샀다면 얼마나 기분이 안 좋겠습니까? 얼마나 속이 상하겠습니까? 집을 계약할 때도 진짜 주인인 줄 알고 계약을 하고 비용까지 다 지불했는데 알고 보니 진짜 주인이 따로 있다면 바로 쫓겨납니다. 세상 사람들도 가짜나 위품, 짝퉁이라면 싫어하고 거부하는데 하물며 하나님께 드리는 예배가 짝퉁이라면 어떻게 되겠습니까? 가인의 짝퉁 예배는 하나님이 받지 않으셨습니다.

본문 출애굽기 40장에서는 하나님께 영광을 돌리는 아름다운 예배가 소개되고 있습니다. 그중 34-35절은 "구름이 회막에 덮이고 여호와의 영광이 성막에 충만하매 모세가 회막에 들어갈 수 없었으니 이는 구름이 회막 위에 덮이고 여호와의 영광이 성막에 충만함이었으며"라고 말씀합니다. 성막을 짓고 모세와 모든 백성이 다 나아와 예배드리는데 그곳에 하나님의 영광이 가득하였습니다. 하나님이 받으시기에 합당한 예배를 드렸기 때문입니다. 하나님의 영광이 가득한 것이 예배입니다. 시편 29편 1-2절은 말씀합니다.

"너희 권능 있는 자들아 영광과 능력을 여호와께 돌리고 돌릴지어다 여호와께 그의 이름에 합당한 영광을 돌리며 거룩한 옷을 입고 여호와께 예배할지어다."

하나님은 우리에게 생명을 주시고, 은혜를 주시고, 천국을 주셨습니다. 자신은 구원받은 줄 알고 있었는데 주님이 "내가 너희를 도무지 알지 못하니 불법을 행하는 자들아 내게서 떠나가라"(마 7:23)라고 하신다면 큰일 나지 않겠습니까? 천국은 마치 밭에 감추인 보화와 같아서 이를 발견한 사람은 모든 재산을 다 팔아 그 땅을 산다고 했습니다(마 13:44).

천국에는 가짜가 없습니다. 가짜는 천국에 들어가지 못합니다. 가짜는 전부 지옥 불에 들어가 있습니다. 그런 것들을 볼 때 깨달아야 합니다. 가짜는 지옥으로 가서 불태워집니다. 천국에 들어가려면 진짜를 가지고 있어야 하는 것입니다. 즉, 진짜 믿음이어야 합니다. 진짜 믿음은 자신의 생각이나 감정이나 경험을 믿는 것이 아닙니다. 그건 자기 확신입니다.

믿음의 확신이 있어야 하지만, 자기 생각을 믿는 확신에는 문제가 있습니다. 믿음은 말씀을 들음에서 나며, 들음은 그리스도의 말씀으로 말미암습니다(롬 10:17). 그런데 모두 듣기는 하는데 그것을 믿음과 결부시키지 않는다고 하셨습니다(히 4:2). 왜 믿음이 가짜입니까? 왜 믿음이 생기지 않습니까? 믿음이 없으면 하나님을 기쁘시게 할 수 없습니다. 믿음이 없으면 하나님께 영광을 돌릴 수 없습니다(히 11:6). 믿음이 없으면 진짜 예배를 드릴 수 없습니다. 아벨은 믿음으로 가인보다 나은 예배를 드렸습니다.

믿음이 있어야 진짜 예배를 드릴 수 있습니다. 예수님께서는 '너희가 믿고 구한 것은 받은 줄로 믿으라'라고 하십니다(막 11:24). 기도하기 전에 먼저 믿음을 갖길 바랍니다. "이 모든 것을 네가 믿느냐?", "내가 병을 고쳐줄 줄로 믿느냐?" 하시며 주님은 믿음을 확인하십니다. 진짜 믿음을 가지고 예배드리기 바랍니다.

12. 모조품 예배에서 벗어나라 (출 40:29-38)

믿음은 들음에서 난다고 했는데, 여기에서 듣는 것은 그리스도의 말씀입니다. 그 말씀을 어떻게 들어야 합니까? 명령으로 받아야 합니다. 하나님의 말씀은 명령이라는 말입니다. 하나님의 말씀을 명령으로 받아야 믿음이 되는 것입니다.

하나님의 말씀을 그냥 듣는다고 믿음이 되지 않습니다. 믿음은 하나님이 주시는데 어떤 사람에게 주십니까? 하나님의 말씀을 명령으로 받아 순종하는 자에게 주십니다. 순종하지 않는 믿음은 진짜 믿음이 아니라 가짜 믿음입니다. 믿음이 없어서 고통당하는 것이 아니라 가짜 믿음을 갖고 있어서 속는 것이라는 말입니다. 하나님의 말씀을 들어야 믿음이 생기는데 어떻게 들어야 합니까? 명령으로 들어야 합니다.

본문 29절은 "회막의 성막 문 앞에 번제단을 두고 번제와 소제를 그 위에 드리니 여호와께서 모세에게 명령하신 대로 되니라"라고 말씀합니다. 예배 이전에 먼저 믿음을 가져야 하고, 믿음을 갖기 위해서는 하나님의 말씀을 들어야 하는데, 이때 그 말씀을 명령으로 받는 것입니다. 본문 29-32절에서 "명령하신 대로 되니라"가 반복됩니다. 출애굽기 40장 전체에서 8번이나 나옵니다.

노아가 방주를 지은 것은 곧 신앙생활을 한 것입니다. 어떻게 신앙생활을 했습니까? 노아가 자기 생각, 자기 기분, 자기 감정, 자기 지식, 자기 경험을 가지고 방주를 지은 것이 아닙니다. 사람의 경험이나 지식이나 방법으로 방주를 지었다면 어떻게 방주를 산 위에 올려놓고 지었겠습니까? 바다나 물이 있는 곳에서 방주를 지었어야 합니다.

인간의 생각과 방법, 경험을 배제하는 것이 믿음입니다. 어떻게 하면 하나님의 법대로, 하나님의 식양(式樣)대로, 하나님의 말씀대로 방주를 지을 수 있습니까? 하나님의 말씀을 명령으로 받아야 가능합니다. 그런 사람에게 하나님이 믿음을 주십니다. 믿음은 선물입니다. 갖고 싶다고 가질 수 있는 것이 아니라 하나님이 주셔야 하는 것입니다. 하나님이 부어 주셔야 합니다. 제자들도 믿음을 달라고 기도하지 않았습니까? 자기 스스로 가질 수 있다면 뭐 하러 기도했겠습니까? 하나님이 선물로 부어 주셔야 믿음이 생깁니다. 그리고 아무에게나 믿음을 주시는 것이 아닙니다. 하나님의 말씀을 들을 때 그것을 명령으로 받아들이는 사람에게 주십니다. 이것은 대단히 중요한 사실입니다. 하나님의 말씀을 들어도 유익하지 못함은 그 말씀을 믿음과 결부시키지 않기 때문입니다(히 4:2). 말씀을 믿음과 결부시키는 것이 하나님의 말씀을 명령으로 받아들이는 것입니다.

하나님의 말씀은 명령입니다. 지켜도 되고 안 지켜도 되는 것이 아닙니다. 취사선택 사항이 아닙니다. 즉, 무슨 말씀을 하시든지 그대로 하라는 것입니다. 자신의 생각에 맞든지 안 맞든지, 자신의 경험에 맞든지 안 맞든지, 자신이 취향에 맞든지 안 맞든지 상관없이 무슨 말씀이든지 그대로 하라는 것입니다. 그랬기 때문에 물이 포도주로 바뀌는 역사가 나타난 것입니다(요 2:5).

하나님은 아브라함에게 "내가 너에게 믿음을 주고 믿음의 조상으로, 복 있는 사람으로 너를 사용하겠다"고 하셨습니다. 그리고 믿음을 주시기 전에 "너는 고향과 친척과 아버지의 집을 떠나야 한다"고 하셨습니다. 자기 생각, 자기 경험, 자기 지식을 버리라는 것입니다. 그것을 버리기 위해서는 하나님 말씀을 명령으로 받아들여야 합니다. 아브라함은 하나님의 말씀을 명령으로 받아 순종했고, 하나님은 그것을 그의 의로 여기셨다고 말씀하셨습니다.

예배는 하나님을 만나는 것이요, 하나님께 영광을 돌리는 것입니다. 내 생각, 내 고집, 내 지식, 내 경험, 내 완고함을 가지고 하나님께 예배드렸던 것을 회개해야 합니다. 예배 때 참회하는 시간을 먼저 갖지 않습니까? 하나님 아버지의 말씀보다 내 생각, 내 지식, 내 경험을 가지고 살았음을 회개하는 것입니다. '하나님, 이제는 말씀대로 살겠사오니 말씀하여 주소서. 내가 듣겠나이다.' 하나님 말씀을 한 귀로 듣고 한 귀로 흘려 버리면 아무 의미가 없습니다. 그러면 매번 모조품 예배밖에 드릴 수 없다는 것을 깨달아야 합니다. 우리가 뭐가 그렇게 대단하다고 하나님 말씀을 거역하고, 하나님 말씀을 가볍게 여기고 듣지 않습니까?

예수님도 죽기까지 하나님의 말씀에 복종하셨습니다. 예수님은 하나님이심에도 육체로 이 땅에 오셨을 때는 아버지의 말씀에 죽기까지 복종하셨습니다. 그래서 그를 하나님이 지극히 높여 주셨습니다. 믿음으로 하나님께 예배를 드려야 합니다. 믿음으로 하나님께 나아오긴 했으나 아직 믿음이 작고 미약하기에 믿음을 더 달라고 기도하라는 것입니다. 많은 성도가 믿음을 달라고 기도하는데 어떻게 믿음을 받는지는 모릅니다. 하나님 말씀을 명령으로 받으면 됩니다. 하나님의 말씀을 준엄한 지상명령, 거역할 수 없는 명령으로 받으면 하나님이 믿음을 주십니다.

자기 생각에 맞으면 '아멘' 하고 맞지 않으면 못 들은 척하지 않고, '무엇이든지 말씀하소서. 듣고 순종하겠나이다' 하는 마음이 되어야 합니다. 하나님의 말씀을 듣고 순종할 수 있도록 하나님이 우리에게 주신 것이 성령입니다. 순종하고 믿음으로 살라고, 순종하고 예배자로 살라고 하나님이 성령을 우리에게 주셨습니다. 그래서 하나님이 영과 진리로 예배하는 자들을 찾으신다고 말씀하시는 것입니다.

진리는 진실과 통합니다. 회개도 진실하게 해야 합니다. '잘못했어요'는 회개가 아니라 반성입니다. 세상 사람들도 반성은 합니다. '잘못했구나' 하며 자책도 하고, 상대에게 용서를 구하기도 하지만 그것이 회개는 아닙니다. 하나님 말씀에 비추어 어긋나는 것이 회개의 내용이 되어야 합니다. 내 감정, 내 기분, 내 의지대로 회개하는 것이 아니라 말씀에서 벗어나는 것이 회개의 내용이 되어야 합니다. 또 예수 그리스도의 속죄의 피를 믿고 죄를 사해 달라고 기도해야 합니다.

하나님은 용서를 구한다고 무조건 용서해 주시는 분이 아닙니다. 예수님의 피를 믿고 의지할 때 용서해 주십니다. 그 피를 보면 벌을 내리지 않고 넘어가시는 것입니다. 이스라엘 백성이 출애굽할 때도 집 좌우 문설주에 바른 피로 인해 재앙이 지나갔습니다. 죄인의 기도는 듣지도 않으시는데 죄인이 어떻게 하나님께 죄를 용서해 달라고 하겠습니까? 예수님의 피가 없으면 죄 사함이 없습니다. 피 뿌림이 없이는 죄 사함이 없습니다.

우리는 마구잡이로 '이렇게 하면 옳을 거야', '저렇게 하면 괜찮겠지', '이렇게 하면 하나님이 기뻐하시겠지', '저렇게 하면 하나님이 받으시겠지' 하는 자기 생각, 자기 지식, 자기 경험, 자기가 가지고 있는 알량한 성경 지식으로 신앙생활을 하려고 하지만, 하나님은 그런 우리에게 "너는 짝퉁이다", "너는 모조품이야"라고 하십니다.

비슷한 것은 진짜가 아니고 가짜입니다. 99.9퍼센트 비슷해도 가짜입니다. 순도 100퍼센트가 되어야 진짜입니다. 물이 끓는 온도는 100도입니다. 물이 적당히 뜨겁다고 끓은 것이 아닙니다. 뜨뜻하다고 다 100도입니까? 뜨겁다고 다 100도입니까? 100도가 되어야 끓는 물이라고 할 수 있는 것입니다.

혹 지금 비슷한 것, 모조품, 짝퉁, 유사품으로 하나님을 예배하고 있지는 않습니까? 우리 자신이 과연 참된 예배를 드리고 있는지 스스로 판단해야 합니다. 알지 못하기에 속는 것입니다. 예배를 드리긴 했지만 하나님이 받지 않으셨다면 그 예배는 모조품입니다. 하나님은 가인과 그 예물을 받지 않으셨습니다. 그는 자신의 예배와 예물이 가짜인 것을 알고 화가 나서 분노를 터트렸습니다. 가짜 예배를 드렸는데도, 모조품 예배를 드렸는데도, 짝퉁 예배를 드렸는데도, 그것을 알면서도 아무런 억울함도 없고, 분노도 생기지 않는다면 우리가 가인보다 나은 것이 무엇이겠습니까?

이제부터라도 진품 예배를 드립시다. 어떻게 감히 하나님 앞에서 예배로 사기를 치려 합니까? 예배로 장난을 치려 합니까? 예배로 하나님을 속이려 합니까? 하나님은 속지 않으시는 분입니다. 우리가 속은 것입니다. 오직 예배는 하나님께 영광이 되어야 합니다. 그것만이 진품 예배가 되는 것입니다.

세상과 우리는 간 곳 없고 예수 그리스도만 나타나야 합니다(갈 2:20). 하나님은 예수 그리스도를 통한 것만 받으십니다. 그래서 주님은 "내가 길이다"라고 하셨습니다. 다른 이로는 구원받을 만한 어떤 이름도 주시지 않았습니다. 예수님만이 길입니다. 천국의 길입니다. 예배의 길입니다. 하나님께 영광을 드리는 길입니다. 예수님은 '아버지의 이름으로', '아버지의 영광을 위해', '아버지의 뜻대로', '아버지의 일을 위하여'라고 하시며 항상 아버지를 높이며 말씀하셨습니다. 그래서 "나는 항상 그가 기뻐하시는 일을 행하므로 나를 혼자 두지 아니하셨느니라"(요 8:29)라고 하셨습니다.

우리 스스로는 그렇게 할 수 없습니다. 사람으로서는 할 수 없으나 하나님으로서는 하실 수 있습니다. 그래서 우리에게 성령을 받으라고 하십니다. 성경은 성령을 '믿으라'고 하지 않고 '받으라'고 합니다. 성령을 받아서 성령의 인격으로, 성령의 소욕을 좇아서, 성령의 인도하심을 받아서, 성령의 감동·감화하심을 따라 하나님 앞에 참된 예배자로 살아가기를 바랍니다.

3부

13.
부활 신앙으로 예배를 회복하라

(빌 3:7-16)

⁷그러나 무엇이든지 내게 유익하던 것을 내가 그리스도를 위하여 다 해로 여길뿐더러 ⁸또한 모든 것을 해로 여김은 내 주 그리스도 예수를 아는 지식이 가장 고상하기 때문이라 내가 그를 위하여 모든 것을 잃어 버리고 배설물로 여김은 그리스도를 얻고 ⁹그 안에서 발견되려 함이니 내가 가진 의는 율법에서 난 것이 아니요 오직 그리스도를 믿음으로 말미암은 것이니 곧 믿음으로 하나님께로부터 난 의라 ¹⁰내가 그리스도와 그 부활의 권능과 그 고난에 참여함을 알고자 하여 그의 죽으심을 본받아 ¹¹어떻게 해서든지 죽은 자 가운데서 부활에 이르려 하노니 ¹²내가 이미 얻었다 함도 아니요 온전히 이루었다 함도 아니라 오직 내가 그리스도 예수께 잡힌 바 된 그것을 잡으려고 달려가노라 ¹³형제들아 나는 아직 내가 잡은 줄로 여기지 아니하고 오직 한 일 즉 뒤에 있는 것은 잊어버리고 앞에 있는 것을 잡으려고 ¹⁴푯대를 향하여 그리스도 예수 안에서 하나님이 위에서 부르신 부름의 상을 위하여 달려가노라 ¹⁵그러므로 누구든지 우리 온전히 이룬 자들은 이렇게 생각할지니 만일 어떤 일

에 너희가 달리 생각하면 하나님이 이것도 너희에게 나타내시리라 ¹⁶오직 우리가 어디까지 이르렀든지 그대로 행할 것이라

    예수님은 다시 살아나셨습니다. 어디서 살아나셨습니까? 사망에서입니다. 사망은 예수님을 가둘 수 없었습니다. 그래서 예수님이 다시 살아나셨습니다. 부활하셨습니다. 그러므로 우리는 이긴 자가 된 것입니다. 우리는 승리한 것입니다.

    진 자는 이긴 자의 종이 된다고 했습니다. 이는 참으로 비참한 것입니다. 무엇과 싸워 이겨야 합니까? 죄와 싸워 이겨야 합니다. 우리 속에 있는 죄성은 끊임없이 죄를 지으라고 요구합니다. 육체가 있기 때문입니다. 자기 육체의 소욕대로 살라고 합니다. 그러나 육감이 아니라 영감으로 사는 삶이 되기를 바랍니다.

    예수님이 부활하시지 않았다면 우리의 믿음은 헛것입니다. 교회에 나올 필요도 없습니다. 뭐 하러 교회에 나와서 수고하겠습니까? 살기도 어렵고 고단하고 피곤하고 바쁜데 왜 교회에 나오는 것입니까? 주님이 부활하셨기 때문입니다. 주님이 부활하셨기 때문에 믿음이 값진 것이고 보배로운 것입니다. 주님이 부활하셨기에 우리 역시 죽어도 다시 삽니다.

    주님이 부활하셔서 부활의 첫 열매가 되셨습니다. 이제는 주님을 믿는 우리도 똑같이 부활하는 것입니다. 우리는 죽어도 다시 살고, 또 살아서 주님을 보는 자들은 영원히 죽음을 맛보지 않는다고 하셨습니다. 육체만 죽는 것이 아닙니다. 그렇게 알고 있으면 큰일 납니다. 육체만 죽는 것이 아니라 둘째 사망이 있습니다. 영원한 형벌인 지옥, 곧 불 못에 들어가는 것입니다.

우리는 영적인 존재로서 짐승이 아닙니다. 육체를 가진 영적인 존재라는 말입니다. 그러므로 육체의 죽음도 있지만 영혼의 죽음도 있습니다. 영혼의 죽음을 둘째 사망이라고 합니다. 모든 사람이 죄를 범했기에 의에 이르지 못하게 되었다고 하셨습니다. 아담이 죄를 범함으로 말미암아 우리 모두가 죄인이 되었고 지옥에 갈 수밖에 없게 되었습니다.

사람은 누구나 죽지만 그 후에는 반드시 심판이 있습니다(히 9:27). 그리스도인은 무엇을 믿는 것입니까? 예수님의 부활과 우리의 부활을 믿습니다. 부활을 믿어야 신앙이 똑바로 설 수 있습니다. 그래야 비겁해지지 않습니다. 죽음 앞에서도 비겁해지지 않을 수 있습니다. 우리가 신앙을 지킬 수 있는 것은 부활이 있기 때문입니다.

우리는 다시 살아납니다. 영원히 죽는 것이 아닙니다. 이것이 부활의 믿음입니다. 부활의 믿음을 가진 사람이 그렇지 못한 사람과 다른 점은 죽음 앞에서도 두려워하지 않고, 흔들리지 않고, 갈등을 겪지 않는다는 것입니다.

주님은 결코 죽으실 수 없는 하나님이십니다. 예수님께서 우리 죄와 허물과 잘못을 모두 짊어지시고 고난받으시고 피 흘리시며 죽으셨습니다. 그렇게 죽으신 예수님은 자신에게 죄가 없다는 것을 부활로 증명해 주셨습니다. 마지막 날에 부활이 없다면 우리는 망하고 헛수고한 것입니다(고전 15:14). 하지만 부활의 믿음을 갖고 있기 때문에 두 마음을 품지 않습니다.

부활 신앙이 있다면 어떤 환경도 이길 수 있습니다. 죽음도 두렵지 않은데 무엇이 두렵겠습니까? 죽을까 봐 두려워하는 것이고, 종 노릇하는 것이고, 비참하고 비굴하게 원수에게 조롱당하는 것입니다(히 2:15). 그런데 주님이 사망 권세를 이기셨으며, 죄를 이기시고,

원수를 이기셨습니다.

원수 마귀는 예수님을 십자가에 못 박아 죽이면서 "이제는 됐다. 이 세상은 내 나라다"라고 선포하고 "아들까지 죽였으니 우리가 승리했다"라고 생각했을지 모르지만, 예수님은 자신이 죄가 없으신 하나님이신 것을 부활로 확실하게 증명해 보여 주셨습니다. 원수들은 자기 꾀에 자기가 넘어갔습니다. 예수님을 죽이면 자신들이 살 줄 알았습니다. 원수들에게는 부활의 생명이 없습니다. 부활의 믿음이 없는 그들은 영원히 멸망당할 수밖에 없는 비참한 존재입니다. 그러나 우리는 부활하신 주님을 찬양하고 경배합니다.

본문 10-11절은 "내가 그리스도와 그 부활의 권능과 그 고난에 참여함을 알고자 하여 그의 죽으심을 본받아 어떻게 해서든지 죽은 자 가운데서 부활에 이르려 하노니"라고 말씀합니다. 예수님은 곧 하나님이십니다. 하나님만이 죄가 없으시고, 죄를 이길 수 있으시며, 영원한 영생을 가지신 분입니다. 예수님이 우리의 구원자가 되시고 메시아이신 것을 부활로 증명해 주셨습니다. "아무리 예수님이 '내가 너희의 구원자다'라고 말씀하실지라도 어떻게 우리를 구할 수 있습니까? 죄인인 우리는 죄와 사망에서 구원받아야 하고, 모든 형벌과 저주에서 구원받아야 하는데, 그분이 과연 우리의 구원자가 될 수 있습니까?"에 대한 질문에 부활로서 확실하게 대답하셨습니다.

이 땅에서의 육체의 생명이나, 이 세상에서의 한평생이 전부가 아닙니다. 예수님께서 부활하심으로 영생이 있다는 것을 직접 보여 주셨는데, 더 중요한 것은 예수님이 예배를 받으실 하나님이시라는 사실입니다. 예수님이 부활하셨으므로 우리도 부활의 첫 열매이신 예수님께 붙어서 장차 부활의 영광을 얻고 승리해야 합니다.

정말 그렇게 되기를 원합니까? 반드시 그렇게 되어야 합니다. 모두가 부활의 믿음과 부활의 생명으로 승리자가 되고, 영광과 영생의 주인공이 되기를 바랍니다.

단, 그렇게 되기 위해서는 고난도 함께 받아야 합니다. 고난은 받기 싫어하면서 부활과 영광과 영생은 받으려 한다면, 마치 아기를 낳는 해산의 고통은 싫어하면서 아기는 바라는 것과 같습니다. 노력은 하지 않으면서 많은 것을 얻으려 하는 것과 같습니다. 공부는 안 하면서 1등은 하고 싶은 것과 같습니다. 씨는 뿌리지 않으면서 가을철에 많은 것을 거두려 하는 것과 같습니다.

부활은 십자가의 열매입니다. 십자가의 고난 없이는 부활이 있을 수 없습니다. 십자가의 고난을 통해 예수님이 부활의 첫 열매가 되신 것처럼, 이제는 우리도 그 부활에 참여하기 위해 그리스도와 함께 고난도 받아야 합니다. 부활이 없다면 고난받을 필요가 없습니다. 그리스도와 함께 받는 고난은 유익이 됩니다.

십자가의 도가 멸망하는 자들에게는 미련해 보이고 꺼려집니다. '왜 저렇게 사서 고생을 하지? 죽으면 끝인데…', '왜 저렇게 자기 것을 아낌없이 다른 사람들에게 나눠 주지?' 하며 그리스도인들의 삶에 대해 오히려 안타까워합니다. 자신이 빼앗기고 손해 보는 줄 알지만 부활의 믿음을 가진 자들은 고난을 통해 얻는 부활의 열매를 바라봅니다.

부활은 열매요, 고난은 뿌리와 같은 것입니다. 뿌리는 보이지 않는 땅 속에서 온갖 수고를 하지만, 결국 열매를 맺게 하는 것은 뿌리입니다. 이처럼 부활의 열매가 맺히게 하는 원 뿌리는 십자가입니다. 그러므로 먼저 사랑하고, 대접하고, 섬겨 주고, 기도해 주는 성도가 되기를 바랍니다. 그것은 결코 손해가 아닙니다.

혹 우리의 시간과 물질을 손해 보고, 휴식을 방해받음에도 기쁜 이유입니다. 다른 사람을 위해 희생과 봉사와 수고를 할 수 있다는 것이 기쁜 것입니다. 무엇 때문에 그렇습니까? 부활의 믿음을 갖고 있기 때문에 그렇습니다. 부활의 영광이 나타날 때 주님과 함께 영생복락을 누리게 될 것이기에 기쁜 것입니다.

고난은 유익입니다. 고난 없이 부활은 있을 수 없습니다. 이 둘은 손바닥과 손등 같고, 동전의 양면 같은 것입니다. 예수님이 부활하셨다는 것에 모두가 환호합니다. 자기도 그렇게 될 것이기에 기뻐하고 즐거워합니다. 하지만 고난을 함께 받아야 함을 잊지 마시기 바랍니다.

사람들은 고난을 통해 부활의 영광이 나타난다는 것을 잘 믿으려 하지 않습니다. 좋은 것은 취하려 하고, 영광은 받으려 하고, 아름다운 것은 누리려 하지만 고난은 소홀히 합니다. 죽음이 없으면 부활도 없는 것처럼, 고난이 없으면 영광도 없습니다. 고난은 받아도 되고 안 받아도 되는 것이 아닙니다. 십자가가 없으면 부활도 없다는 것을 분명히 깨달아야 합니다.

주님은 우리의 죄를 용서하시고 부활의 첫 열매가 되시기 위해 받지 않아도 될 고난, 받지 않아도 될 모욕, 받지 않아도 될 죽음을 맛보셨고, 죽으실 수 없는 분이 죽어 주셨습니다. 죄지은 우리가 죽는 것이 마땅함에도 말입니다.

죄인들은 무엇을 열망합니까? 죄의 용서를 열망합니다. 하나님의 형상대로 창조된 아담과 하와는 항상 하나님을 뵙고 예배하고 하나님의 사랑 가운데 거했습니다. 그러나 죄를 짓고 난 뒤로 모든 누리던 것을 박탈당했습니다. 그리고 하나님 앞에서 쫓겨났습니다. 그 후 그들은 이 죄 문제를 해결하고자 하는 열망을 갖게 되었습니다.

지금 무엇을 열망하고 있습니까? 환자는 건강해지고, 집이 없는 사람은 집이 생기고, 만년 2등인 사람은 언젠가 1등을 해보리라는 열망을 갖고 있을 것입니다. 죄인들이 간절히 열망하는 것은 죄 사함입니다. 그래서 그 죄를 용서해 주실 메시아를 구약의 백성들이 기다린 것입니다.

이 죄 문제를 해결해 주신 분이 예수 그리스도이십니다. 예수 그리스도를 믿는 우리는 그분을 닮아 부활의 영광을 열망하기를 바랍니다. 부활의 주님은 "너희도 이와 같이 부활에 동참하는 자들이 되라"고 하십니다. 우리는 부활을 통해 두려움이 사라지며, 승리자가 되고, 하나님 나라에 가까워질 것입니다.

부활을 통해 멀리 보이던 하나님의 나라가 가까워졌습니다. 예수님은 천국이 여기 있다 저기 있다 하지 말라고 하시면서 오히려 천국은 우리 마음속에 있다고 하십니다. 천국은 근심과 고통과 아픔과 슬픔이 없는 곳입니다. 예수 그리스도는 우리 심령 속의 죽음도 이기신 분이십니다. 그분은 모든 죄의 문제를 해결해 주시고 우리의 진정한 구원자가 되셨습니다.

우리가 부활을 통해 확실한 증거를 받았다면 두려울 것이 무엇이 있겠습니까? 이제는 우리가 사는 것이 아니라 부활하신 예수님이 우리 안에 사시는 것입니다. 그러므로 원수들의 유혹도 이길 수 있습니다. 세상 것에 젖어 욕심을 따라 살던 우리를 변화시킬 수 있는 능력이 부활의 믿음입니다. 예수님께서는 죽기를 두려워하는 자들, 죄의 종노릇하는 자들을 풀어 주려 오셨다고 했습니다. 그리고 먹을 것이나 입을 것을 염려하지 말고 구하지도 말라고 하십니다. 아버지께서 우리에게 필요한 것이 무엇인지 이미 알고 계신다고 하셨습니다.

우리는 아직 미래를 살아 보지 않았기 때문에 그에 대한 두려움이 있습니다. 내일 무슨 일이 일어날지 우리는 알지 못합니다. 하지만 부활의 믿음은 두려움이 없습니다. 죽으면 주님과 함께 영원한 하나님의 나라에서 영생을 누릴 것이기 때문입니다. 부활을 증거하기 위해 새 봄이 오고, 죽은 나뭇가지에서 싹이 나며, 식물들에서 새순이 돋습니다. 죽은 나뭇가지 같은데 꽃이 피고, 아름다운 꽃잎을 펼칩니다. 죽은 대지 같은데 거기서 움이 트고 생명이 솟아나오는 것처럼 부활은 그렇게 소망을 주는 것입니다.

우리가 환경과 세상을 바라보고 육신의 처지를 생각하면 아무런 낙이 없습니다. 점점 절망합니다. 잘나가던 사람도 좌절할 수밖에 없고, 많은 재물을 가진 사람도 결국 그 모든 것이 자기 것이 아니기에 실망할 수밖에 없습니다. 하지만 부활의 믿음을 가진 사람들에게는 모든 것이 소망으로 가득합니다. 새로워지는 것입니다. 이 부활의 믿음을 가지고 새로운 인생을 설계하기를 바랍니다.

주님과 함께하는 사람은 죽어도 다시 살고, 살아서 믿는 자는 영원히 죽지 않습니다. 이제는 그분이 우리의 소망이 되시고 부활의 주가 되셨으니 우리 자신을 위해 사는 것이 아니라 우리를 대신해서 죽으신 예수님을 위해 살기를 바랍니다. 예수님을 위해 사는 것보다 더 큰 낙이 없고, 더 큰 선도 없습니다.

그날에 선을 행한 자는 생명의 부활로, 악을 행한 자는 사망의 부활과 심판의 부활로 나오게 됩니다. 부활이라도 똑같은 부활이 아닙니다. 주님이 누구십니까? 하나님이십니다. 그분이 누구입니까? 만물의 주인이자 창조주이시며 심판주이십니다. 하나님은 우리가 그분을 위해 살아온 모든 날을 계산하셔서 우리에게 상으로 갚아 주실 것입니다.

우리는 우리를 위해 죽으셨을 뿐 아니라 부활의 첫 열매가 되신 예수님과 연합해야 합니다. 그분과 하나 된 우리는 주님이 다시 이 땅에 오실 때 영광스러운 모습으로 변화되어 세마포 옷을 입고 신랑 되신 예수님을 맞이하게 될 것입니다.

그것만이 전부가 아닙니다. 어떤 일을 하든지 하나님의 영광과 그 이름을 위해 살기를 바랍니다. 십자가가 없으면 부활도 없고, 고난이 없으면 영광도 없습니다.

우리는 이미 영생을 얻었으니 언제 주님이 우리를 부르시든 이 땅에 사는 동안 무엇보다 잘못된 예배를 회복하고, 더 신앙생활 잘하고, 더 주님을 위해 살며, 영원한 아버지 나라를 더 소망하며 승리하기를 바랍니다.

주님이 다시 살아나셨습니다. 사망 권세를 이기고, 죄를 이기고, 원수를 이기셨습니다. 온갖 저주를 다 감당하셨습니다. 그래서 우리는 예수님과 함께 이기고 승리한 자가 되었습니다. 우리는 죽어도 다시 삽니다. 과거가 어떠했든 과거는 과거일 뿐입니다. 오늘 이 순간 주님의 부활하심을 믿는다면 우리는 반드시 부활에 참여하게 될 것입니다. 고난이 없으면 영광의 부활도 없습니다.

> "나는 이제 너희를 위하여 받는 괴로움을 기뻐하고 그리스도의 남은 고난을 그의 몸 된 교회를 위하여 내 육체에 채우노라"(골 1:24).

14.
예배의 본질은 사랑이다

(고전 13:1-13)

¹내가 사람의 방언과 천사의 말을 할지라도 사랑이 없으면 소리 나는 구리와 울리는 꽹과리가 되고 ²내가 예언하는 능력이 있어 모든 비밀과 모든 지식을 알고 또 산을 옮길 만한 모든 믿음이 있을지라도 사랑이 없으면 내가 아무것도 아니요 ³내가 내게 있는 모든 것으로 구제하고 또 내 몸을 불사르게 내줄지라도 사랑이 없으면 내게 아무 유익이 없느니라 ⁴사랑은 오래 참고 사랑은 온유하며 시기하지 아니하며 사랑은 자랑하지 아니하며 교만하지 아니하며 ⁵무례히 행하지 아니하며 자기의 유익을 구하지 아니하며 성내지 아니하며 악한 것을 생각하지 아니하며 ⁶불의를 기뻐하지 아니하며 진리와 함께 기뻐하고 ⁷모든 것을 참으며 모든 것을 믿으며 모든 것을 바라며 모든 것을 견디느니라 ⁸사랑은 언제까지나 떨어지지 아니하되 예언도 폐하고 방언도 그치고 지식도 폐하리라 ⁹우리는 부분적으로 알고 부분적으로 예언하니 ¹⁰온전한 것이 올 때에는 부분적으로 하던 것이 폐하리라 ¹¹내가 어렸을 때에는 말하는 것이 어린아이와 같고 깨닫는 것이 어린아이와 같고 생각하는 것이 어린아이와 같다가 장성한 사람이 되어서는 어린아이의 일을 버렸노

라 ¹²우리가 지금은 거울로 보는 것같이 희미하나 그때에는 얼굴과 얼굴을 대하여 볼 것이요 지금은 내가 부분적으로 아나 그때에는 주께서 나를 아신 것같이 내가 온전히 알리라 ¹³그런즉 믿음, 소망, 사랑, 이 세 가지는 항상 있을 것인데 그 중의 제일은 사랑이라

하나님의 사랑은 세상의 사랑과는 질적으로 다릅니다. 이 세상의 사랑은 자기 중심적이고 이기적입니다. 하나님은 품성 자체가 사랑이십니다. 또 우리를 사랑의 대상으로 창조하셨습니다. 하나님의 형상대로 우리를 창조하셨다는 것은 하나님이 사랑의 대상으로 창조하신 피조물이 인간이라는 것을 의미합니다. 천사도 하나님의 사랑의 대상은 아닙니다. 천사는 한마디로 일꾼일 뿐입니다. 하나님의 일을 돕고 하나님의 일을 하는 존재일 뿐입니다.

사랑의 정의는 무엇입니까? 사랑은 예배의 완성입니다. 또 믿음의 완성이며, 율법의 완성입니다(롬 13:10). 하나님은 사랑하는 자를 찾고 계십니다. 예수님이 승천하시기 전 베드로에게 확인하신 것도 사랑입니다. "네가 이 사람들보다 나를 더 사랑하느냐?" 이것을 세 번씩이나 물으셨습니다. 베드로는 예수님을 배신했었기 때문에 이 질문에 가슴이 아팠을 것입니다. 이처럼 주님이 원하시는 것은 결국 사랑하는 사람입니다.

본문에는 대단한 은사가 많이 나옵니다. 그런데 방언을 받고, 능력을 받고, 아름답고 부드러우며 그야말로 귀에 솔깃한 천사의 말을 할지라도 사랑이 없으면 소리 나는 구리와 같다고 했습니다. 또 예언하는 능력이 있어 모든 비밀과 지식을 알고 산을 옮길 만한 믿음이 있을지라도 사랑이 없으면 아무 유익이 없다고 했습니다. 사실

산을 옮길 만한 믿음이 얼마나 귀한 믿음입니까? 진짜 믿음 아니겠습니까? 그러나 그런 믿음이 있어도 사랑이 없으면 아무것도 아니라는 것입니다.

성령이 주시는 은사를 사모하기를 바랍니다. 병 고치는 은사, 귀신 쫓아내는 은사, 예언의 은사, 방언의 은사, 지식과 지혜의 은사, 믿음의 은사 등 성령이 주시는 은사는 모두 귀한 것이며 마땅히 사모해야 합니다. 그러나 아무리 큰 은사라도 사랑을 초월하지 못한다는 것을 깨달아야 합니다. 은사가 무의미하고, 중요하지 않고, 필요 없다는 것이 아닙니다. 은사나 능력은 매우 중요하고 반드시 필요합니다.

하나님의 일을 안 한다면 몰라도 무언가 봉사를 하려 한다면 모든 능력과 지혜와 지식의 은사가 필요합니다. 무슨 일을 하기 위해서는 체력이 있어야 하고 재능이 필요한 것처럼, 하나님의 일을 하기 위해서는 하나님이 주시는 은사가 반드시 있어야 합니다. 그러나 어떤 은사도 사랑을 초월할 수는 없다는 말입니다.

사랑이 없다면 제아무리 귀한 은사와 능력이라 할지라도 아무런 유익이 없습니다. 천사의 말을 하고 방언을 할지라도 소리 나는 꽹과리와 같이 시끄러울 뿐입니다. 유익하지 못하다는 것입니다. 아무리 귀한 은사라도 거기에 사랑이 없다면 아무런 유익이 없습니다. 또 사랑은 이론이나 지식이 아니라 실천입니다. 사랑은 실질적인 것입니다.

본문 4절에 따르면, 사랑이 있으면 오래 참게 되고 온유한 사람이 됩니다. 또 시기하지 않고, 자기를 자랑하거나 나타내지 않고, 교만하지 않습니다. 사랑은 추상적인 것이 아니라 구체적인 것입니다. 지식에만 머무는 것은 사랑이 아니며, 사랑은 실질적인 실천과 생활이 동반됩니다. 실제로 오래 참고 온유하고 시기하지 않는 사랑이 삶에서 배어 나와야 합니다. 그래서 사랑은 실천입니다. 사랑은 막연하고 추상적인 것이 아니라 실질적인 것입니다. 사랑은 오래 참고, 온유하며, 시기하지 않고, 자랑하지 않으며, 교만하지 않고, 무례히 행하지 않으며, 자기의 유익을 구하지 않고, 성내지 않으며, 악한 것을 생각하지 않고, 불의를 기뻐하지 않으며, 진리와 함께 기뻐합니다.

왜 하나님이 가인의 제사를 받지 않으셨습니까? 사랑이 빠졌기 때문입니다. 아무리 죽도록 충성해도 사랑이 없으면 하나님이 "난 널 모른다" 하시고, 우리는 불법을 행한 자가 되어 버리는 것입니다.

사랑은 있어도 되고, 없어도 되는 것이 아닙니다. 사랑은 해도 되고, 안 해도 되는 것이 아닙니다. 믿음은 반드시 있어야 하는데 믿음의 완성이 사랑입니다. 사랑이 없으면 어린아이와 같습니다. 사랑이 없으면 부분적으로 알 수밖에 없습니다. 전체를 알지 못합니다. 사람의 한 부분만 보고 판단하고 정죄하기도 합니다. 사랑이 없기 때문에 부분적으로 할 수밖에 없습니다.

우리는 하나님의 사랑을 받았습니다. 우리가 하나님을 사랑한 것이 아니라, 하나님이 우리를 먼저 사랑하셨고, 또 "너희도 이와 같이 사랑하라"고 사랑을 가르쳐 주셨습니다. 그러므로 사랑의 계명을 지켜야 하는 것입니다. 사랑은 율법의 완성이자 믿음의 완성이요, 계명의 완성입니다. 즉, 사랑은 예배의 완성이 되는 것입니다.

사랑은 자기의 유익을 구하지 않고 상대방의 유익을 구합니다. 상대방을 섬기게 되고 대접하게 되고 이해하게 됩니다. 이런 모든 것이 사랑에서 나오는 엄청난 능력입니다. 사랑은 기적을 낳습니다. 사랑은 불가능한 것을 가능하게 만듭니다. 자녀를 위해서라면 부모는 어떤 험한 일도 감당하고, 어떤 어려움이 있어도 능히 견뎌 나갈 수 있는데, 그것이 사랑의 힘입니다.

사랑하기 때문에 오래 참고, 기다리고, 모든 것을 신뢰하고 믿게 되는 것입니다. 이것이 사랑의 결과입니다. 사랑은 불가능한 것을 가능하게 합니다. 사랑은 기적을 만들어 냅니다. 못된 사람이 새 사람으로 바뀝니다. 이것이 사랑의 능력입니다.

마태복음 6장 24절은 "너희가 하나님과 재물을 겸하여 섬기지 못하느니라"라고 말씀합니다. 즉, 우리는 두 주인을 섬길 수 없다는 것입니다. 저것을 미워하면 이것을 사랑하게 되고, 저것을 중요하게 여기면 이것을 경히 여기게 될 것입니다. 하나님을 사랑한다면 돈을 미워할 것이고, 돈을 사랑한다면 하나님을 미워할 것입니다. 사랑은 두 마음을 품을 수 없고, 두 주인을 섬길 수 없습니다.

사랑은 예배의 결론이기도 합니다. 하나님은 "네 마음을 다하고 목숨을 다하고 뜻을 다하여 주 너의 하나님을 사랑하고, 네 몸과 같이 네 이웃을 사랑하라"라는 계명을 주셨습니다. 모든 율법의 완성이 사랑입니다. 성경의 중심이 사랑입니다. 이것이 하나님이 주신 계명이고 명령입니다(마 22:36-40).

하나님이 먼저 우리를 사랑하시고 그 사랑을 우리 안에 넣어 주시기 위해 예수님으로 하여금 죄인 된 우리를 위해 십자가에 달려 돌아가시게 하셨습니다. 우리가 하나님의 사랑을 받을 만한 자격이 있습니까? 아닙니다. 우리는 모두 무자격자입니다. 어떻게 원수를 사랑할 수 있겠습니까? 그런데도 하나님은 자신과 원수 된 우리를 먼저 사랑하시고 그 사랑으로 마음을 녹여 주시고, 나아가 우리에게 사랑할 수 있는 능력을 주신 것입니다(롬 5:8).

사랑에는 용서가 따릅니다. 하나님은 우리의 모든 죄를 다 용서하셨습니다. 모든 허물을 다 덮어 주셨습니다. 죄 없다 하시며 우리를 의인이라 불러 주셨습니다. 그런 우리가 누구를 용서하지 못하겠습니까? 어떠한 죄도 용서할 수 있는 것입니다. 이것이 사랑의 기적을 만들어 내는 것입니다. 도저히 사랑할 수 없을 것 같은 사람에 대해서도 하나님의 사랑이 들어오니 더는 밉지 않고, 사랑하게 되고, 그 사람을 위하여 무엇인가 하고 싶어집니다. 이것이 바로 사랑이라는 묘약입니다.

또 사랑은 그 자체가 영원하고 존귀합니다. 그래서 본문 마지막에 "그런즉 믿음, 소망, 사랑, 이 세 가지는 항상 있을 것인데 그 중의 제일은 사랑이라"라고 하셨습니다.

본문 12절은 "우리가 지금은 거울로 보는 것같이 희미하나 그때에는 얼굴과 얼굴을 대하여 볼 것이요 지금은 내가 부분적으로 아나 그때에는 주께서 나를 아신 것같이 내가 온전히 알리라"라고 말씀합니다. 하나님을 온전히 알 수 있게 하는 것은 사랑입니다. 하나님의 뜻을 온전히 이룰 수 있게 하는 것도 사랑입니다. 다른 것은 좀 부족하고 미약할지라도 사랑만큼은 꼭 가진 예배자가 되기를 바랍니다.

예배 시간은 하나님을 사랑하는 시간입니다. 하나님의 사랑을 듬뿍 받는 시간입니다. 마치 탕자가 집에 돌아왔을 때 그를 위해 잔치를 열고 새 옷을 입혀 주고 가락지를 끼워 준 아버지를 만난 것 같은 그런 감격적이고 감동적인 순간이 예배인 것입니다.

사랑은 어떤 역사를 일으킵니까? 허다한 죄를 덮어 버립니다. 너무나 잘 보이던 죄와 허물과 약점이 더는 보이지 않습니다. 사랑이 모든 것을 덮어 버리는 것입니다. 사랑하면 눈이 먼다는 것처럼 사랑하면 좋은 것만 보이게 됩니다. 하나님은 그러한 자들을 찾고 계십니다. 그런 자들은 또 어떤 사람입니까? 곧 영과 진리로 예배하는 자들입니다. 믿음에 사랑을 얹어 놓은 것이 진리입니다. 그러한 진리로 예배하는 자들을 찾고 계십니다.

성령은 사랑의 영입니다. 성령의 아홉 가지 열매 중에서 첫 번째가 사랑입니다. 사랑하면 충성하게 되고, 자비를 베풀게 되고, 오래 참게 되고, 절제하게 됩니다. 사랑은 부분적인 것이 아니라 전부입니다.

사랑하는 사람은 어린아이가 아니라 장성한 자입니다. 본문 11절은 "내가 어렸을 때에는 말하는 것이 어린아이와 같고 깨닫는 것이 어린아이와 같고 생각하는 것이 어린아이와 같다가 장성한 사람이 되어서는 어린아이의 일을 버렸노라"라고 말씀합니다. 어린아이는 자기만 알고 다른 사람을 섬길 줄 모릅니다. 섬김을 받기만 한다면 어린아이입니다. 어린아이는 자기만 알고, 남을 생각하지 못하며, 분별력이 없습니다. 사랑이 부족하기 때문입니다. 그래서 사랑이 없으면 어린아이 같다고 하는 것입니다. 사랑하는 자는 장성한 자가 된 것입니다.

여기서 어린아이는 아직까지 육신에 속한 자요, 세상에 속한 자입니다. 또 패역한 세대에서 구원받지 못한 자입니다. 그러면 부끄러운 구원을 받을 수밖에 없고, 벌거벗은 구원을 받을 수밖에 없습니다. 믿음이 장성해야 할 텐데 아직까지 어린아이라면 사랑을 받을 줄만 알지 사랑할 줄은 모릅니다.

사랑은 받는 것이 아니라 하는 것입니다. 하나님이 우리를 먼저 사랑하신 것은 우리도 사랑하라는 뜻입니다. 그 사랑은 독생자까지 주시고 자신의 생명까지 내어 주신 사랑입니다. 이미 자신의 것을 모두 내어 주셨는데 우리가 하나님께 무엇을 더 요구할 수 있겠습니까? 미완성의 사랑을 주신 것이 아닙니다. 이미 완전한 사랑을 우리에게 주셨습니다.

"이제는 사랑하는 사람이 되겠습니다" 하고 결단합시다. 사랑은 다른 사람을 섬기고 대접하는 것이며, 다른 사람을 기쁘게 하는 것이며, 자기의 유익을 구하지 않고 다른 사람의 유익을 구하는 것입니다. '어떻게 하면 저 사람이 잘될까?', '어떻게 하면 저 사람에게 좋은 일이 있을까?', '어떻게 하면 저 사람이 더 큰 믿음을 가질까? 더 신앙생활을 잘 할까? 더 복을 받을까?' 다른 사람이 잘되는 것을 바라고, 잘될 수 있도록 도와주고, 잘되었을 때는 진심으로 칭찬해 주고 손뼉 쳐주고 축하해 주는 것이 사랑입니다. 하나님은 우리에게 사랑을 원하시는 것입니다.

사랑은 허다한 죄를 덮습니다. 하나님도 사랑하는 자의 허물을 다 덮어 주셨습니다. 이로써 우리에게 죄가 있다고 보시지 않습니다. 사랑은 이렇게 커다란 기적이 나타나게 합니다. 하나님은 사랑의 대상인 우리를 하나님의 형상을 본받아 예배자로 서도록 불러 주셨습니다. 하나님을 사랑하는 것은 하나님을 본받는 것이고, 예수님을 본받는 것입니다. 이것이 우리를 하나님의 형상대로 창조하신 목적입니다. 사랑은 예배의 완성이요, 본질입니다.

사도 바울은 고린도전서 12장 31절에서 "너희는 더욱 큰 은사를 사모하라 내가 또한 가장 좋은 길을 너희에게 보이리라"라고 한 다음, 사랑에 대해 말합니다. 사랑은 하나님의 성품이기도 합니다. 더 큰 은사, 최고의 은사가 사랑이며 또 성령의 역사, 성령의 충만함을 받는 길이 사랑입니다.

믿음, 소망, 사랑은 영원할 것입니다. 다른 모든 것은 영원하지 않다는 말입니다. 모든 것 중의 제일은 사랑입니다. 사랑이 빠지면 성경이 아니며, 복음이 아닙니다. 사랑이 빠지면 십자가가 아닙니다.

사랑이 빠지면 우리는 세상에 버려진 자가 되어 버립니다. 사랑이 빠진 예배는 가인이 드린 예배가 됩니다.

하나님께 받을 수 없는 사랑을 우리가 받았으니 서로 사랑하는 것이 마땅합니다. 당연히 그렇게 해야 한다는 것입니다. 주님은 하나님의 사랑을 언제 잃어버렸는지 생각하고 회개하라고 에베소 교회를 책망하셨습니다. 능력도 있고, 열심도 있고, 갖가지 은사도 있지만 한 가지 부족한 것이 있다는 것입니다. 바로 처음 사랑을 잃어버린 것입니다.

우리는 처음 사랑이 어디서 떨어졌는지 깊이 생각해 보고 회개하고 회복해야 합니다. 사랑이 없으면 다른 것을 아무리 갖다가 붙여 놔 봤자 하나님이 인정하시지 않습니다. 다른 것은 다 부족해도 사랑이 있다면 하나님이 기뻐 받으실 것입니다. 예배는 하나님 아버지와 사랑의 하모니를 이루며 하나님을 경외하며 섬기는 행위입니다. 사랑은 예배의 본질입니다.

15.
성도의 예배 생활

(엡 5:15-21)

¹⁵그런즉 너희가 어떻게 행할지를 자세히 주의하여 지혜 없는 자같이 하지 말고 오직 지혜 있는 자같이 하여 ¹⁶세월을 아끼라 때가 악하니라 ¹⁷그러므로 어리석은 자가 되지 말고 오직 주의 뜻이 무엇인가 이해하라 ¹⁸술 취하지 말라 이는 방탕한 것이니 오직 성령으로 충만함을 받으라 ¹⁹시와 찬송과 신령한 노래들로 서로 화답하며 너희의 마음으로 주께 노래하며 찬송하며 ²⁰범사에 우리 주 예수 그리스도의 이름으로 항상 아버지 하나님께 감사하며 ²¹그리스도를 경외함으로 피차 복종하라

하나님의 말씀은 곧 하나님입니다. 그렇기 때문에 하나님의 말씀을 받지 못한다면 하나님을 만날 수 없을 뿐 아니라 하나님과 상관없는 자가 되어 버립니다. 하나님의 말씀을 들을 때 하나님과 관계

가 맺어지는 것입니다. 하나님의 말씀을 듣고 순종하지 않는다면 하나님과 상관관계가 없습니다. 하나님은 전지전능하신 분이고, 능치 못함이 없으십니다. 하나님을 아는 것으로 끝내지 말고 하나님과의 관계를 맺기 위해서 반드시 말씀을 듣고 순종하길 바랍니다.

어떻게 해야 올바른 예배 생활을 할 수 있습니까? 우리에게는 가정생활도 있고, 직장생활이나 사회생활, 학교생활도 있습니다. 정치인이든, 의사든, 직장인이든, 학생이든 자신의 생활 속에서 예배자로 하나님께 인정받는 삶을 살아야 합니다.

예수님께서 "너희는 세상의 소금이다"라고 하신 것은 세상에서 예배자로 살아가라는 것입니다. 예배자는 예수 그리스도의 맛을 내야 하고, 예수의 향기를 풍겨야 합니다. 우리는 예수 그리스도의 형상을 입어 거룩한 하나님의 자녀가 되었습니다. 그러기에 우리 삶에 우리 안의 예수 그리스도가 나타나게 하고 증거되게 하는 예배자가 되어야 합니다.

본문 15절의 "그런즉 너희가 어떻게 행할지를 자세히 주의하여"라는 말씀은 예배 생활을 어떻게 해야 하는지에 적용할 수 있습니다. 예배 생활이야말로 가장 행복하고 기쁘고 복된 생활입니다. 예배의 맛을 모르기에 예배가 즐겁지 않고 행복하지 않은 것입니다. 고기도 맛을 알아야 맛있게 먹을 수 있고, 또 먹고 싶어지는 것처럼 말입니다. 음식을 먹어 봐야 맛을 알 듯, 예배도 그 맛을 경험해 봐야 합니다.

예배의 맛을 알게 되면 이 세상에 있는 모든 즐거운 것을 다 합친 것과도 비교할 수 없게 됩니다. 하나님이 예배를 통해 우리에게 즐거움과 행복과 평안과 기쁨과 자유를 주십니다. 그 하나님을 경험하게 되면 모든 것을 가질 수 있습니다. 먼저 그의 나라와 의를 구하면

15. 성도의 예배 생활 (엡 5:15-21)

모든 것을 더해 주신다고 했습니다. 여기서 '모든 것'은 '좋은 것'입니다. 생명과 사랑이 넘치고, 천국이 임하는 것이 예배자에게 주시는 특별한 은총입니다.

우리는 종교인이 아니라 신앙인이 되어야 합니다. 신앙생활의 가장 아름다운 꽃이자 절정은 예배입니다. 그러므로 예배에 참석만 하지 말고, 어떻게 예배를 드려야 할지 자세히 주의하여 보아야 합니다. 예배의 전문가가 되기를 바랍니다. 예배를 드리되 구경꾼이나 참관인이 아니라 진정한 예배자가 되기를 바랍니다. 하나님은 예배자를 찾고 계십니다(요 4:23). 그러므로 하나님이 찾으시는 예배자, 하나님이 기뻐하시는 예배자, 하나님이 원하고 인정하시는 예배자가 되기 위해서는 어떻게 예배를 드려야 하는지 알아야 합니다.

본문 15절은 "지혜 없는 자같이 하지 말고 오직 지혜 있는 자같이 하여"라고 말씀합니다. 지혜 없는 자라는 것은 일을 하되 일을 할 줄 모르는 사람입니다. 일을 하되 일을 망치는 사람입니다. 지혜가 없기 때문입니다. 일하는 방법을 모르니 일의 재미를 모를 수밖에 없습니다. 일을 하기는 하는데 일을 해낼 줄 모른다는 말입니다. 왜 그렇습니까? 지혜가 없어서 입니다.

"여호와를 경외하는 것이 지혜의 근본이요 거룩하신 자를 아는 것이 명철이니라"(잠 9:10).

본문 16절은 "세월을 아끼라 때가 악하니라"라고 말씀합니다. 어떻게 해야 세월을 아끼는 것입니까? 육체의 때는 태어나서 죽을 때까지 한시적입니다. 그때, 그 시간은 한 번 지나가 버리면 다시는 오지 않는 시간입니다. 오늘은 다시 오지 않습니다. 육체의 때, 육체의 시간 동안 예수 그리스도를 믿어 구원받고, 하나님이 원하고 기뻐하고 인정하시는 예배자로 살라는 것입니다.

세월을 아껴야 합니다. 인생을 잘못 살고 있다면 세월을 허비하는 것입니다. 왜 그렇습니까? 하나님이 우리에게 본분을 주셨는데 그 본분을 지키지 못한다면 목적대로 살지 못한 것이기에 헛된 인생이 되고 마는 것입니다. 우리에게 주어진 육체의 때, 육체의 시간표 안에서 살아가는 동안 세월을 아껴야 합니다.

무엇보다 하나님이 우리를 예배자로 부르신 목적대로 살아야 합니다(전 12:13). 하나님은 창세 전에 우리를 택하고 부르셔서 하나님을 찬미하고 경배하며 예배하도록, 하나님께 영광을 돌리는 예배자가 되도록 하나님의 형상대로 우리를 창조하셨습니다. 이처럼 특별한 존재로 창조하셨는데 용도가 바뀌어 짐승처럼 산다면 그것이 죄이며 허송세월하는 것입니다.

본문 17절에서는 "그러므로 어리석은 자가 되지 말고 오직 주의 뜻이 무엇인가 이해하라"라고 말씀합니다. 주의 뜻이 무엇인지 깨달으라는 것입니다. 세상에 자신이 태어나고 싶어 태어난 사람은 없습니다. 자기 의지대로 태어난 사람은 없습니다. 누구도 태어나고 싶은 시점과 태어나고 싶은 가문과 태어나고 싶은 나라를 골라 태어날 수 없습니다. 하나님이 우리에게 생명을 주신 것입니다. 하나님이 우리를 창조하신 것은 분명한 목적이 있으시고 그분의 뜻을 이루시기 위함입니다.

"일의 결국을 다 들었으니 하나님을 경외하고 그의 명령들을 지킬지어다 이것이 모든 사람의 본분이니라"(전 12:13).

어떤 물건이든지 만든 사람의 목적대로 쓰임받는 것이 가장 아름답고 합당한 것처럼, 인간은 하나님을 영화롭게 하기 위해 창조된 목적대로 살아가는 것이 가장 아름답고 합당한 일입니다. 하나님은 우리를 예배자가 되도록 부르고 택하셨습니다.

우리는 예배를 제대로 알고 예배 생활을 해야 합니다. 하나님은 모범된 예배 생활에 대하여 본문을 통해 말씀하고 계신데 먼저 세월을 아껴야 합니다. 허락된 그 시간 동안 썩어질 육체를 위해 살면 결국 썩어질 것을 거두게 되기 때문입니다. 우리는 영적인 존재입니다. 이것을 잠시도 잊지 말라는 것입니다. 하나님의 뜻은 우리 영혼의 구원이고, 영원히 잘되는 것입니다.

영이 살아 있는 사람들만이 하나님 나라에서 해같이 빛납니다. 그런 사람이 되려면 결코 어리석은 자가 되어서는 안 됩니다. 어리석은 사람은 하나님의 뜻을 분별하지 못하고, 자신을 왜 이 땅에 태어나게 하셨는지, 자신을 왜 사람으로 창조하셨는지에 대해 무지하여, 사람이 어디에서 와서 어디로 가는지만 고민하다가 인생을 마칩니다.

그 답은 성경에 다 있습니다. 하나님께서 우리 육체를 흙으로 창조하셨고, 영혼은 하나님 나라에서 택하고, 부르시고, 구원하시고, 한량없는 은혜를 주셨습니다. 분명한 하나님의 목적과 뜻을 알지 못하면 어리석은 자가 되어 버립니다. 세월을 허비하는 악한 자가 될 수밖에 없는 것입니다.

본문 18절은 "술 취하지 말라 이는 방탕한 것이니 오직 성령으로 충만함을 받으라"라고 말씀합니다. 술 취하게 되면 어떻게 됩니까? 자기 생각대로 살지 못합니다. 술에 취한 정신으로 살게 된다는 말입니다. 그러므로 세상 술에 취하지 말아야 합니다. 세상 술에 취하고, 세상 유흥에 취하고, 육신의 정욕에 취하고, 세상에 있는 즐거움에 취해 살지 말라는 것입니다(요일 2:15-17).

나사로와 부자는 한 동네에서 같이 교회생활을 했습니다. 부자는 매일 자기 육체를 위해 잔치를 베풀고 즐거움만 찾아다녔습니다. 결국 그는 지옥으로 떨어지고 말았습니다. 반면 거지 나사로는 하나님의 나라에서 아브라함 품에 안겼습니다. 어리석은 부자는 자기가 무엇 때문에 인생을 살아야 하는지, 무엇 때문에 이 땅에 태어났는지도 모르고 살다 결국에는 지옥에 들어갔습니다. 그곳에서 얼마나 고통스러운지, 자기가 무시하고 멸시했던 거지 나사로의 손가락 끝에 물을 찍어서 입술 좀 축여 달라고 했습니다. 그러나 그것조차 허락되지 않는 곳이 지옥입니다.

지옥을 가봐야 알고, 천국을 가봐야 안다고 하는 것은 어리석은 것입니다. 예수님을 구주로 믿든 믿지 않든 지옥이 고통스러운 곳이라는 사실은 다 압니다. 일반적으로 고통스럽고 괴롭고 슬프면 '여기가 지옥 같구나'라고 하고, 행복하고 기쁘고 즐거움이 가득하면 '여기가 천국이구나'라고 합니다. 천국을 꼭 가봐야 아는 것이 아니라 이 땅에서도 천국을 경험할 수 있고, 죽어서 지옥 가는 것이 아니라 이 땅에서도 지옥을 경험하며 살 수 있는 것입니다. 천국은 반드시 있고, 반드시 천국에 가야 합니다.

왜 술 취하지 말라고 합니까? 세상 술에 취하지 말라는 것은 육체의 쾌락에 빠지지 말라는 것인데, 술 취하면 결국은 육체가 망가지고, 병들고, 고통 속에서 살다가 영혼은 지옥 갈 수 있기 때문입니다. 그러므로 육체의 때에 영혼이 잘되는 예배자로 살아가야 합니다.

본문은 "세상 술에 취하지 말라"고 하면서 18절에서 "오직 성령으로 충만함을 받으라"라고 권면합니다. 성령은 단회적으로 받는 것이 아니라 지속적으로 충만하게 받아야 한다는 것입니다. 성령 충만함을 받기 위해서는 무조건 말씀을 들어야 하고, 또 들은 말씀에 순종하려 할 때 성령께서 말씀대로 살게 해주시고 갖가지 은사도 주실 것입니다. 지식의 은사, 지혜의 은사, 사랑의 은사를 주실 것이고, 더 큰 믿음도 주실 것입니다.

하나님의 말씀은 하나님입니다. 하나님을 섬긴다면서 말씀을 듣지 않는 사람들이 있습니다. 다들 속고 사는 것입니다. 하나님을 믿는다면 하나님의 말씀을 들어야 믿음이 생기고 하나님을 경험하게 됩니다. 세상 사람들도 하나님을 알고 두려워합니다. 비록 하나님 말씀을 듣지 못하여 그렇다 할지라도, 하나님께서 말씀으로 찾아오시고, 말씀을 들을 때 깨닫게 하시고, 말씀으로 생명을 주시고, 말씀으로 치료하시고, 말씀으로 성령 충만하게 하실 것입니다.

본문 19절은 "시와 찬송과 신령한 노래들로 서로 화답하며 너희의 마음으로 주께 노래하며 찬송하며"라고 말씀합니다. 이것이 예배입니다. 예배를 드릴 때 시와 찬송과 신령한 노래로 서로 화답하여 하모니를 이루어야 합니다. 서로가 사랑으로 하나님을 기쁘게 해드려야 합니다. 여기서 중요한 것은 '마음으로'입니다. 입만 가지고 노래하는 것이 아니라 마음에서 우러나는 진정한 기쁨의 찬송, 감사의 찬송, 감동의 찬송과 고백이 있어야 합니다.

세상 노래를 부르는 사람들도 청중에게 감동을 주기 위해 온 마음을 다해 노래합니다. 우리도 하나님을 감동시키기 위해 찬송의 가사에 마음을 담아 마음에서 우러나오는 기쁜 노래를 불러야 합니다. 이것이 신령한 노래입니다. 하나님을 최고로 높이는 것입니다.

하나님을 기쁘시게 하는 아름다운 찬송을 드리는 삶의 예배가 있기를 바랍니다. 어디에 있든지 찬송의 노래가 가득하길 바랍니다. 바울과 실라가 억울하게 매를 맞고 감옥에 들어갔습니다. 차꼬에 채워진 채 지하 감옥에 들어가고 먹지도 못했으니 얼마나 춥겠습니까? 춥고 떨리고 배고프고 고통스러운데 매까지 맞았으니 또 얼마나 억울하겠습니까? 그런데도 바울과 실라는 거기서 하나님을 높이는 감사 찬송을 드립니다(행 16장). 하나님은 찬양 중에 거하시는 분이십니다. 그들이 주님을 찬송하며 신령한 노래를 부를 때 기적이 나타납니다. 옥문이 열리고 차꼬가 풀어진 것입니다. 우리에게도 묶인 문제가 풀리는 역사가 나타나길 바랍니다. 이것이 우리의 삶이 되어야 합니다. 이것으로 서로 화답해야 합니다. 마음과 마음이 서로 사랑으로 하나 되어 섬겨 주고, 대접하고, 먼저 손 내밀어 주는 것으로 화답해야 합니다. 이것이 예배자의 삶입니다.

본문 20절에서는 "범사에 우리 주 예수 그리스도의 이름으로 항상 아버지 하나님께 감사하며"라고 말씀합니다. 우리는 범사에 주 예수 그리스도의 이름으로 항상 하나님 아버지께 감사해야 합니다. 하나님은 작은 촛불에 감사하는 사람에게 전깃불을 주시고, 전깃불에 감사하는 사람에게 달빛을 주시며, 달빛에 감사하는 사람에게 태양 빛을 주시고, 햇빛에 감사하는 사람에게 생명의 빛이신 예수 그리스도를 경험하게 하실 것입니다.

작은 일에도 감사하는 사람이 있는 반면 춥다고 불만, 덥다고 불만, 비가 온다고 불만, 눈이 온다고 불만, 햇빛이 쨍하다고 불만인 사람이 있습니다. 그런 사람에게는 결코 믿음이 있을 수 없고, 행복도 없습니다. 하나님이 주신 사계절에 마음껏 감사하기 바랍니다. 입에서부터 감사가 나와야 합니다. 감사 없는 예배는 참 예배가 될 수 없습니다.

어떤 사람은 사고로 넘어져 다리가 부러졌는데 한쪽 다리만 부러져 감사하다고 말합니다. 또 이제껏 튼튼한 다리를 주셔서 감사하고, 고쳐 주셔서 더 튼튼하게 될 것을 감사하다고 합니다. 하나님을 의지하고 바라보면 범사에 감사할 수밖에 없습니다. 감사하는 자가 행복한 사람이고 참된 예배자입니다. 주 안에서 항상 하나님 아버지께 감사하는 예배자가 되기를 바랍니다.

본문 21절은 "그리스도를 경외함으로 피차 복종하라"라고 말씀합니다. 이것은 하나님 말씀 안에서 순종하고 복종하며 말씀으로 화답하고 하나가 되라는 뜻입니다. 하나님을 경외하는 것이 무엇입니까? 예배입니다. 예배가 하나님을 경외하며 높이는 것입니다. 하나님을 높이면 하나님께서 우리를 최고로 높여 주실 것입니다. 하나님을 높이는 것이 예배입니다. 그것으로 하나님은 영광을 받으실 것입니다.

우리는 하나님을 최고로 높여야 합니다. 인간의 생사화복을 주관하시는 분은 오직 하나님이십니다. 인간이 아무리 건강관리를 잘해도 병에 걸리지 않는 것이 아니며, 죽지 않는 것이 아닙니다. 하나님이 지켜 주셔야만 합니다. 스스로 건강관리도 하고 절제된 생활을 해야 하지만, 최종적으로 붙들어 주시는 분은 하나님이십니다. 육체의 때에 하나님의 뜻이 무엇인지 깨달아 예배가 예배 되게 하고, 생활 속에서 하나님을 높이며 경배하고 이웃을 사랑하며, 언제 어디서 무엇을 하든지 감사함으로 하나님이 기뻐하시는 복 있는 예배자의 삶을 살기를 바랍니다.

16.
성일(聖日)을 훼손하지 않는 예배자

(겔 20:10-22)

¹⁰그러므로 내가 그들을 애굽 땅에서 나와서 광야에 이르게 하고 ¹¹사람이 준행하면 그로 말미암아 삶을 얻을 내 율례를 주며 내 규례를 알게 하였고 ¹²또 내가 그들을 거룩하게 하는 여호와인 줄 알게 하려고 내 안식일을 주어 그들과 나 사이에 표징을 삼았노라 ¹³그러나 이스라엘 족속이 광야에서 내게 반역하여 사람이 준행하면 그로 말미암아 삶을 얻을 나의 율례를 준행하지 아니하며 나의 규례를 멸시하였고 나의 안식일을 크게 더럽혔으므로 내가 이르기를 내가 내 분노를 광야에서 그들에게 쏟아 멸하리라 하였으나 ¹⁴내가 내 이름을 위하여 달리 행하였었나니 내가 그들을 인도하여 내는 것을 본 나라들 앞에서 내 이름을 더럽히지 아니하려 하였음이로라 ¹⁵또 내가 내 손을 들어 광야에서 그들에게 맹세하기를 내가 그들에게 허락한 땅 곧 젖과 꿀이 흐르는 땅이요 모든 땅 중의 아름다운 곳으로 그들을 인도하여 들이지 아니하리라 한 것은 ¹⁶그들이 마음으로 우상을 따라 나의 규례를 업신여기며 나의 율례를 행하지 아니하며 나의 안식일을 더럽혔음이라 ¹⁷그러나 내가 그들을 아껴서 광야에서 멸하여 아주 없이하지 아니하였었노라 ¹⁸내가

광야에서 그들의 자손에게 이르기를 너희 조상들의 율례를 따르지 말며 그 규례를 지키지 말며 그 우상들로 말미암아 스스로 더럽히지 말라 ¹⁹나는 여호와 너희 하나님이라 너희는 나의 율례를 따르며 나의 규례를 지켜 행하고 ²⁰또 나의 안식일을 거룩하게 할지어다 이것이 나와 너희 사이에 표징이 되어 내가 여호와 너희 하나님인 줄을 너희가 알게 하리라 하였노라 ²¹그러나 그들의 자손이 내게 반역하여 사람이 지켜 행하면 그로 말미암아 삶을 얻을 나의 율례를 따르지 아니하며 나의 규례를 지켜 행하지 아니하였고 나의 안식일을 더럽힌지라 이에 내가 이르기를 내가 광야에서 그들에게 내 분노를 쏟으며 그들에게 내 진노를 이루리라 하였으나 ²²내가 내 이름을 위하여 내 손을 막아 달리 행하였나니 내가 그들을 인도하여 내는 것을 본 여러 나라 앞에서 내 이름을 더럽히지 아니하려 하였음이로라

성일은 구별된 날이요, 거룩한 날입니다. 본문에서 그런 날을 '더럽혔다'(13절)고 한 것은 그날을 훼손했다는 의미도 됩니다. 그래서 하나님이 광야에서 이스라엘 백성을 다 멸망시켰다고 분명히 말씀하고 있습니다. 하나님이 구원하시기 위해 친히 광야로 이끌어 내셨는데 왜 그들을 죽이셨겠습니까? 왜 그들을 멸하셨겠습니까? 다 까닭이 있는 것입니다.

본문은 그 원인과 까닭이 성일을 더럽혔기 때문이라고 말씀하고 있습니다. 그것 때문에 멸망을 당하고, 하나님의 진노를 당할 수밖에 없었다고 말씀합니다. 성일은 구약에서는 안식일이고, 지금은 주일입니다. 성일은 거룩한 날입니다. 하나님의 거룩함이 드러나고 나타날 수 있도록 하나님이 우리를 선민으로 삼아 주시고, 성도로 불러 주셨습니다. 또 구별된 날로 성일을 주셨습니다. 그래서 우리가 주일성수라고 하지 않습니까? 주일이 더럽혀지거나 훼손되지 않도록

지킬 의무가 우리에게 있습니다.

하나님께서는 천지 만물을 6일 동안 창조하시고, 7일째 되는 날 안식하시며 그날을 복 있는 날로 정하시고 거룩하게 하셨습니다. 그리고 하나님이 안식하신 날에 우리도 참여하라고 하십니다. 참으로 놀라운 말씀입니다. 하나님의 안식일에 함께 참여할 수 있도록 하신 것입니다. 창조주 하나님께서 안식하신 것을 인정하고, 드러내고, 나타내고, 증거하고, 자랑하고, 즐거워하라고 우리에게 안식일을 주셨습니다. 그런데 이스라엘 백성이 안식일을 깨뜨려 버렸습니다. 더럽혔습니다. 훼손했습니다.

본문 10절은 "그러므로 내가 그들을 애굽 땅에서 나와서 광야에 이르게 하고"라고 말씀합니다. 이는 하나님이 그들을 구원했다는 말입니다. 계속해서 11-12절에서는 "사람이 준행하면 그로 말미암아 삶을 얻을 내 율례를 주며 내 규례를 알게 하였고 또 내가 그들을 거룩하게 하는 여호와인 줄 알게 하려고 내 안식일을 주어 그들과 나 사이에 표징을 삼았노라"라고 말씀합니다. 표징은 하나의 표로서 하나님께로 돌아온 표요, 구원의 표입니다. 십자가는 하나님이 우리를 사랑하신 사랑의 표징입니다. 이와 같이 하나님이 그들의 하나님과 창조주이심을 나타내는 표징으로 하나님과 그들 사이에 안식을 주셨다는 것입니다.

이스라엘 백성은 처음에는 안식일을 목숨 걸고 지켰지만, 어느 순간부터 안식일이 더럽혀지고, 훼손되고, 멸시당하고, 무시당하고, 형식적이 되어 버렸습니다. 그래서 하나님이 경고하시고 그들을 광야에서 다 멸해 버렸다고 말씀하시는 것입니다.

과연 성일이 무엇이기에 하나님이 그렇게까지 하신 것입니까? 성일은 하나님의 거룩함을 나타내는 것입니다. 주일이 무엇입니까? 거룩한 날이고 구별된 날입니다. 차별된 날입니다. 다른 날입니다. 하나님은 아담에게 에덴동산의 모든 나무의 열매는 임의로 먹되, 동산 가운데 선악을 알게 하는 나무의 열매는 먹지 못하게 하셨습니다. 먹는 날에는 반드시 죽는다고 하셨습니다. 곧 그 나무의 열매를 차별하셨다는 말입니다.

이것이 거룩입니다. 이것이 구별된 것입니다. 자동차는 달리는 것이 주요 기능이지만 브레이크 장치가 있어야 온전한 자동차로서의 기능을 할 수 있습니다. 월요일부터 토요일까지는 육체에 관한 생명을 얻기 위해 열심을 내어 부지런히 일하되 주일은 다른 날이라는 것입니다. 이날을 주신 것은 하나님의 거룩함이 우리를 통해 나타나고 드러나도록 하기 위해서입니다.

하나님은 거룩하신 창조주이십니다. 그 하나님이 모든 만물을 주관하고 계시며, 성일에 안식하셨습니다. 하나님의 거룩함을 나타내고 하나님께 영광을 돌리도록 구별된 안식일을 이들이 더럽혀 버렸습니다.

본문 14절은 "내가 내 이름을 위하여 달리 행하였었나니 내가 그들을 인도하여 내는 것을 본 나라들 앞에서 내 이름을 더럽히지 아니하려 하였음이로라"라고 말씀합니다. 하나님은 자신의 이름을 더럽히지 않도록, 자신의 이름에 영광을 돌리도록 구별하여 안식일을 주셨지만 그 거룩함이 깨져 버렸습니다.

성일이 더럽혀지자 더는 생명을 받을 수도 줄 수도 없게 되었습니다. 그래서 예수님이 이 땅에 오셔서 다시 생명을 주시는 날로 주일을 주셨습니다. 안식일은 한 주의 마지막 날이고, 주일은 한 주의 첫날입니다. 하나님께서 우리에게 다시 생명을 주시기 위해, 회복시켜 주시기 위해 예수 그리스도를 이 땅에 보내시고 안식 후 첫날 부활하게 하심으로 주일을 주신 것입니다.

안식일은 하나님의 안식을 나타내고, 드러내고, 자랑함으로 하나님께 영광을 돌리는 날입니다. '주일'은 우리에게 다시 생명 주기 위해 오신 구원자 예수 그리스도를 높이는 날이고, '안식일'은 구원자 예수 그리스도가 아니라 창조주 예수 그리스도를 높이는 날입니다. 모든 만물을 창조하시고 주관하시는 분이 예수 그리스도이십니다. 그분으로 말미암아 모든 만물이 창조되었고, 또 그분을 위하여 창조되었습니다.

창조주 하나님을 나타내고, 드러내고, 자랑하는 것이 안식일입니다. 그런데 그런 안식일이 깨져 버렸기 때문에 하나님이 우리를 구원하시고, 예배자로 부르시고, 하나님의 자녀로 재창조의 역사를 이루어 새로운 피조물로 창조하신 것입니다.

> "너희는 너희가 하나님의 성전인 것과 하나님의 성령이 너희 안에 계시는 것을 알지 못하느냐"(고전 3:16).

하나님은 새로운 피조물로 우리를 창조하셨습니다. 그분이 바로 예수 그리스도요, 구세주요, 주일의 주인이시며 또한 안식일의 주인이십니다.

예수님은 "인자는 안식일의 주인이니라"(마 12:8)라고 말씀하셨습니다. 예수님이 안식일의 주인이라는 것은 그분이 창조주라는 뜻입니다. 모든 만물을 창조한 분이 자신이라고 말씀하시는 것입니다. 예수님은 창조주이십니다. 그뿐 아니라 우리의 구세주가 되십니다. 그분의 창조 역사를 기념하고, 기억하고, 드러내고, 나타내는 날이 안식일입니다.

우리는 유일한 길이 되신 예수 그리스도로 말미암아 하나님께 나아갈 수 있게 되었고, 그분으로 말미암아 하나님의 자녀가 되었으며, 그분으로 말미암아 하나님께 예배드릴 수 있게 되었습니다. 그것을 인정하는 날이 주일입니다. 다시 생명을 주신 날입니다. 그래서 그분을 닮아 가는 그것이 경건입니다. 안식하신 하나님을 닮고 본받기 위해 이스라엘 백성은 안식일에 아무것도 하지 않았습니다. 안식일을 철저하게 지킨다면서 아무것도 하지 않은 것입니다.

안식일에 아무것도 하지 않는다고 죽는 것이 아닙니다. 오히려 그들은 생명을 받아 마음껏 안식을 누리게 되었습니다. 하지만 안식이 깨져 버림으로 예수 그리스도께서 십자가에서 다시 한번 우리에게 생명을 주는 일을 하셨습니다. 그날이 주일이요, 성일입니다. 주일은 안식일과 다릅니다. 내 생명을 살리든지 이웃의 생명을 살리든지, 내가 살든지 이웃을 살리든지, 내가 은혜를 받든지 은혜를 주든지, 내 영혼을 위해 이웃을 살리고 사랑하고 섬김으로 내 영혼이 힘을 얻고 생명을 얻는 날이 주일입니다.

그런데 주일이 훼손되어 버렸다는 말입니다. 주일은 하루 전체가 주일이요, 눈을 떠서 밤에 잠자리에 들 때까지 온종일이 주일입니다. 그것이 성일입니다. 그러나 이러한 성일이 훼손되고 더럽혀졌습니다. 온전한 주일성수를 하기를 바랍니다. 하나님은 주일을 훼손한 이들을 멸하시기로 작정하셨습니다.

다 멸해 버렸다는 것입니다. 성일은 인간이 함부로 사용할 수 있는 날이 아닙니다. 성일은 인간을 위한 날이 아니라 하나님을 위한 날입니다.

우리 영혼이 흡족하게 먹고 마시며, 하나님의 거룩함을 드러내고, 예수 그리스도의 거룩함을 드러내는 날이 주일입니다. 주일은 우리

날이 아니라는 말입니다. 우리가 마음대로 쓰는 날이 아닙니다. 우리 육체의 날이 아닙니다. 세상과 다른 날입니다. 월요일부터 토요일까지와는 전혀 다른 날이고, 구별된 날입니다. 구별된 거룩성이 무너져 버리니 성일이 훼손되어 버리고 만 것입니다. 이것을 하나님이 경고하시는 것입니다.

주일은 온종일 예배하는 날입니다. 예배에 참석하는 것만이 예배가 아니고 하나님을 최고로 높이고 경외하며 영화롭게 하는 것 전부가 예배입니다. 주일만큼은 온종일 주님을 높이고, 경배하고, 찬양하고, 영화롭게 하는 복된 날입니다. 거룩한 주일은 복된 날, 복된 안식일로 여느 날과 다른 날이라는 말입니다. 온종일 주님과 함께하며 주님을 기쁘시게 하는 예배의 날입니다.

그런데 그날이 훼손되어 버렸다는 말입니다. 주일이라는 개념과 주일이라는 의미가 사라져 버렸습니다. 오늘날의 예배만 참석하는 주일이, 하나님을 최고로 높이고 인정하며 영화롭게 하고, 우리를 구원하신 예수님을 증거하고 나타내는 주일로 회복되기를 바랍니다.

이 땅에서의 안식이 아니라 영원한 안식(히 4:1, 11)에 참여하기 위해 철저한 주일성수가 회복되어야 합니다. 주일만큼은 주와 복음을 위해, 우리와 이웃의 영혼을 위해 마음껏 영혼의 양식을 얻어야 하고, 또 하나님의 역사가 나타나야 합니다.

본문의 말씀은 온전한 주일이 사라져 버린 오늘날 우리에게 경고의 나팔이 됩니다. 하나님은 우리에게 "회복하라, 빨리 다시 수축하라, 다시 재건하라"고 하십니다. 주일이 없어졌기 때문에 하나님이 떠나 버리시는 것입니다. 주일이 사라져 버렸기 때문에 하나님의 영광이 가려지는 것입니다. 주일은 인간이 함부로 뜯어 고칠 수 있는 날이 아니라, 온종일 하나님 앞에 영광을 돌리는 귀한 날인 것을 기억하시기 바랍니다.

　마음을 다하고, 뜻을 다하고, 목숨을 다하여 주 하나님을 사랑하고, 하나님 앞에서 영적인 거룩한 교제를 나누는 날이 주일입니다. 주일은 우리의 날이 아니요, 육신을 위한 날이 아닙니다. 주일은 하나님을 높이는 날이요, 주님을 증거하고 나타내는 날입니다. 철저한 주일성수, 온전한 주일성수가 되어야 교회의 본질인 예배가 회복될 것입니다.

17.
순종 없는 예배는 예배가 아니다

(삼상 15:22-35)

²²사무엘이 이르되 여호와께서 번제와 다른 제사를 그의 목소리를 청종하는 것을 좋아하심같이 좋아하시겠나이까 순종이 제사보다 낫고 듣는 것이 숫양의 기름보다 나으니 ²³이는 거역하는 것은 점치는 죄와 같고 완고한 것은 사신 우상에게 절하는 죄와 같음이라 왕이 여호와의 말씀을 버렸으므로 여호와께서도 왕을 버려 왕이 되지 못하게 하셨나이다 하니 ²⁴사울이 사무엘에게 이르되 내가 범죄하였나이다 내가 여호와의 명령과 당신의 말씀을 어긴 것은 내가 백성을 두려워하여 그들의 말을 청종하였음이니이다 ²⁵청하오니 지금 내 죄를 사하고 나와 함께 돌아가서 나로 하여금 여호와께 경배하게 하소서 하니 ²⁶사무엘이 사울에게 이르되 나는 왕과 함께 돌아가지 아니하리니 이는 왕이 여호와의 말씀을 버렸으므로 여호와께서 왕을 버려 이스라엘 왕이 되지 못하게 하셨음이니이다 하고 ²⁷사무엘이 가려고 돌아설 때에 사울이 그의 겉옷자락을 붙잡으매 찢어진지라 ²⁸사무엘이 그에게 이르되 여호와께서 오늘 이스라엘 나라를 왕에게서 떼어 왕보다 나은 왕의 이웃에게 주셨나이다 ²⁹이스라엘의 지존자는 거짓이나 변개함이 없으시니 그

는 사람이 아니시므로 결코 변개하지 않으심이니이다 하니 ³⁰사울이 이르되 내가 범죄하였을지라도 이제 청하옵나니 내 백성의 장로들 앞과 이스라엘 앞에서 나를 높이사 나와 함께 돌아가서 내가 당신의 하나님 여호와께 경배하게 하소서 하더라 ³¹이에 사무엘이 돌이켜 사울을 따라가매 사울이 여호와께 경배하니라 ³²사무엘이 이르되 너희는 아말렉 사람의 왕 아각을 내게로 끌어 오라 하였더니 아각이 즐거이 오며 이르되 진실로 사망의 괴로움이 지났도다 하니라 ³³사무엘이 이르되 네 칼이 여인들에게 자식이 없게 한 것같이 여인 중 네 어미에게 자식이 없으리라 하고 그가 길갈에서 여호와 앞에서 아각을 찍어 쪼개니라 ³⁴이에 사무엘은 라마로 가고 사울은 사울 기브아 자기의 집으로 올라가니라 ³⁵사무엘이 죽는 날까지 사울을 다시 가서 보지 아니하였으니 이는 그가 사울을 위하여 슬퍼함이었고 여호와께서는 사울을 이스라엘 왕으로 삼으신 것을 후회하셨더라

예배의 자리는 복된 자리입니다. 그래서 복 있는 사람만 예배를 드릴 수 있습니다. 예배드리기 전과 예배드리고 나서의 삶이 확연히 달라지기를 바랍니다. 개인적으로나 가정적으로, 사회적으로, 국가적으로, 인류적으로도 달라져야 합니다. 예배에 성공하느냐, 실패하느냐에 따라 역사가 달라지는 것입니다. 예배는 그냥 참석만 하는 것이 아닙니다. 예배에 참석하는 것에만 마음을 두지 말고, 예배에 성공하려는 데 마음을 두기를 바랍니다.

예배드리고 있다는 데 만족하면 안 됩니다. 예배드리는 데 만족하지 말고 예배에 성공하려고 해야 합니다. 단순히 밥을 먹는 데 만족하지 않고, 밥이 잘 소화되어 피가 되고 살이 되어 유익을 주기를 바라는 것처럼 말입니다. 서울 가는 것이 목적이 아니라, 서울에 가서 해야 할 일을 하고, 만나야 할 사람을 만나고 오는 것이 목적이 아니겠습니까? 예배자는 예배에 참석한 것으로 만족하지 말고 '예배에

꼭 성공하리라' 하는 마음가짐으로 하나님이 받으실 만한 예배를 드려야 합니다.

가인은 자기가 예배에 실패한 것을 알았습니다. 예배에 실패했다는 것은 하나님이 받지 않으셨다는 말입니다. 하나님은 아무 예배나 받지 않으십니다. 예배에는 기도와 찬송과 예물이 있습니다. 그런데 그런 기도와 찬송과 예물을 하나님께 드리더라도 하나님이 받지 않으신다면 그것이 무슨 888예배가 되겠습니까? 하나님이 받지 않으시는데 어떠한 응답이 있겠습니까? 하나님이 받지 않으시는데 어떠한 복을 받을 수 있겠습니까?

본문 22절은 "순종이 제사보다 낫고"라고 말씀합니다. 순종 없는 예배가 과연 예배이겠습니까? 순종 없는 예배가 무슨 의미가 있겠습니까? 결코 순종 없는 예배자가 되어서는 안 된다는 것을 말씀하고 있습니다. 예배는 이벤트가 아닙니다. 삶의 어떤 결과가 예배가 되어야 합니다. 일회성 이벤트, 주중 행사, 연중 행사 같은 개념으로 예배 때만 거룩한 척, 경건한 척, 의로운 척, 착한 척, 믿음 있는 척하면 안 됩니다. 예배는 그런 것이 아니라는 말입니다.

예배는 우리 삶의 어떤 결과물이 되어야 합니다. 그런데 많은 사람이 주일 예배, 주일 낮 예배에 참석하는 것이 예배라고 생각합니다. 예배에 참석한 것을 주일성수한 것으로 생각합니다. 예배에 참석해 예배를 드리는 것에 만족하지 말고, 하나님께서 받으시고 열납하시고 흠향하시고 기뻐하시는 예배자가 되기를 바랍니다.

예배의 본질이 회복되어야 합니다. 매 주일 6만 5천 개나 되는 한국교회에서 수많은 예배를 드리지만 과연 하나님이 그 모든 예배를 받으실까요? 하나님이 받으시고 흠향하시는 예배에 관심을 갖고 있는 교회가 얼마나 되겠습니까? 하나님이 받으시거나 말거나, 하나님이 기뻐하시거나 말거나 하는 마음으로 예배를 드린다면 그것은 가인의 예배보다 못한 것입니다. 가인은 자신이 예배에 실패한 것을 알고 분노를 터트렸습니다.

예배를 드리고 예배당 문을 나설 때 '내 예배를 하나님이 받지 않으셨으면 어떡하지?' 하는 두려움이 없다면, 혹 예배에 실패한 경우 그에 따른 분노가 없다면 그것은 가인의 예배보다 못한 것입니다. 예배 개념이 바뀌어야 분노도 생기는 것입니다. 단순히 예배에 참석하는 것은 예배가 아닙니다. 하나님이 받으실 만한 예배가 되어야 예배입니다. 본문에서 하나님이 사무엘 선지자를 통해 사울 왕에게 주신 말씀을 우리 곧 나에게 주신 분명한 하나님의 말씀으로 받기를 바랍니다. 순종이 제사보다 낫고 하나님의 말씀을 듣는 것이 숫양의 기름보다 낫습니다. 많은 헌금을 드리는 것보다 하나님의 말씀을 듣는 것이 낫다는 것입니다. 순종하는 삶이 예배의 성공과 실패를 좌우한다는 것을 본문은 분명히 말씀하고 있습니다.

하나님 말씀대로 살아도 되고, 안 살아도 되는 것이 아닙니다. 예배 시간에만 예배자가 아닙니다. 예배자로 한 주간을 살다 주일에 예배드리러 나오는 것입니다. 예배자는 하나님의 계명을 지키는 자요, 하나님을 사랑하는 자요, 이웃을 사랑하는 자입니다. 예배만큼 중요한 것이 어디 있겠습니까? 그런데 그 예배보다 순종이 낫다는 것입니다. 기도와 찬송과 예물을 드리는 것보다 하나님의 말씀을 듣는 것이 더 낫다고 말씀하시는 것입니다.

우리는 예배를 드릴 때도 우리 자신의 생각이나 감정, 기분, 느낌, 지식에 사로잡혀 있습니다. 하나님의 말씀을 들을 때 눈을 감고 졸거나 다른 생각을 할 때도 있습니다. 그것은 예배가 아닙니다. 하나님을 조롱하는 것이고, 모독하는 것이며, 하나님의 이름을 멸시하며, 하나님을 근심하게 하는 것입니다. 예배는 하나님을 최고로 높이는 것입니다. 단 한 번의 예배를 드리더라도 예배다운 예배를 드려야 합니다. 사울은 이스라엘의 첫 번째 왕으로 기름 부음을 받은 사람입니다. 무엇 때문에 하나님이 그를 왕으로 세우셨습니까? 예배자인 왕으로 세워 주신 것입니다.

> "사무엘이 사울에게 이르되 여호와께서 나를 보내어 왕에게 기름을 부어 그의 백성 이스라엘 위에 왕으로 삼으셨은즉 이제 왕은 여호와의 말씀을 들으소서"(삼상 15:1).

왕으로 세워졌으니 하나님의 말씀을 듣고 순종하는 것이 중요합니다. 왕이 되어도 예배자로 살라는 것입니다. 예배에 참석만 하는 것은 예배가 아닙니다. 그것은 예배 구경꾼입니다. 예배만큼 벅차고 감동적이고 짜릿한 것은 없습니다. 우리 같은 죄인이 창조주 하나님을 예배할 수 있다니 어찌 그렇지 않겠습니까?

한 나라의 왕은 아무나 만날 수 있는 것이 아닙니다. 심지어 왕을 한 번 보기만 해도 가문의 영광이 됩니다. 세상의 왕도 아무나 볼 수 있는 것이 아닌데, 하물며 만왕의 왕이신 하나님을 뵙는 것 아니겠습니까? 어찌 감동과 감사와 감격이 없겠습니까? 우리는 언제든 그 하나님을 만날 수 있는 방법이 있는데 바로 예배입니다.

사무엘 선지자는 사울 왕에게 "왕이 하나님의 말씀을 버렸으므로 하나님도 왕을 버리셨다"고 말했습니다. 하나님의 말씀은 순종해도 되고, 안 해도 되는 것이 아닙니다. 우리를 예배자로, 왕 같은 제사장으로 부르시기 위해 주님이 귀한 보혈을 흘려 주신 것입니다. 창조주 하나님께서 우리를 예배자로 부르시기 위해 하늘 보좌를 버

17. 순종 없는 예배는 예배가 아니다 (삼상 15:22-35)

리고 내려오셨다는 말입니다.

하나님이 무엇 때문에 죄인인 우리를 구원하셨습니까? 예배자가 되게 하기 위함입니다. 예배는 하나님을 높이고 경배하며 최고로 경외하는 것입니다. 하나님은 "마음을 다하고 목숨을 다하고 뜻을 다해서 주 하나님을 사랑하라"고 하십니다. 사랑하는 척만 하는 것이 아니라, 마음과 목숨과 뜻을 다해 주 하나님을 사랑하고 이웃을 자신의 몸같이 사랑해야 합니다. 그러지 못하면 하나님께 나아와 예배드릴 수 없다는 것만이라도 알아야 간절하고 절실하고 철저한 회개를 할 것이 아니겠습니까?

하나님 앞에 나아와 예배드리는데, 더러운 모습으로 나아갈 수 없습니다. 그러므로 주님의 거룩한 보혈을 전적으로 의지할 수밖에 없으며, 세상과 나는 간 곳 없고 오직 예수 그리스도만 보여야 합니다. 예수님이 빠져 버린 예배는 예배가 아니라 세상 친목 모임보다 못합니다. 예수님은 예배의 모범이 되시고, 예배의 중보자가 되셨습니다. 그런 예수님을 빼놓고 예배드릴 수는 없습니다.

본문 23절은 "이는 거역하는 것은 점치는 죄와 같고 완고한 것은 사신 우상에게 절하는 죄와 같음이라 왕이 여호와의 말씀을 버렸으므로 여호와께서도 왕을 버려 왕이 되지 못하게 하셨나이다 하니"라고 말씀합니다. 거역하는 것과 완고한 것이 죄라고 했습니다. 하나님의 말씀을 거역하고 완고해지면 순종 없는 예배가 되며, 이는 예배가 아니라는 것입니다.

하나님이 사무엘 선지자를 통해 아말렉 전쟁에 나가는 사울 왕에게 말씀하셨습니다. "지금 가서 아말렉을 쳐서 그들의 모든 소유를 남기지 말고 진멸하되 남녀와 소아와 젖 먹는 아이와 우양과 낙타와 나귀를 죽이라 하셨나이다 하니"(삼상 15:3). 아말렉과의 전쟁에서 사람이든 짐승이든 다 전멸시키라는 것입니다. 다 죽이라는 것이 하나님의 명령이었습니다.

도대체 아말렉이 어떤 족속이길래 이처럼 하나님이 긍휼을 베푸시지 않는 것입니까? 역사적으로 아말렉은 이스라엘 백성이 광야로 나왔을 때 제일 먼저 그들의 길을 방해한 자들입니다. 하나님의 백성이 가는 길을, 시온으로 가는 길을 군대로 가로막은 첫 번째 족속이 아말렉입니다. 하나님은 이러한 아말렉의 죄를 기억하시고, 그들을 절대로 용서하지 말고 살려 두지 말라고 하셨습니다. 그런데 사울 왕은 하나님의 말씀에 순종하지 않고 좋은 것들은 남겨 두고 가치 없고 하찮은 것들만 죽였습니다. 하나님의 말씀에 순종하는 것이 선인데 사울 왕은 그 마음에 자기 생각이 들어가 버렸습니다. 자신의 얄팍한 지식과 경험, 방법이 들어가 버린 것입니다.

본문 21절에서 사울 왕은 이렇게 말합니다. "다만 백성이 그 마땅히 멸할 것 중에서 가장 좋은 것으로 길갈에서 당신의 하나님 여호와께 제사하려고 양과 소를 끌어 왔나이다." 지금 무엇을 하고 있는 것입니까? 명령대로 순종하지 않은 채 변명하고 있습니다. 우리의 생각은 의미가 없습니다. 하나님 말씀이라면 우리의 생각이나 방법, 경험은 아무 의미가 없습니다. 그냥 순종하면 됩니다. 살리라면 살리고, 죽이라면 죽이면 됩니다.

우리 생각이 중요한 것이 아닙니다. 사람들의 이론이나 논리가 중요한 것이 아니라, 전능하신 하나님이 하라면 하는 것입니다. 그것이 선이고 순종입니다. 예수님은 십자가에서 죽기까지 복종하셨습니다. 교권이나 교회가 성경의 권위를 넘어설 수 없습니다.

하나님은 끝까지 고집을 부려 자신이 사랑하고 싶은 사람만 사랑하고, 섬기고 싶은 사람만 섬기고, 도와주고 싶은 사람만 도와주는 것이 아니라, 강도 만난 자를 도와주라고 하십니다. 그가 아는 사람이든 모르는 사람이든 그것과 상관없이 하나님의 말씀에 순종해야 합니다. 다른 사람을 용서하는 것도 마찬가지입니다. 용서하고 싶은 사람만 용서하고, 대접하고 싶은 사람만 대접해서는 안 됩니다. 자신의 감정과 생각을 앞세우니 사울 왕이 되는 것입니다. 사울 왕은 예배에 실패함으로 왕위에서 쫓겨났고, 그와 함께 자식들까지 멸절을 당했습니다. 우리는 얼마나 자신의 생각 속에 빠져 있습니까? 순종 없는 예배는 예배가 아닙니다. 이 말씀을 믿음으로 받아들이기를 바랍니다. 그래야 회개라도 할 것이 아니겠습니까?

예배의 본질을 모르고 예배가 뭔지 모르니 회개도 안 되고 회개할 수도 없습니다. 누구나 잘못할 수 있고, 또 용서받을 수 있습니다. 얼굴이 더러워지면 씻으면 됩니다. 그런데 더러워진 것을 모릅니다. 왜 그렇습니까? 거울이 더럽기 때문입니다. 거울은 거울인데 너무 더러워 얼굴이 비치지 않는 것입니다. 희미하게 형상만 보이고 뭐가 묻었는지 알 수가 없습니다. 그러므로 자신의 잘못을 알려면 예배가 무엇인지 명확하게 아는 예배자가 되어야 합니다.

우리가 어떻게 예배를 가볍게 생각할 수 있겠습니까? 왕일지라도 예배에 실패했더니 하나님이 버리셨다고 했습니다. 예배자로 삼기 위하여 하나님은 이스라엘 백성을 애굽 땅에서 구출해 내셨습니다. 이들이 광야에서 드리는 예배를 방해한 아말렉을 하나님은 용서하지 않으셨습니다.

사울 왕은 사무엘 선지자의 책망을 듣자 핑계를 댔습니다. "하나님께 드리기 위해서 좋은 것을 남겨 두었나이다." 하나님이 가난하십니까? 거지입니까? 우리도 얼마든지 핑계 댈 수 있습니다. "주일에도 일해야 돈 많이 벌어 선교하죠. 그래야 구제도 하고, 목사님의 목회도 도울 것 아니겠습니까? 그래서 주일에도 돈 벌러 가는 겁니다."
사울 왕의 변명은 이렇게 말하는 것과 같습니다. 그러나 예배와 주일은 절대 타협의 대상이 될 수 없습니다.

자신의 생각이나 방법은 다 거짓입니다. 하나님의 이름을 팔아먹는 것일 뿐입니다. 하나님의 이름을 멸시하는 것입니다. 무언가가 부족해도 괜찮습니다. 다른 사람보다 가진 것이 없어도 괜찮고, 지혜가 부족해도, 달란트가 부족해도, 약해도 괜찮습니다. 다만 하나님이 우리에게 주신 것 가지고 순종하면 됩니다.

우리는 종종 자신의 생각을 가지고 하나님의 말씀을 꺾어 버립니다. 자신의 감정을 가지고 하나님 말씀을 짓밟아 버립니다. 하나님의 말씀을 버리면 하나님도 우리를 버리십니다. 예배에 참석하는 것은 예배가 아니며, 구경하는 것도 예배가 아닙니다. 하나님을 만나는 것이 예배이며, 하나님을 영화롭게 하는 것이 예배입니다. 순종 없는 예배는 예배가 아닙니다.

왜 순종하지 못합니까? 자기 욕심 때문입니다.

"욕심이 잉태한즉 죄를 낳고 죄가 장성한즉 사망을 낳느니라"(약 1:15).

"육신의 생각은 사망이요 영의 생각은 생명과 평안이니라 육신의 생각은 하나님과 원수가 되나니 이는 하나님의 법에 굴복하지 아니할 뿐 아니라 할 수도 없음이라"(롬 8:6-7).

18.
십자가의 영성으로 예배의 영광을

(갈 6:11-16)

[11]내 손으로 너희에게 이렇게 큰 글자로 쓴 것을 보라 [12]무릇 육체의 모양을 내려 하는 자들이 억지로 너희에게 할례를 받게 함은 그들이 그리스도의 십자가로 말미암아 박해를 면하려 함뿐이라 [13]할례를 받은 그들이라도 스스로 율법은 지키지 아니하고 너희에게 할례를 받게 하려 하는 것은 그들이 너희의 육체로 자랑하려 함이라 [14]그러나 내게는 우리 주 예수 그리스도의 십자가 외에 결코 자랑할 것이 없으니 그리스도로 말미암아 세상이 나를 대하여 십자가에 못 박히고 내가 또한 세상을 대하여 그러하니라 [15]할례나 무할례가 아무것도 아니로되 오직 새로 지으심을 받는 것만이 중요하니라 [16]무릇 이 규례를 행하는 자에게와 하나님의 이스라엘에게 평강과 긍휼이 있을지어다

그리스도인으로서 이 세상에서 최고의 찬사는 예배자요, 하나님의 아들이라고 불리는 것입니다. 모든 만물은 하나님의 아들들이 돌아오기를 학수고대하고 있습니다. 이것을 더 구체적으로 표현하면 십자가의 영성으로 예배의 영광을 회복하는 것입니다.

나라가 잘되기 위해서는 반드시 교회가 회복되어야 합니다. 교회가 회복되고, 교회가 교회 되어야 나라도 잘되고 가정도 잘됩니다. 교회가 회복되기 위해서는 예배의 본질이 회복되어야 합니다. 예배의 본질이 회복되기 위해서는 인본주의, 세속주의, 물량주의로 더러워진 강단이 회복되어야 합니다.

목회자가 자신의 소리를 내면 그것은 하나님의 말씀이 아닙니다. 예배당은 인간의 소리를 들으려고 가는 것이 아니라, 주님이 말씀하시는 하늘의 소리가 성령을 통해서 전해지는 것을 듣기 위해 가는 곳입니다. 강단이 회복되기 위해서는 절대적으로 십자가의 영성이 회복되어야 합니다.

십자가의 영성이 무엇입니까? 나는 죽고 예수로 사는 것입니다. 하나님의 말씀을 들을 때는 천지가 개벽해도 집중해야 합니다. 그렇지 않으면 원수가 빼앗아 가 버립니다. 개들이 밥상에서 떨어지는 음식 부스러기를 주워 먹으려고 그 주변을 뱅뱅 돌듯이, 말씀을 흘려들으면 원수들이 기다렸다 주워 먹고 결국은 빼앗기고 맙니다. 입으로 들어가는 말씀의 양식을 하나도 흘리지 않고 먹어야 하는데 절반은 먹고 절반은 흘립니다. 왜입니까? 집중하지 못하기 때문입니다.

하나님의 말씀을 듣는 자는 살아납니다. 영혼이 살아나고, 믿음이 살아나고, 심령이 살아나고, 가정이 살아나고, 환경이 살아나고, 인생이 살아나고, 신앙이 살아납니다. 하나님의 말씀을 들을 때 모든 것이 살아납니다. 귀 기울여 듣지 못하는 것은 들을 귀가 없는 것입니다. 개는 개의 소리를 잘 듣습니다. 새는 새의 소리를 잘 듣고 소통합니다. 세상 사람들은 세상의 소리를 잘 듣습니다. 우리는 하나님의 사람이니 하나님의 말씀이 들려지고 하나님과의 소통이 이루어져야 합니다.

십자가의 영성으로 영광을 돌려야 한다는 것은 절대적인 기준입니다. 내가 살아서는 예배 자체가 안 되며 하나님이 받으실 만한 예배가 되지 못합니다. 하나님은 아무 예배나 받지 않으십니다. 가인과 그의 예물과 예배는 받지 않으셨습니다. 가인과 아벨이 예배를 드릴 때는 아직 율법을 받기 전이었습니다. 이스라엘 백성은 모세를 통해 율법을 받았지만, 그 전에 있었던 가인의 예배는 왜 하나님이 받지 않으셨는지 생각해 보아야 합니다.

하나님이 받으셔야 예배입니다. 혼자만의 일방적인 사랑은 사랑이 아닙니다. 사랑은 서로가 주고받는 것입니다. 예배도 서로 주고받는 것입니다. 하나님께 우리를 드리고, 우리는 하나님의 은혜를 받는 사랑의 하모니가 가득한 것이 예배입니다. 예배는 십자가의 영성으로만 가능한 것입니다.

고린도전서 1장 18절에서 사도 바울은 "십자가의 도가 멸망하는 자들에게는 미련한 것이요 구원을 받는 우리에게는 하나님의 능력이라"라고 말합니다. 능력이 많으신 예수 그리스도께서 엄청난 이적과 표적을 보여 주시자 많은 제자가 따랐으나 그들은 십자가의 영성이 부족했기 때문에 결국 예수님을 부인했습니다. 예수님을 배반해 버렸습니다. 예수님이 자신에 대해 "십자가에 못 박혀 죽고 삼 일 만에 살아나리라"라고 하시자 항의하고 항변하면서 절대로 그럴 수 없다며 자기 고집을 부린 사람이 제자 베드로입니다. 자신의 의지를 가지고 장담하는 것이 아니라, 자신을 부인하고 자기 십자가를 져야 예수님을 따를 수 있는 것입니다.

믿는 자들에게 십자가의 도는 하나님의 능력입니다. 인간이 왜 어리석습니까? 분별하지 못하기 때문입니다. 자기가 가는 길이나 자기가 하는 일, 자기가 해놓은 것이 영원할 줄 안다는 말입니다. 잠시 잠깐이면 사라질 것임을 안다면 그처럼 집착하겠습니까? 십자가의 영성은 자기 속에 있는 육체의 욕심을 던져 버리는 것입니다.

우리는 자기 속에 있는 욕심에 집착하며 살아갑니다. 그러나 우리는 육체만 가진 짐승과 같은 자들이 아니라 육체를 가진 영적인 존재입니다. 이 말을 의미 있게 받아들여야 합니다. 우리는 육체만 있는 것이 아닙니다. 흔히 육체만 잘되면 된다고 생각하지만, 그러다 결국 깨닫지 못하면 이성 없이 멸망당할 짐승처럼 사라져 버리고 맙니다.

요한1서 2장 15절은 "이 세상이나 세상에 있는 것들을 사랑하지 말라 누구든지 세상을 사랑하면 아버지의 사랑이 그 안에 있지 아니하니"라고 말씀합니다. '세상에 있는 것'이란 그다음 16절에서 볼 수 있듯 육신의 정욕과 안목의 정욕과 이생의 자랑입니다. 이 땅에 있는 것은 영원하지 않습니다. 그런데 영원하지 않은 것을 영원한 것처럼 집착한다는 말입니다. 이것이 욕심이요, 죄입니다.

욕심이 잉태하면 죄를 낳고, 죄는 점점 커져 장성합니다. 결국은 인생을 도둑맞고 사기당하여 아무것도 남는 것이 없는 허망한 삶을 살게 됩니다. 욕심 부리다 인생을 다 허비해 버리고 후회만 남는 것입니다. 그때 혼비백산해서 놀라면 이미 늦습니다. 하나님께서는 우리가 가보지는 못했으나 지옥과 천국이 있음을 분명히 알게 해주셨습니다. 예수님을 믿지 않고, 영접하지 않고, 천국을 준비하지 않고

18. 십자가의 영성으로 예배의 영광을 (갈 6:11-16)

산 사람은 죽으면 영혼이 갈 곳이 없습니다. 주님 오실 날이 가까이 오고 있으니 정신을 차려 근신하여 깨어 있어야 합니다.

우리는 이 땅에서 영원히 존재하지 않는다는 사실을 분명히 알아야 합니다. 이 땅에 있는 것들은 영원하지 않고, 육체를 가지고 영원히 사는 사람도 없습니다. 그런데 죽음은 끝이 아닙니다. 그 후에 반드시 심판이 있고, 불 못 또는 새 하늘과 새 땅이 기다리고 있습니다.

십자가의 영성을 가지고 자신을 죽여야 합니다. 본문 14절은 "그러나 내게는 우리 주 예수 그리스도의 십자가 외에 결코 자랑할 것이 없으니 그리스도로 말미암아 세상이 나를 대하여 십자가에 못 박히고 내가 또한 세상을 대하여 그러하니라"라고 말씀합니다. 나에 대해서 십자가에 못 박고, 세상에 대해서 십자가에 못 박아야 한다는 것입니다. 십자가에 못 박는다는 것은 죽는다는 뜻입니다. 육신의 욕심을 죽여야 합니다. 믿음 없는 사람들은 육체밖에 모릅니다. 육체에 관한 것들은 아무리 좋고 아름답고 행복해 보여도 영원하지 않은데 거기에 연연하고 집착합니다.

우리가 영적으로 생명을 얻도록 예수님이 하늘 보좌를 버리시고 이 땅에 오셨습니다. 그래서 예수님은 우리의 구세주, 구원자가 되셨습니다. 우리를 위해 자신의 몸을 송두리째 내던져 주셨습니다. 이런 엄청난 하나님의 은혜와 사랑을 통해 우리 영혼이 살아나게 된 것입니다. 다시 태어나고 거듭난 것입니다. 그런데 다시 태어났음에도 영이 자라지 못하니 죽는 것입니다. 봄에 나무를 심고 씨를 심었으면 시간이 지나면서 자라나며 잎도 돋아나고, 꽃도 피고, 열매도 맺어야 합니다. 그런데 자라지 않으니 죽어 버리고 마는 것입니다.

예수 그리스도를 믿으면 영이 다시 태어나고, 다시 생명을 얻은 것입니다. 하나님은 영이시니 영과 진리로 예배하는 자들을 찾으십니다. 우리가 예배를 드린다고 하면서도 자신의 영이 어떻게 되었는지 보지 못하고, 또 영의 성장이 없으면 말라 죽어 참된 예배자가 될 수 없습니다.

예수님은 씨 뿌리는 자의 비유를 통해, 농부가 씨를 뿌리는데 어떤 씨는 길가에 떨어져 새가 먹어 버리고, 어떤 씨는 바위 위에 떨어져 말라 버리고, 가시 떨기에 떨어진 씨는 조금 자라는가 싶었지만 세상의 재리(財利)와 염려 때문에 자라나지 못한다고 말씀하셨습니다. 그리고 우리에게 무엇을 먹을까, 무엇을 입을까 걱정하지 말라고 하시며, 그런 염려는 하나님을 믿지 않는 이방인들이나 하는 것이라고 하셨습니다. 의인들이 굶어 죽는 것을 본 적 있습니까? 그들은 굶어 죽지 않습니다. 이 시대는 옷이 너무 많아 오히려 걱정입니다. 옷이 한 벌만 있으면 고민할 필요가 없는데 너무 많다 보니 이 옷을 입을까, 저 옷을 입을까 걱정이 많습니다.

우리가 정말 추구해야 할 것은 영의 세마포 옷을 입는 것입니다. 하나님의 말씀을 듣고 순종함으로 영의 세마포뿐 아니라 두루마기도 입을 수 있게 되기를 바랍니다. 영이 자라지 않은 어린아이에게 무슨 세마포를 입히겠습니까? 이 옷은 신랑을 맞이할 때 입는 신부의 옷입니다. 영이 자라지 않아 한 살짜리인데 거기에 신부 옷을 입힐 수는 없지 않겠습니까? 그런 사람은 벌거벗은 불쌍한 자입니다. 부끄러움을 당할 수밖에 없습니다.

육체는 반드시 죽고 그 후에는 영원한 세계가 있습니다. 이 사실을 꿈에서도 잊어서는 안 됩니다. 어리석은 사람들은 현실에 매여 있습니다. 자식 자랑, 지식 자랑, 명예 자랑 등 별것도 아닌 자랑하기를 좋아합니다. 그러나 우리에게 자랑할 것은 예수 그리스도의 십자가 외에는 없습니다. 이왕 자랑하려면 천국과 복음과 하나님 나라를 자랑하기 바랍니다. 자랑한다는 것은 자기의 의가 드러나는 것입니다. 자신이 다른 사람보다 더 잘하고, 더 뛰어나고, 더 많이 가졌고, 더 똑똑하다고 자랑합니다. 그러나 천만의 말씀입니다. 하나님이 우리에게 재능을 주시고 지혜를 주신 것이지, 본래는 우리 것이 아니라는 말입니다. 자랑하려면 예수 그리스도를 자랑하고 십자가를 자랑하기 바랍니다. 구원해 주신 큰 은혜, 그 놀라운 은총을 어찌 잊겠습니까? 이것을 몰라서 원수들에게 속는 것입니다. 원수들은 "너 잘난 맛에 살라"고 유혹합니다.

그러나 우리는 사람을 높이거나 자랑해서는 안 됩니다. 가정을 주신 하나님을 높이기 바랍니다. 건강을 주신 하나님을 높이기 바랍니다. 높은 자리에 있다면 그 자리에 앉혀 주신 하나님을 높여 경배하고 예배하기 바랍니다. 그렇게 해야 하나님이 그를 계속해서 더 높여 주십니다.

하나님이 조금 높여 주셨다고 자기를 자랑하고, 물질 좀 주셨다고 돈을 자랑하고 있습니까? 하나님 앞에 돈 자랑을 하면 되겠습니까? 금도 은도 다 하나님 아버지 것입니다. 우리는 이 땅에 올 때 아무것도 가지고 오지 않았습니다. 그런데도 그런 것을 자기 것으로 착각하고 자랑합니다.

열심히 수고하고 노력해서 돈을 벌었다 해도 그렇게 벌게 해주신 분은 하나님이십니다. 열심히 뛰어다닌다고 무조건 돈이 벌립니까? 오히려 열심히 일하는데도 돈을 모으지 못하는 경우도 있습니다. 그리고 돈 벌어 조금 살 만해지니 온갖 병에 시달리다 인생을 망쳐 버립니다. 하나님이 해와 비를 주시지 않거나, 환경을 열어 주시지 않거나, 건강을 주시지 않으면, 우리의 능력과 경험과 노력만으로는 아무것도 얻을 수 없게 됩니다. 멸망당하는 자들에게는 십자가의 도가 미련해 보이지만, 우리에게는 하나님의 능력이요 자랑입니다.

어떤 고난을 겪더라도 담대하기 바랍니다. 주님만 붙들고 있으면 다 지나갑니다. 하나님이 우리의 무거운 짐을 예수 그리스도에게 지워 주셨습니다. 그분이 다 담당하셨으니 주님을 바라보고, 십자가를 바라보고 이겨 나가야 합니다. 어려운 환경에 처했거나 억울하고 힘든 일이 있다면 담대하기 바랍니다. 거기에 몰두하다 보면 사업이 실패할 수 있습니다. 그러니 절망하거나 좌절하지 말고 주님을 바라봄으로 더 큰 것을 주시는 하나님을 경험하기 바랍니다.

우리는 십자가의 영성으로 하나님께 영광을 돌리는 예배자입니다. 그래서 우리는 세상 것이나 육신의 것에 집착하면 안 됩니다. 세상에 빠져 사는 사람이 되지 말고 세상을 변화시키는 빛과 소금이 되기를 바랍니다. 세상에 흠뻑 빠지고 세상의 노예가 되어 세상 좋은 곳만 찾아다니다 보면 주님도, 믿음도 잃어버리고 예배자로서의 영광도 잃어버립니다. 세상에 아무리 좋은 것이 있더라도 만족하지 말고 집착하지 않기를 바랍니다. 그런 것에 연연해서는 안 됩니다. 조금 부족해도 감사하고, 억울한 일을 당했다면 더 감사하고 기뻐하라고 하시지 않았습니까? 주를 위해 핍박받는 자가 복이 있습니다.

세상의 사라져 버릴 것과 하루살이와 같은 인생에 집착하다가 영원한 것을 잃어버리지 않기를 바랍니다. 십자가의 영성으로 예배의 영광을 회복하는 예배자가 되기를 바랍니다. 우리 모두 십자가를 자랑하고 십자가의 영성으로 무장해서 아름다운 예배자로 하나님 앞에 복 있는 사람이 되길 바랍니다.

4부

19.
'아멘'으로 예배하라

(고후 1:18-22)

¹⁸하나님은 미쁘시니라 우리가 너희에게 한 말은 예 하고 아니라 함이 없노라 ¹⁹우리 곧 나와 실루아노와 디모데로 말미암아 너희 가운데 전파된 하나님의 아들 예수 그리스도는 예 하고 아니라 함이 되지 아니하셨으니 그에게는 예만 되었느니라 ²⁰하나님의 약속은 얼마든지 그리스도 안에서 예가 되니 그런즉 그로 말미암아 우리가 아멘 하여 하나님께 영광을 돌리게 되느니라 ²¹우리를 너희와 함께 그리스도 안에서 굳건하게 하시고 우리에게 기름을 부으신 이는 하나님이시니 ²²그가 또한 우리에게 인치시고 보증으로 우리 마음에 성령을 주셨느니라

하루하루 살아가는 것이 은혜요, 하나님의 사랑입니다. 코로나 이후 교회는 어려움을 겪고 환난의 시대를 지나왔습니다. 예배를 마음대로 드릴 수 없었습니다. 찬양도, 기도도, 전도도 마음대로 할

수 없었습니다. 마음대로 사람을 만날 수 없었고, 가족끼리 마음껏 음식을 나누면서 즐거움을 나눌 수도 없었습니다. 이것이 환난입니다. 영적인 기근입니다. 하나님의 말씀이 없으므로 기근입니다.

세상에 나타나는 것들은 다 영적인 관계 때문에 나타나는 현상입니다. 그러므로 예의 주시할 필요가 있습니다. 마태복음 24장에 거짓 선지자들과 불법 성행, 큰 환난, 천체의 변화 등에 관한 내용이 나오는데 이런 모든 것이 하나의 징조라고 볼 수 있습니다. 장차 예배를 드릴 수 없는 때가 온다는 말입니다. 반드시 그때가 옵니다. 아프거나 죽을 때가 되든지, 전쟁이 나든지, 큰 사건이 생기든지 한다는 말입니다. 예배드릴 수 있다는 것을 진심으로 감사해야 합니다.

우리는 어쩌다 우연히 태어난 존재가 아닙니다. 만세 전부터 하나님이 계획하고 섭리하신 뜻대로 이 땅에 태어난 것입니다. 무엇 때문에 구원을 받았습니까? 무엇 때문에 살고 있습니까? 한번 냉정하게 자신에게 질문을 던져 보시기 바랍니다. 먹기 위해 사는 사람, 죽지 못해 사는 사람도 있다고 하는데 지금 어떤 생각을 가지고 무엇 때문에 살고 있습니까?

세상 사람들은 누구나 많이 가지려 합니다. 이 땅에서 아무런 근심, 걱정, 염려 없이 편안하면 복인 줄 압니다. 100세까지 건강하게 살면 잘 살았다고 생각합니다. 그러나 믿음의 사람들은 그렇지 않습니다. 우리는 하나님의 사람, 하늘에 속한 사람입니다.

개가 개처럼 살고, 소가 소같이 사는 것은 죄가 될 수 없습니다. 사람이 소같이 살면 죄가 되고, 사람이 짐승같이 살면 죄가 되는 것입니다. 마찬가지로 세상 사람들은 세상 사람처럼, 세상 사람답게, 세상 사람의 방법으로 사는 것이 흠이 되지 않습니다. 하지만 우리는 세상 사람이 아닙니다. 세상 사람들은 아프지 않고, 잘 먹고 마시고 입으면 그것으로 만족하고 그것을 목적으로 살며 큰 욕심 부리지 않는 것을 소박한 소망이라고도 합니다. 하지만 우리는 그렇게 살아서는 안 되고, 그렇게 살 수도 없습니다.

본문에서 우리가 '아멘' 함으로 하나님께 영광을 돌린다고 했습니다. 믿음의 진실한 신앙 고백이 '아멘'입니다. '아멘' 하며 살아가기를 바랍니다. '아멘' 하면서 사는 인생이 믿음의 사람입니다. 예수님은 한 번도 아니라고 한 적이 없으며 항상 '아멘'으로 사셨습니다. 우리도 예수님을 본받아 하나님의 말씀이 이해가 되든지 안 되든지, 마음에 들든지 안 들든지 항상 '아멘' 하며 살아가기를 바랍니다.

'아멘'은 순종의 첫 단추이고, 첫걸음이며, 시작입니다. 성도들은 삶의 목적이 무엇이냐고 물으면 대부분 하나님께 영광을 돌리는 것이라고 말합니다. 그것은 정답이기도 합니다. 하지만 이어서 두 번째 질문을 던지면 주춤거립니다. '어떻게 하는 것이 하나님께 영광을 돌리는 것입니까? 어떻게 사는 것이 하나님께 영광을 돌리는 것입니까?' 이렇게 질문하면 머뭇거리는 사람이 많습니다. 꼭 부자가 되고 재벌이 되어야 하나님께 영광을 돌리는 것은 아닙니다. 꼭 건강하고 높은 지위에 앉고 많은 것을 가져야 하나님께 영광을 돌리는 것도 아닙니다. 믿음의 사람들이 큰 재물을 얻고 높은 지위에 앉아 선한 영향력을 끼친다면 당연히 그것은 하나님께 영광이 되지만, 설사 그런 것이 없고 부족할지라도 얼마든지 하나님께 영광 돌리는 삶을 살 수 있습니다.

때로는 많은 것을 가졌고 높은 지위에 앉았기 때문에 자기 자랑을 하다 하나님의 영광을 가로채고 하나님께 책망받을 짓을 하기도 한다는 것을 알아야 합니다. 많이 주셨어도 하나님의 영광을 위해, 적게 주셨어도 하나님의 영광을 위해 살면 됩니다. 한 달란트를 주셨으면 한 달란트로, 두 달란트를 주셨으면 두 달란트로, 열 달란트를 주셨으면 열 달란트로 영광 돌리면 되고, 건강이든 지혜든 물질이든 주신 대로 있는 자리에서 하나님께 영광 돌리면 됩니다.

본문 20절은 "하나님의 약속은 얼마든지 그리스도 안에서 예가 되니 그런즉 그로 말미암아 우리가 아멘 하여 하나님께 영광을 돌리게 되느니라"라고 말씀합니다. '아멘' 하여 하나님께 영광을 돌린다고 했습니다. 아무리 많은 것을 가졌을지라도, 아무리 대단한 능력으로 엄청난 일을 했을지라도 '아멘' 하지 않는다면 하나님께 영광이 되지 않습니다.

'아멘'은 단순히 말로만 하는 것이 아니라 믿음으로 드리는 진실한 신앙고백입니다. '아멘'은 어떤 뜻을 갖고 있습니까? 하나님의 말씀은 옳고 틀린 말씀이 없다는 말입니다. 인간은 틀린 말도 할 수 있고, 실언도 할 수 있습니다. 인간의 말은 100퍼센트 다 믿을 수 없지만, 하나님의 말씀은 100퍼센트 신뢰할 수 있습니다. 그런 하나님의 말씀에 '아멘' 하지 못하는 사람의 믿음이 올바르겠습니까? 하나님께 영광을 돌릴 수 있겠습니까?

하나님의 말씀에 '옳습니다' 하는 것이 신앙고백입니다. '아멘'은 목소리 큰 사람만 하는 것이거나 습관적으로 하는 것이 아니라 진실한 신앙고백입니다. 하나님의 말씀은 다 옳습니다. 하나님의 말씀은 하나님 자신의 말씀이고, 하나도 땅에 떨어짐이 없는 말씀이며, 어제나 오늘이나 동일한 말씀이고, 우리의 심령을 시원하게 하시는 전능하신 하나님 아버지의 말씀이기 때문에, 이해가 되든 안 되든, 깨달았든 못 깨달았든, 마음에 딱 맞든 안 맞든 언제나 '아멘'이 되는 것입니다.

'아멘' 하여 하나님께 영광을 돌리는 것이 첫 번째 신앙고백입니다. 이것이 없다면 아무리 죽도록 충성해도 하나님은 거들떠 보지 않으십니다. 아무리 '주여! 주여!' 하더라도 아버지의 뜻대로 행하지 않으면 천국에 갈 수 없다고 분명히 말씀하시지 않았습니까? 주의 이름으로 선지자 노릇을 하고, 귀신을 쫓아내고, 능력을 행했다고 말하는 사람들에게 주님은 "나는 너희를 모른다. 이 불법을 행한 자들이여"라고 하셨습니다. 그들은 '주여! 주여!' 하면서 하나님께 쓰임 받았다고 했지만, 예수님은 그들을 인정하지 않으시고 불법을 행한 자라고 하시며 자신에게서 떠나가라고 하셨습니다.

하나님 말씀에 '아멘'이 되기를 바랍니다. '아멘'은 철저한 신앙고백입니다. 하나님 말씀은 옳습니다. 언제나 100퍼센트 옳습니다. 우리의 생각이나 방법, 이론, 경험, 체험 등에 맞든지 안 맞든지, 천지가 다 날아갈지라도 하나님의 말씀은 변함없는 '아멘'의 말씀입니다. 이 신앙고백이 신앙의 첫 단추이며 순종의 첫걸음입니다.

두 번째로 '아멘'은 '제가 순종하겠습니다'입니다. '말씀하여 주시옵소서. 제가 순종하겠나이다. 무슨 말씀을 하시든지 제가 순종하겠습니다'라는 고백이 '아멘'입니다. '아멘' 없이 어떻게 하나님께 영광을 돌리겠습니까? 무엇을 열심히 하는 것도 중요하고, 하나님께 귀하게 쓰임받는 것도 중요하지만, 그보다 하나님의 영광을 드러내고 나타내는 것이 더욱 중요합니다.

우리에게 일을 하게 하시고, 지혜를 주시고, 환경을 주시고, 기회를 주신 분이 하나님입니다. 그러므로 아무것도 자랑할 것이 없습니다. 우리가 할 것은 '아멘'뿐입니다. 하나님이 무슨 말씀을 하시든지 '순종하겠습니다'라고 해야 합니다. 이것이 하나님께 영광이 됩니다.

본문 22절은 "그가 또한 우리에게 인치시고 보증으로 우리 마음에 성령을 주셨느니라"라고 말씀합니다. '아멘' 하는 자에게 성령을 주시고 그 성령으로 순종하게 하시며, '아멘' 하는 자를 보증해 주신 다고 말씀하십니다.

'아멘'의 세 번째 뜻은 '반드시 다 이루어집니다'입니다. 하나님의 모든 예언의 말씀, 약속의 말씀이 이루어졌습니다. 한 가지 다시 오신다는 말씀이 이루어질 것을 믿고 '아멘' 하는 것입니다. 하나님은 예수님이 이 땅에 오셔서 죄인들을 구원하시고 회복시켜 주실 것이라고 하셨습니다. 그리고 그 예수님이 약속대로 오셔서 고난받으시고, 십자가에 못 박혀 죽으시고, 부활하시고, 승천하시고, 성령을 부어 주시고, 교회를 세워 주셨습니다. 모든 것이 약속대로 이루어졌습니다. 그리고 지금도 약속이 이루어지고 있습니다.

이 '아멘'이 하나님께 영광을 돌리는 유일한 방법입니다. '아멘'이 영성이고 믿음입니다. 믿음은 '아멘'으로 꽃을 피우고 열매를 맺는 것입니다. 성경도 "사람이 마음으로 믿어 의에 이르고 입으로 시인하여 구원에 이르느니라"(롬 10:10)라고 말씀하고 있지 않습니까? '아멘'은 시인하는 것입니다. 최고의 고백이요, 기도요, 찬송이요, 순종이기도 합니다.

그리고 '아멘'은 가장 쉬운 것입니다. '아멘'이 얼마나 쉽습니까? '아멘!' 딱 두 자입니다. 하나님은 만세 전에 우리를 예배자로 택하셨습니다. 예배는 하나님께 영광을 돌리는 것입니다. 그 외에 다른 뜻은 없습니다. 예배는 하나님께 영광을 돌리는 것이고, 하나님의 이름을 높이는 것이며, 하나님을 영화롭게 하는 것이고, 하나님을 최고로 존귀하게 여기는 행위입니다. 예배와 '영광을 돌린다'는 같은 뜻입니다.

하나님은 우리를 예배자로 부르시고, 예배자로 구원하셨습니다. 하나님께 영광을 돌리는 것이 예배입니다. 성경은 '아멘' 하지 않는 것(순종하지 않는 것)은 사신에게 절하는 죄와 같다고 말씀하셨습니다. 완고한 것입니다. 우상을 숭배하는 것과 같다고 말씀하고 있습니다. '아멘'은 해도 되고 안 해도 되는 것이 아니고, 기분 좋으면 하고 기분 나쁘면 안 하는 것이 아니며, 마음이 열리면 하고 닫히면 안 하는 것이 아닙니다.

본문 20절은 "하나님의 약속은 얼마든지 그리스도 안에서 예가 되니 그런즉 그로 말미암아 우리가 아멘 하여 하나님께 영광을 돌리게 되느니라"라고 말씀합니다. 우리는 '아멘' 하여 하나님께 예배를 드려야 합니다. 예배를 구경하러 오면 안 됩니다. 그것은 예배가 아닙니다. 다른 사람들이 밥 먹는 것을 구경하는 것이 식사가 아닌 것과 같습니다.

우리 자신이 '아멘' 하여 하나님께 예배드리는 자가 되어야 합니다. 자신은 하지 않으면서 다른 사람들이 하는지 안 하는지에 관심을 가지면 그것은 구경꾼입니다. 오늘부터라도 바꾸면 됩니다. 이제껏 '아멘' 하지 못했다면 이제부터, 지금부터, 오늘부터 '아멘' 하여 예배에 성공하기를 바랍니다.

'아멘'으로 예배가 예배 됩니다. 심령이 살아납니다. 성령이 임하신다는 말입니다. '아멘' 하며 예배드리는 자들에게 하나님이 인치시고 보증으로 성령을 주십니다. 제아무리 '성령님, 어서 내 맘에 오세요. 나에게 성령을 주세요' 하며 40일 금식하며 떼를 써도 성령은 오시지 않습니다. '아멘'은 어려운 것이 아닙니다.

하나님은 '아멘' 하며 예배드리는 자들에게 성령으로 인쳐 주시면서 "너는 내 것이다. 네 예배를 내가 받았다. 내가 너를 기억하겠다"라고 하십니다. 예배는 모든 신앙생활의 엑기스입니다. 자다가도 하나님 말씀이라면 벌떡 일어나 '아멘' 하고 다시 누울 수 있기를 바랍니다. 밥을 먹다가도 하나님 말씀이라면 '아멘' 하십시오. 입 안의 밥알이 좀 튀어나와도 괜찮습니다. '아멘'에 미쳐야 하고, '아멘'이 생활이 되어야 합니다.

무엇으로 하나님께 영광을 돌릴 수 있겠습니까? 무엇을 하나님이 기뻐하시겠습니까? 금은 보화를 하나님이 기뻐하시겠습니까? 아닙니다. '아멘' 하여 순종하는 마음을 기뻐하십니다. 말씀에 마음을 다해 '아멘' 하는 것은 하나님을 영화롭게 하는 길이기도 합니다. 순종하려고 노력해 보기를 바랍니다. 순종하기가 힘듭니까? '아멘' 하지 않으니 힘든 것입니다. '아멘' 하면 말씀에 순종하게 됩니다. 성령이 이끌어 가실 것입니다. '아멘'으로 예배의 성공자가 되기를 바랍니다.

19. '아멘'으로 예배하라 (고후 1:18-22)

20.
영광스러운 예배자

(살전 2:1-12)

¹형제들아 우리가 너희 가운데 들어간 것이 헛되지 않은 줄을 너희가 친히 아나니 ²너희가 아는 바와 같이 우리가 먼저 빌립보에서 고난과 능욕을 당하였으나 우리 하나님을 힘입어 많은 싸움 중에 하나님의 복음을 너희에게 전하였노라 ³우리의 권면은 간사함이나 부정에서 난 것이 아니요 속임수로 하는 것도 아니라 ⁴오직 하나님께 옳게 여기심을 입어 복음을 위탁받았으니 우리가 이와 같이 말함은 사람을 기쁘게 하려 함이 아니요 오직 우리 마음을 감찰하시는 하나님을 기쁘시게 하려 함이라 ⁵너희도 알거니와 우리가 아무 때에도 아첨하는 말이나 탐심의 탈을 쓰지 아니한 것을 하나님이 증언하시느니라 ⁶또한 우리는 너희에게서든지 다른 이에게서든지 사람에게서는 영광을 구하지 아니하였노라 ⁷우리는 그리스도의 사도로서 마땅히 권위를 주장할 수 있으나 도리어 너희 가운데서 유순한 자가 되어 유모가 자기 자녀를 기름과 같이 하였으니 ⁸우리가 이같이 너희를 사모하여 하나님의 복음뿐 아니라 우리의 목숨까지도 너희에게 주기를 기뻐함은 너희가 우리의 사랑하는 자 됨이라

⁹형제들아 우리의 수고와 애쓴 것을 너희가 기억하리니 너희 아무에게도 폐를 끼치지 아니하려고 밤낮으로 일하면서 너희에게 하나님의 복음을 전하였노라 ¹⁰우리가 너희 믿는 자들을 향하여 어떻게 거룩하고 옳고 흠 없이 행하였는지에 대하여 너희가 증인이요 하나님도 그러하시도다 ¹¹너희도 아는 바와 같이 우리가 너희 각 사람에게 아버지가 자기 자녀에게 하듯 권면하고 위로하고 경계하노니 ¹²이는 너희를 부르사 자기 나라와 영광에 이르게 하시는 하나님께 합당히 행하게 하려 함이라

하나님 앞에 자격이 있어서 예배드릴 수 있는 사람은 이 세상에 한 사람도 없습니다. 우리는 모두 무자격자입니다. 본래 하나님과 원수 된 자 아닙니까? 하나님을 괴롭히고, 하나님의 뜻을 거스르고, 하나님을 대적한 우리이지만, 예수님께서 십자가에서 피 흘리시고 못 박혀 죽으심으로 이제는 담대히 하나님께 나아갈 수 있고 예배드릴 수 있게 되었습니다.

하나님께서 우리에게 구원에 이르는 은총을 주신 것은 예배자로 살아가고, 하나님께 영광을 돌리고, 하나님의 이름을 영화롭게 하고, 하나님을 사랑하도록 하기 위함입니다. 하나님과의 아름다운 사랑의 교제 시간이 예배입니다. 집에 돌아온 탕자가 아버지의 품에 안기는 감동과 감격이 가득한 순간이 예배입니다. 전쟁터에서 수많은 사선을 넘으며 승리한 장군이 왕의 인장 반지에 입맞춤을 하는 감격적인 순간이 예배입니다. 하나님 앞에 영광스러운 예배자가 되시기를 바랍니다.

본문 1절은 "형제들아 우리가 너희 가운데 들어간 것이 헛되지 않은 줄을 너희가 친히 아나니"라고 말씀합니다. 모든 것이 헛되고,

20. 영광스러운 예배자 (살전 2:1-12)

헛되며, 헛됩니다. 믿음으로 행하지 않는 모든 것이 헛되고, 사랑으로 행하지 않는 모든 것이 헛되며, 하나님을 떠난 모든 것이 헛된 것입니다. 그런데 하나님을 떠나 행복하려 하고, 하나님을 떠나 기쁨을 누리려 하고, 하나님을 떠나 성공하려 합니다. 이런 것들이 헛된 것입니다. 이 모든 것이 헛되지 않게 하려면 어떻게 해야 합니까? 헛되지 않은 영광스러운 예배자가 되어야 합니다.

본문 12절은 "이는 너희를 부르사 자기 나라와 영광에 이르게 하시는 하나님께 합당히 행하게 하려 함이라"라고 말씀합니다. 하나님이 받으시기에 합당한 예배자로 자신을 만들어 가라는 것입니다. 그러려면 어떻게 해야 합니까? 하나님이 받으시기에 합당한 예배자는 아버지의 뜻대로 수고하고, 아버지의 뜻에 맞춰 살아가고, 아버지의 뜻에 따라 예배드리는 것입니다. 예배는 오로지 하나님께만 영광을 돌리는 것입니다. '어떻게 하면 하나님을 높일까?', '어떻게 하면 하나님을 기쁘시게 해드릴까?', '어떻게 하면 하나님을 영화롭게 해드릴까?' 오직 이 한 가지만 가지고 예배하는 것입니다. 주중에 예배자로 살다 주일에 예배당에 와서 예배를 드려야 합니다.

왜 신앙생활을 하는데도 여전히 답답하고 허전하고 곤고하고 허무합니까? 말씀을 통해 답을 찾아 참된 신앙인, 참된 그리스도인, 참된 예배자가 되기를 바랍니다.

그렇게 되기 위해서는 첫째 하나님을 기쁘시게 해야 합니다. 본문 4절에서 말씀합니다. "오직 하나님께 옳게 여기심을 입어 복음을 위탁받았으니 우리가 이와 같이 말함은 사람을 기쁘게 하려 함이 아니요 오직 우리 마음을 감찰하시는 하나님을 기쁘시게 하려 함이라." 우리를 보내신 이는 예수님이십니다. 그분이 우리와 함께하십니다. 항상 주님이 기뻐하시는 일을 행하면 그분이 우리를 혼자 두지 않으십니다(요 8:29). 주님이 함께하시면 그곳이 천국이고, 주님이 함께하시면 그것이 형통이고, 주님이 함께하시는 그 사람이 영광스러운 예배자가 되는 것입니다. 우리는 그분의 기쁨을 날마다 구해야 합니다.

사람들이 인정해 주지 않고, 몰라 주고, 예우해 주지 않고, 높여 주지 않는다고 서운해하는 것은 헛된 것입니다. 우리가 어디서 무엇을 하든 하나님은 은밀히 다 보고 계십니다. 하나님이 기억하시기만 하면 되는 것입니다.

사람들에게 기쁨을 구하지 않기를 바랍니다. 그러다 보면 모든 것이 형식적으로 되어 버립니다. 외형만 갖추게 됩니다. 그런 척을 하게 된다는 말입니다. 잘하는 척, 믿음 있는 척, 경건한 척, 거룩한 척, 의로운 척, 이렇게 척만 하다가는 하나님을 기쁘시게 할 수가 없습니다. 사람들은 외모를 보지만 하나님은 중심을 보시는 분입니다(삼상 16:7).

마음의 중심에 예수 그리스도가 있습니까? 그리스도의 영이 없으면 그리스도의 사람이 아니라고 말씀하십니다. 마음속에 항상 주님이 함께하시기를 바랍니다. 그러기 위해서는 주님을 기쁘시게 해드려야 합니다. 주님이 어떤 사람을 기뻐하십니까? 사랑하는 자를 기뻐하십니다. "나를 사랑하는 자들이 나의 사랑을 입으며 나를 간절히 찾는 자가 나를 만날 것이니라"(잠 8:17)라고 말씀하십니다.

어려울 때, 힘들 때, 위기에 처했을 때, 문제가 생겼을 때 다른 것들을 찾아다니지 말고 먼저 하나님을 생각하고 찾기를 바랍니다. 병 고침을 받으면 뭐 합니까? 병 고침을 받고 건강해져 하나님을 떠나 결국 하나님께 버림받는 부끄러운 인생이 되고, 지옥에 간다면 병 고침을 받는 것이 무슨 의미가 있겠습니까? 무슨 일을 만나든 하나님을 찾고, 언제 어디서든 성령의 인도함을 받기를 바랍니다.

이 세상에 스스로 살 수 있는 자는 한 사람도 없습니다. 하나님이 기뻐하시는 사람은 하나님을 찾고 의지하는 자입니다. 하나님께서 주신 생명을 가지고 사는 자입니다. 하나님이 오늘 밤에라도 생명을 끊어 버리신다면 어느 누구도 살 수 없습니다. 우리를 하나님 나라에 보낼 수도 있고, 지옥에 집어넣을 수도 있는 하나님을 두려워하는 마음이 있어야 합니다. 세상 것을 두려워하면 하나님을 두려워하지 않습니다. 하나님을 두려워한다면 하나님을 공경하게 될 것입니다. 범사에 하나님을 인정하는 사람을 하나님은 기뻐하십니다.

영광스러운 예배자가 되기 위해서는 반드시 사랑이 있어야 합니다. 사랑이 없으면 믿음도 없는 것이고, 아무리 기도를 많이 한다 한들 소리 나는 꽹과리와 같습니다. 사랑은 허다한 죄를 덮고, 허물이 보이지 않습니다. 본문 8절은 "우리가 이같이 너희를 사모하여 하나님의 복음뿐 아니라 우리의 목숨까지도 너희에게 주기를 기뻐함은 너희가 우리의 사랑하는 자 됨이라"라고 말씀합니다. 우리가 해야 할 것은 단 두 가지입니다. 마음을 다하고, 목숨을 다하고, 뜻을 다해 주 하나님을 사랑하는 것이고, 또 자기 몸과 같이 이웃을 사랑하는 것입니다.

사랑은 자기의 유익을 구하지 않습니다. 사랑은 다른 사람을 대접하고, 섬기고, 배려하고, 긍휼히 여기는 마음을 갖는 것입니다. 특히 배려가 절실히 필요합니다. 상대방의 처지를 생각하고 행동하는 것이 필요합니다. 혼자만 예배자가 되는 것이 아니라 이웃과 더불어 함께 예배자로 나아가기를 바랍니다. 사랑에는 결과적으로 하나님의 역사가 나타나지만, 그러려면 반드시 사랑의 수고가 있어야 하는 것입니다.

이웃을 온전히 섬기고 하나님 앞에 부끄럽지 않은 삶을 살아가기 위해 더욱 이웃을 사랑하기 바랍니다. 먼저 가족부터 사랑하십시오. 우리 옆에 있는 가장 가까운 가족도 사랑하지 못한다면 어찌 이웃을 사랑할 수 있겠습니까? 우리에게 사랑이 없다면 모두 헛된 것입니다. 마치 농사꾼이 힘들여 씨를 뿌리고 가꾸는 수고를 했지만 가을 추수 때 아무 열매가 없는 것과 같습니다.

사랑 없이도 얼마든지 사랑하는 척은 할 수 있습니다. 얼마든지 다른 사람이 보기에 잘하는 것같이 보일 수 있습니다. 하지만 그것은 억지로 하는 것이기에 끝까지 인내하지 못하고 결실하지 못하게 될 것입니다. 사랑의 결실을 맺으려면 진짜 사랑하는 자가 되어야 하고, 또 실제로 행해야 합니다. 본문 10절은 "우리가 너희 믿는 자들을 향하여 어떻게 거룩하고 옳고 흠 없이 행하였는지에 대하여 너희가 증인이요 하나님도 그러하시도다"라고 말씀합니다. 말만 잘하는 사람이 아니라 행함으로 본을 보여 주는 사람이 되어야 합니다. '예수 믿는 사람들은 말만 잘한다'는 소리는 가장 듣지 말아야 할 말입니다.

예수님도 친히 제자들의 발을 씻어 주셨습니다(요 13:14-15). 다른 사람의 발을 씻어 줄 때는 반드시 허리를 굽히는 겸손이 필요합니다. 무릎을 꿇어야만 발을 씻어 줄 수 있습니다. 고린도전서 4장 16절에서 사도 바울은 "그러므로 내가 너희에게 권하노니 너희는 나를 본받는 자가 되라"라고 말합니다. 우리의 믿음과 예배하는 삶을 자손들이 본받아 잘되고 복받기를 바랍니다. 본을 보여 주는 것이 올바른 신앙생활입니다.

마태복음 23장 3절에서 예수님은 서기관들과 바리새인들에 대해 이렇게 말씀하십니다. "그들이 말하는 바는 행하고 지키되 그들이 하는 행위는 본받지 말라." 얼마나 비참한 말입니까? 하나님이 인정하지 않는다는 말입니다. 삶에서 행함이 있는 예배자가 되기를 바랍니다. 자신이 잘되기 위해 다른 사람을 짓밟고 이용하고 속이고 헐뜯는 자가 아니라, 진실한 마음으로 '저 사람이 잘됐으면 좋겠다' 하면 됩니다. 다른 사람이 잘되게 도와주고 섬겨 주고 본을 보여 준다면 반드시 그것을 통해 많은 사람이 하나님께 돌아오게 될 것입니다.

예수님은 믿고 싶은데 예수 믿는 사람들이 보기 싫어서 교회 나가기 싫다는 사람이 30퍼센트나 된다고 합니다. 그래서 교회에 나오지 않고 집에서 유튜브 동영상을 보며 예수를 믿는다고 합니다. 그러나 그것은 예배가 아닙니다. 온전한 예배는 하나님의 얼굴을 뵙고, 하나님과 기쁨과 사랑의 교제를 나누는 것입니다. 하나님을 만나는 것이 예배입니다.

하나님을 만나는 것만큼 짜릿한 것이 어디 있습니까? 죄인인 우리가 감히 하나님을 만날 수 있도록 예수님이 예배의 길을 십자가에서 열어 주셨습니다. 그분이 본을 보여 주신 것처럼 우리도 이웃에게 "저 사람 예수 믿더니만 정말 달라졌어" 하는 말을 들어야 합니다. 우리와 한 동네 사람이거나 말을 섞어 본 사람이라면 다 압니다. 그런데 만약 "저 사람은 예수 믿는 사람인데 가짜야"라고 한다면 얼마나 슬픈 일이겠습니까? "당신은 참 그리스도인입니다. 당신은 요새 보기 힘든 진짜 예수 믿는 사람 맞습니다. 당신처럼 된다면 나도 당신 따라가서 신앙생활하고 싶습니다" 하며 따라올 수 있도록 해야 합니다. 그러면 그 사람도 영광스러운 예배자로 거듭나게 만드는 것입니다. '나만 은혜받고, 나만 구원받고, 나만 복받으면 된다'는 못된 심사를 깨끗이 버려야 합니다.

진정한 예배자로 하나님께 영광을 돌리기 위해서는 이웃을 예배자로 거듭나게 해야 하는 것입니다. 가정이든 직장이든 사회든 어디에 있든지 세상에서 소금의 삶을 살아야 합니다. 소금이 짠맛을 내야 썩어 가는 험한 세상에서 소망과 기쁨이 될 수 있는 것입니다. 왜 소금이 제 맛을 내지 못합니까? 희생하려 하지 않아서입니다. 이는 적어도 자기 자신만은 알고 있을 것입니다.

본문 9절은 "형제들아 우리의 수고와 애쓴 것을 너희가 기억하리니 너희 아무에게도 폐를 끼치지 아니하려고 밤낮으로 일하면서 너희에게 하나님의 복음을 전하였노라"라고 말씀합니다. 참된 예배자가 되려면 희생과 수고와 애씀이 반드시 있어야 합니다. 섬긴다면서 수고하지는 않고, 주님을 사랑한다면서 자기희생이 없다면 예배자가 될 수 없습니다. 예수님은 온 인류를 위해 자신의 몸을 희생하신 분이십니다. 우리가 그분의 제자라면, 그분이 우리의 참된 주가 되신다면, 그분을 따라가고자 한다면 반드시 우리는 이웃을 위해 사는 자가 되어야 합니다.

생각이 바뀌어지기를 바랍니다. 주님이 우리에게 이웃을 위해 살라고 건강을 주신 것이고, 달란트를 주신 것이고, 먼저 사랑하신 것입니다. 이웃을 위해 희생하고 봉사하고 헌신하는 아름다운 마음을 가질 때 영광스러운 예배자가 되어 가는 것입니다.

본문 12절은 "이는 너희를 부르사 자기 나라와 영광에 이르게 하시는 하나님께 합당히 행하게 하려 함이라"라고 말씀합니다. 무엇이 하나님께 합당히 행하는 것입니까? 영광스러운 예배자가 되는 것입니다.

부족한 우리를 하나님이 이토록 사랑하셔서 독생자까지 주시고 오랫동안 참아 주시지 않았습니까? 이 땅에서 영원히 사는 자는 한 사람도 없습니다. 잠시 잠깐 후면 하나님 아버지의 나라에 가야 하고, 오늘 밤이라도 하나님이 부르시면 가야 하는데 부족한 우리를 예배자로 불러 주셨으니 얼마나 감사하고 감격스러운 일입니까?

적어도 우리 가까이에 있는 사람은 우리 때문에 행복하고 잘되어야 합니다. 그래서 우리가 이웃을 위해 기도하는 것입니다. "널 위해 기도했어" 하며 생색내기 위함이 아니라 진심으로 주변에 있는 사람들부터 잘되도록 기도하고 축복하기를 바랍니다.

이러한 희생과 수고와 헌신으로 우리는 하나님 나라에서 해같이 빛나게 될 것이고, 이 땅에서는 그리스도의 형상을 입어 가게 될 것입니다. 어두움이 아니라 세상의 빛이 되어 나아가길 바랍니다. 좋은 옷 입는다고 빛이 나는 것이 아닙니다. 그리스도인으로서 예수 그리스도를 닮아 그분의 광채가 나는 삶을 살 수 있기를 바랍니다.

21.
영광을 드러내는 예배자

(요 2:1-11)

¹사흘째 되던 날 갈릴리 가나에 혼례가 있어 예수의 어머니도 거기 계시고 ²예수와 그 제자들도 혼례에 청함을 받았더니 ³포도주가 떨어진지라 예수의 어머니가 예수에게 이르되 저들에게 포도주가 없다 하니 ⁴예수께서 이르시되 여자여 나와 무슨 상관이 있나이까 내 때가 아직 이르지 아니하였나이다 ⁵그의 어머니가 하인들에게 이르되 너희에게 무슨 말씀을 하시든지 그대로 하라 하니라 ⁶거기에 유대인의 정결 예식을 따라 두세 통 드는 돌항아리 여섯이 놓였는지라 ⁷예수께서 그들에게 이르시되 항아리에 물을 채우라 하신즉 아귀까지 채우니 ⁸이제는 떠서 연회장에게 갖다 주라 하시매 갖다 주었더니 ⁹연회장은 물로 된 포도주를 맛보고도 어디서 났는지 알지 못하되 물 떠온 하인들은 알더라 연회장이 신랑을 불러 ¹⁰말하되 사람마다 먼저 좋은 포도주를 내고 취한 후에 낮은 것을 내거늘 그대는 지금까지 좋은 포도주를 두었도다 하니라 ¹¹예수께서 이 첫 표적을 갈릴리 가나에서 행하여 그의 영광을 나타내시매 제자들이 그를 믿으니라

예배에 성공한 사람은 최고의 인생을 사는 사람입니다. 예배에 성공한 사람은 현세와 내세 모든 곳에서 영원한 복을 누리는 자가 됩니다. 그래서 예배에 목숨을 걸어야 하고, 예배가 인생의 절대적인 목적이 되어야 합니다. 상대적인 목적은 학생은 학업으로, 군인은 군인으로, 경찰은 경찰로, 노동자는 노동자로, 사업가는 사업가로, 정치가는 정치가로, 교육자는 교육자로 각자 자기에게 주어진 직업과 직책에 충실히 임하는 것입니다.

우리의 절대적인 목적은 예배입니다. 절대적인 목적은 남녀노소, 종족, 빈부를 구분하지 않습니다. 예배는 하나님을 경외하고 사랑하는 것입니다. 예배를 가르쳐 주시기 위해 예수님이 이 땅에 오셨습니다.

예수님이 누구십니까? 하나님이십니다. 하나님은 성경의 선지자들과 모세를 통해, 그리고 수많은 증인을 통해 예수님은 하나님이시라는 것을 증거하게 하셨습니다. 그런데 본문의 말씀은 그런 차원이 아닙니다. 예수님의 첫 번째 표적이 요한복음에 기록되었는데 가나안 혼인 잔치에서 나타났습니다. 그러니 이 표적이 얼마나 중요하겠습니까? 이 표적에서 발견할 수 있는 것은 예배는 천국 잔치라는 것입니다.

잔칫집에 간 사람들과 초상집에 간 사람들의 표정은 완전히 다릅니다. 우리는 잔치의 구경꾼이 아니라 주인공인 것을 기억하시기 바랍니다. 처녀가 시집 갈 때 우울하고 슬프겠습니까, 기쁘겠습니까? 당연히 기쁩니다. 예배는 천국 잔치입니다. 우리는 신랑 되시는 예수 그리스도께 초대받아 천국 잔치인 예배에 참석하고, 예배를 통해 하나님 아버지를 만납니다. 인간은 아무리 대단해도 예배의 대상자가 될 수 없습니다. 하나님만이 예배를 받고 영광을 받으실 유일한 분이십니다. 우리는 그 하나님 앞에 예배를 드리러 나아가는 것입니다. 예배가 짜릿하기를 바랍니다. 예배가 흥분되기를 바랍니다. 그리스도인으로서 최고로 자랑스러운 말은 '나는 예배자입니다'라는 말입니다. 하나님은 예배자로 우리를 구원하시고, 치료하시고, 오랫동안 참으셨습니다.

잔치는 신랑과 신부가 있어야 합니다. 음악이 있고, 즐거움과 행복과 기쁨이 있고, 포도주가 있어야 합니다. 여기서 포도주는 예수님의 피를 상징합니다. 예배는 세상 잔치가 아닙니다. 영원한 잔치로 바뀌기를 바랍니다. 세상 잔치에서 천국 잔치로 바뀌고 전환되기를 바랍니다.

잔치에 반드시 필요한 것이 포도주입니다. 그런데 잔치에서 무엇이 떨어졌습니까? 포도주가 떨어졌습니다. 본문은 포도주가 떨어져 없는 것을 강조하고 있습니다. 예수님의 어머니가 "저들에게 포도주가 없다"라고 말합니다. 천국 잔치에 들어가기 위해 무엇이 필요합니까? 예수님의 피가 필요합니다. 피 없이는 죄 사함이 없습니다. 죄인들은 예배를 드릴 수 없고, 천국에 갈 수 없으며, 잔치에 초대받을 수도 없습니다.

죄를 가지고서는 누구도 예배를 드릴 수 없습니다. 그러므로 죄인이 하나님 앞에 나아갈 때는 죄 사함의 피가 있어야 합니다. 예수님의 피가 있어야 합니다. 죄인 된 우리는 예수님의 피의 공로를 붙들고 하나님을 뵈러 나아갈 수 있는 것입니다. 예수님의 피 때문에 우리가 죄 사함을 받았습니다. 주님의 피 때문에 우리의 죄가 가려졌습니다. 지저분한 것들을 보자기로 덮어 버리면 가려져 보이지 않는 것처럼, 벽에 있는 낙서를 페인트로 칠하면 깨끗해져서 낙서가 보이지 않는 것처럼, 우리 죄를 덮어 주시기 위해 주님이 보배로운 피를 흘려 주신 것입니다(히 9:22).

이스라엘 백성이 출애굽할 당시에는 집 좌우 문설주에 짐승의 피를 뿌림으로 사망의 재앙이 넘어갔습니다. 우리는 주님의 피를 절대적으로 믿고 의지하여 하나님께 예배하러 나아가는 것이기에 자랑할 것이 없습니다. 전적으로 주님의 공로만 있습니다. 그 주님께서 베풀어 주신 모든 것을 은혜라고 하는 것입니다.

죄인은 하나님을 뵙는 순간에 죽고 맙니다. 본디 진노의 자녀였고, 원수의 자녀였으며, 마귀의 자식이었던 우리가 주님의 보배로운 피로 말미암아 그 죄가 덮여져 하나님 앞에 나아갈 수 있고, 예배드릴 수 있고, 하나님을 만날 수 있게 되었습니다. 예배는 천국 잔치로, 이 잔치에는 아무나 들어갈 수 있는 것이 아니라 청함을 받은 사람들만 들어갈 수 있다고 했습니다. 청함받은 것을 기뻐하시기 바랍니다. 청함을 받았지만 오지 않는 자들은 원수가 되는 것입니다. 전도자가 "예수 믿으세요" 하며 전하는 전도지를 받은 사람은 청함을 받은 것입니다. 그렇게 청함을 받았는데도 오지 않는다면 그것은 서로 원수지간이 되겠다는 것입니다. 청함을 받은 사람들만 잔치에 올 수 있는 것이 유대인들의 풍속인데, 청함을 받았음에도 가지 않는다면 그것은 곧 '나는 당신과 절교하겠습니다'라는 뜻이라고 합니다.

하나님의 청함을 받고 천국 잔치에 참여하게 된 것을 기뻐하며 감사해야 합니다. 청함받은 이들은 예수님의 피가 있어야 하고, 하나님의 말씀을 믿고 순종해야 합니다. 믿음은 들음에서 나며, 들음은 그리스도의 말씀으로 말미암습니다(롬 10:17). 세상의 말을 아무리 많이 듣고 알아도 그것은 믿음이 아닙니다. 구원의 믿음이 될 수 없습니다. 유일한 구원자는 예수 그리스도이십니다.

그리스도의 말씀을 믿어야 합니다. 그분의 말씀이 믿어져야 합니다. 주님은 "내가 곧 길이요 진리요 생명이니 나로 말미암지 않고는 아버지께로 올 자가 없느니라"(요 14:6)라고 하셨습니다. 하나님은 천하에 구원을 얻을 만한 다른 이름을 주시지 않았습니다. 예수님만이 천국의 길입니다.

예배가 천국 잔치라는 것은 영적인 잔치라는 말입니다. 말씀이 있고, 생명수가 있는 잔치이기에 기쁘고 즐겁고 행복한 잔치입니다. 감옥에 끌려 온 죄수 같은 모습으로 예배를 드리면 안 됩니다. 하나님 아버지께 예배드리는 것입니다. 믿음으로 하나님 말씀에 전적으로 순종하기를 바랍니다. 마리아가 하인들에게 "너희에게 무슨 말씀을 하시든지 그대로 하라"(요 2:5)라고 지시했습니다. 이에 예수님은 여섯 항아리에 물을 채우라고 하셨습니다. 하인들이 예수님의 말씀에 순종하자 물이 포도주로 바뀌었습니다. 순종할 때 역사가 나타나는 것입니다. 항아리에는 무엇이 들어 있었습니까? 빈 항아리였습니다. 우리도 빈 항아리가 되어야 합니다. 빈 항아리여야 하는데, 너무 많은 것을 가지고 있고, 너무 많은 것을 알고 있으며, 너무 많은 경험을 가지고 있습니다. 하나님의 말씀을 들을 때는 이런 것을 비워야 합니다.

세상의 지식, 경험, 방법, 이론 등 세상과 관계된 모든 것을 비워 버려야 합니다. 이런 것들을 그대로 둔 채 하나님 말씀을 받으려 하니 제대로 받을 수 없는 것입니다. '내가 알고 있는 지식과 다른데?', '내가 행복하려면 스스로 열심히 노력해야 하고 다른 사람을 짓밟고 일어나야 하는 거 아니야?' 이런 생각을 가지고 있으면 말씀을 받아들일 수 없습니다. 세상의 상식으로는 다른 사람의 것을 빼앗아서라도 내 것으로 만들고, 다른 사람을 짓밟고서라도 높은 자리로 올라

가야 하는데, 성경은 그렇게 말씀하지 않기 때문입니다.

빈 항아리가 되어야 물이 포도주로 바뀌는 역사가 나타나는데 우리 자신이 그 안에 들어가 있습니다. 세상 지식과 경험 등을 다 비워 버려야 합니다. 하나님께 나아왔는데 여전히 근심하고 걱정하며 염려하고 있습니까? 아직도 자기 방법을 가지고 사는 것입니다. 아직 자신을 의지하는 것입니다. 세상 염려와 근심은 불신입니다.

예수님은 요한복음 14장 1절에서 "너희는 마음에 근심하지 말라 하나님을 믿으니 또 나를 믿으라"라고 말씀하십니다. 하나님이 우리에게 주시고자 하는 것은 불안이 아니라 평안입니다. 주님이 모든 사망 권세를 이기고 부활하시지 않았습니까? 주님은 죽음도 이기신 분입니다. 그 평안을 주시기 위해 주님이 우리를 찾아오신 것인데, 주님을 만났고 믿는다면서도 여전히 말씀을 믿지 않는다면 주님이 주시는 평안을 누릴 수 없습니다.

본문 7절은 "예수께서 그들에게 이르시되 항아리에 물을 채우라 하신즉 아귀까지 채우니"라고 말씀합니다. 물을 채워야 할 항아리는 빈 항아리이고 돌항아리입니다. 우리는 육체와 인격을 가지고 있습니다. 세상의 지식이나 경험, 방법, 윤리, 도덕이 대단한 것 같아도 하나님 말씀 앞에서는 다 내려놓아야 합니다. 그러지 않고 이러한 것들을 그대로 둔 채 하나님의 말씀을 채우려고 하니 더러운 오염수가 되어 버리고 맙니다. 깨끗한 생수를 받으려면 그릇부터 닦아야 합니다.

세상 것과 접목하고 연결하고 혼합해서 변질된 연합기관이 WCC입니다. 이들이 내세우는 것은 종교다원주의입니다. 그러나 WCC만 종교다원주의가 아니라, 하나님 말씀 외에 다른 것을 섞어 무엇을 가지려고 하는 것은 모두 종교다원주의가 되는 것입니다. 하나님은 이러한 것을 가장 싫어하십니다.

예수님이 말씀하시는 것이 법입니다. 그분의 말씀을 들을 때 변화가 일어납니다. 새롭게 바뀌는 것입니다. 물 같은 인생이 포도주로 바뀌어 버립니다. 물은 어떻습니까? 무미건조하고 아무 맛이 없습니다. 본래 인생은 무미건조합니다. 의미 없이 헛되고 헛된 삶을 살아가는 것입니다. 아무런 맛도 없고, 향기도 없습니다. 그러나 하나님 말씀에 전적으로 순종하면 변화되는 역사가 일어납니다.

온전한 순종으로 말씀을 따르다 혹 우리의 생각이 들어가면 어떻게 됩니까? '이거 아닌 것 같은데?' 하는 순간 원수가 틈을 탑니다. 자기 생각이나 경험이 들어가니 끝까지 말씀을 따르지 못합니다. 하나님이 아브라함에게 "너는 내가 지시할 땅으로 가라"고 하셨을 때 나쁜 곳으로 인도하시려 하셨겠습니까? 당시 최고로 좋은 곳, 젖과 꿀이 흐르는 가나안 땅으로 인도하신 하나님이십니다. 하나님은 아브라함에게 먼저 고향과 친척과 아버지의 집을 떠나라고 명령하셨습니다. 그것은 곧 "지금까지 네가 얻은 경험과 지식, 인간관계 등 모든 것을 내려놓고 내가 지시하는 땅으로, 내가 지시하는 대로 따라오라"는 것이었습니다. 하나님이 말씀하실 때는 '무슨 말씀을 하시든지 그대로 하겠습니다'라는 순종의 자세가 필요합니다. 이해가 되든 안 되든, 좋든 싫든, 자신의 성격에 맞든 안 맞든, 여지껏 자신이 살아온 방식이든 아니든, 자기 생각이나 지식과 같든 다르든, 무슨 말씀을 하시든지 그대로 따르는 순종이 필요합니다. 그래야 물과 같은 인생이 맛깔나는 인생으로 바뀐다는 말입니다.

하나님을 경외하고 하나님 명령에 순종하는 것이 인생의 본분입니다. 본분에서 벗어나고 목적에서 벗어난다면 그것이 죄요, 타락입니다. 그것이 부패이고, 절망이며, 사망이고, 지옥입니다. 하나님 말씀만 따라가면 하나님이 어련히 알아서 좋은 것으로 예비하시고 채워 주시지 않겠습니까?

말씀을 따라가야 하는데 그러지 못하는 이유는 자기의 생각 때문입니다. 자기 생각이 많고, 알고 있는 지식이 많고, 가지고 있는 것이 너무 많아서 그렇습니다. 이런 것들을 하나님 말씀 앞에서 비워 버리기를 바랍니다.

본문 5절은 "그의 어머니가 하인들에게 이르되 너희에게 무슨 말씀을 하시든지 그대로 하라 하니라"라고 말씀합니다. 자신이 얼마나 지식이 많고 똑똑하든, 지금까지 행복하게 살았든 못 살았든, 성공했든 실패했든, 또 어떤 자부심과 자존심을 가지고 살아왔든 이제는 하나님이 무슨 말씀을 하시든지 다 비워 버리기를 바랍니다. 그래야 인생이 달라집니다. 절망과 실망 속에 있던 인생이 소망과 기쁨으로 바뀌게 될 것입니다.

지옥과 같은 인생들이 천국으로 바뀌기를 바랍니다. 질병에 시달리고 세상에 매여 있어 자유와 행복, 만족, 기쁨이 없는 인생에서 항상 기쁨과 즐거움이 넘치는 하나님의 나라가 임하는 인생으로 바뀌기를 바랍니다.

예수님이 물을 포도주로 바꾸신 것은 오직 그분의 영광을 위해서입니다. 본문 11절은 "예수께서 이 첫 표적을 갈릴리 가나에서 행하여 그의 영광을 나타내시매 제자들이 그를 믿으니라"라고 말씀합니다. 예배에서도 예수님의 영광이 나타나야 합니다. 하나님이 우리에게 만족을 주시는 것은 하나님의 영광을 나타나기 위해서입니다. 인생이 달라지고 변화된 것은 하나님의 영광을 나타내기 위해서입니다.

살아 계신 하나님이 삶에서 경험되기를 바랍니다. 하나님이 우리를 구원하신 것도, 피 흘려주신 것도, 말씀을 주시는 것도, 변화시켜 주신 것도, 바꾸어 주신 것도 하나님의 영광을 나타내고 드러내기 위함입니다.

예수님의 공생애 중 죽은 나사로를 살리는 표적이나 오병이어의 표적 등 여러 가지 많은 표적을 행하셨는데, 이러한 표적들을 통해 주님의 피로 우리를 구원하신 목적이 예수 그리스도의 영광을 나타내기 위함이라는 사실을 깨닫는 것이 중요합니다.

예수님은 예배를 받으실 하나님이십니다. 예배는 영원한 천국 잔치를 보여 주는 것입니다. 예배에서 자신의 생각과 지식, 경험, 방법을 다 내려놓고 '아, 저분이 나의 주인이시구나. 저분이 나의 전부이시구나' 하며 그분 앞에 영광스러운 예배자로 살아가기만 하면, 또 그분의 영광을 드러내고 나타내기만 하면, 맹물 같은 인생에서 맛깔나는 포도주의 인생으로 바뀔 것입니다. 여지껏 헛된 삶을 살고 가치 없는 삶을 살았다면 이제부터는 주님이 주인이 되시고 참된 신랑이 되심으로 영원한 천국 잔치에서 그분과 함께하는 주인공이 되기를 바랍니다.

21. 영광을 드러내는 예배자 (요 2:1-11)

22.
영적 위선을 벗는 예배자

(호 6:1-11)

¹오라 우리가 여호와께로 돌아가자 여호와께서 우리를 찢으셨으나 도로 낫게 하실 것이요 우리를 치셨으나 싸매어 주실 것임이라 ²여호와께서 이틀 후에 우리를 살리시며 셋째 날에 우리를 일으키시리니 우리가 그의 앞에서 살리라 ³그러므로 우리가 여호와를 알자 힘써 여호와를 알자 그의 나타나심은 새벽 빛같이 어김없나니 비와 같이, 땅을 적시는 늦은 비와 같이 우리에게 임하시리라 하니라 ⁴에브라임아 내가 네게 어떻게 하랴 유다야 내가 네게 어떻게 하랴 너희의 인애가 아침 구름이나 쉬 없어지는 이슬 같도다 ⁵그러므로 내가 선지자들로 그들을 치고 내 입의 말로 그들을 죽였노니 내 심판은 빛처럼 나오느니라 ⁶나는 인애를 원하고 제사를 원하지 아니하며 번제보다 하나님을 아는 것을 원하노라 ⁷그들은 아담처럼 언약을 어기고 거기에서 나를 반역하였느니라 ⁸길르앗은 악을 행하는 자의 고을이라 피 발자국으로 가득 찼도다 ⁹강도 떼가 사람을 기다림같이 제사장의 무리가 세겜 길에서 살인하니 그들이 사악을 행하였느니라 ¹⁰내가 이스라엘 집에서 가증한 일을 보았나니 거기

서 에브라임은 음행하였고 이스라엘은 더럽혀졌느니라 [11]또한 유다여 내가 내 백성의 사로잡힘을 돌이킬 때에 네게도 추수할 일을 정하였느니라

찬송 부를 때 손뼉을 치는 것은 그 자체가 하나님 앞에 신앙고백이 됩니다. 마음을 다하고 목숨을 다하고 뜻을 다해 주 하나님을 사랑하는 모든 행위가 예배가 되어야 합니다. 사랑이 빠져 버리면 그것은 종교 행위밖에 안 됩니다. 종교인들은 결코 구원받지 못하며, 하나님과 원수가 되어 하나님을 기쁘시게 할 수도 없습니다.

예배자는 영적 위선을 벗어 버려야 합니다. 이 말씀이 심각하게 들려지기를 바랍니다. 하나님이 받으실 수 없는 예배를 드리고도 주일을 지켰다고 하고, 헌금하고 찬양하고 기도했다고 하지만, 정작 하나님은 아무것도 받지 않으시고 받으신 것이 없다면 허망해질 수밖에 없습니다. 그러므로 우리는 영적인 위선을 벗어 버려야 합니다.

우리 주변에는 고상한 종교인이 대단히 많습니다. 혹 우리도 그런 종교인은 아닐까요? 말씀을 통해 깨닫고 변화되기를 바랍니다. 기독교인이라면 모두 기도하고, 주일을 지키고, 예배드리고, 봉사하고, 전도하고, 선교를 합니다. 행위는 다 똑같이 한다는 말입니다. 사람들이 볼 때는 믿음이 있는 것 같고, 신앙생활도 잘하는 것 같으나, 하나님은 그 모든 행위를 받지 않으실 수도 있음을 진지하게 생각해 보기 바랍니다.

우리는 죄인이기 때문에 하나님께 나아갈 때는 겸손함으로 나아가야 합니다. 자신의 의가 드러나고, 자랑이 드러나며, 무엇인가 내세울 만한 것이 있음이 위선입니다. 모든 것이 하나님의 은혜로 존

재하는 것입니다. 하나님의 은혜가 무엇입니까? 받을 수 없는 사랑을 받는 것이 은혜요, 받을 수 없는 생명을 받은 것이 은혜입니다. 무자격자가 받을 수 없는 무한한 하나님의 사랑과 은혜를 듬뿍 받았기에 은혜입니다. 받을 만한 자격이 있어서 받은 것이 아니라 자격이 없는데도 구원을 받은 것입니다. 그래서 은혜라고 하는 것입니다. 로마서 5장 8절은 "우리가 아직 죄인 되었을 때에 그리스도께서 우리를 위하여 죽으심으로"라고 말씀합니다. 죄가 없으신 전지전능하신 창조주 하나님께서 이 땅에 육신을 입고 오셔서 죄인인 우리를 대신하여 죽어 주셨다는 말입니다. 이것이 쉽게 상상할 수 있는 일입니까? 이것을 감당할 수 있겠습니까? 우리는 감당할 수 없는 하나님의 사랑으로 구원받았습니다.

구원이 무엇입니까? 우리는 당연히 지옥에서 영원히 형벌받을 존재입니다. 1년, 10년, 100년, 1,000년이 아니라 영원히 지옥 불에서 고통과 괴로움 가운데 존재할 수밖에 없는 우리를 구원하시기 위해 예수 그리스도를 이 땅에 보내 주심으로 하나님의 사랑을 확증해 주신 것이 십자가의 구원입니다.

하나님은 사랑한다고 말로만 하신 적이 없습니다. 사랑은 말로만 하는 것이 아닙니다. 사랑은 자신의 생명, 자신의 전부를 주는 것입니다. 하나님께서 우리를 사랑하신다는 증거로 아들 예수 그리스도를 십자가에 못 박혀 죽게 하셨습니다. 여기에 감동하지 못하고, 감격이 없고, 감사가 없다면 하나님을 만났다고 어찌 장담할 수 있겠습니까?

물에 빠져 죽을 수밖에 없는 자를 위해 직접 물에 뛰어들어가 그를 살리고 대신 죽어 주신 것입니다. 그것을 어찌 잊을 수 있겠습니까? 인생을 살다 보면 어려움도 있고, 위기도 있고, 대단히 고통스러운 일도 있을 수 있습니다. 그럴 때 누군가 조금만 도와주면 박차고 일어날 수 있습니다. 그런 사람을 은인이라고 합니다. 생명의 은인, 생활의 은인, 경제적 은인, 사회적 은인, 가정의 은인이 될 수도 있습니다. 이러한 은혜를 잊어버린다는 것은 배은망덕한 것이요, 짐승만도 못한 것입니다.

부모의 은혜가 있습니다. 받을 수 없는 사랑을 그분들을 통해 받았습니다. 그런 은혜도 잊어서는 안 되는데 어찌 하나님의 은혜를 잊어버리고 사느냐는 것입니다.

그래서 본문 1절은 '돌아오라'고 말씀하고 있습니다.

"오라 우리가 여호와께로 돌아가자 여호와께서 우리를 찢으셨으나 도로 낫게 하실 것이요 우리를 치셨으나 싸매어 주실 것임이라."

아무리 십일조를 하고, 전도를 하고, 주일을 지키고, 선교를 하고, 구제를 하는 사람이라도 종교인이 될 수 있습니다. 그래서 하나님께로 돌아오라는 것입니다.

본문 6절은 "나는 인애를 원하고 제사를 원하지 아니하며 번제보다 하나님을 아는 것을 원하노라"라고 말씀합니다. 하나님께 많은 것을 드리기 전에 먼저 하나님을 알아야 합니다. 하나님을 모르는 자는 불신자입니다. 알긴 아는데 대충 알고, 확실하게 알지 못하면 고상한 종교인만 되는 것입니다. 알긴 아는데 끝까지 알지 못하고 속까지 알지 못하니 속는 것입니다. 수박도 겉은 좋아 보이지만 속은 형편없을 수 있습니다. 겉만 보고 판단해서는 안 됩니다.

하나님은 우리가 그분을 알 수 있도록 모든 만물에 자신의 신성과 성품이 드러나게 하셨습니다. 화가가 그림을 그렸다는 것은 화가의 마음이나 사상 등 표현하고 싶은 메시지가 그림에 담겨 있다는 말입니다. 작곡가가 음악을 만들었다면 그 음악을 통해 자신이 표현하고 싶은 게 있는 것이고, 뭔가 자기 생각을 많은 사람에게 알리고자 한 것입니다. 조각이나 건축을 해도 마찬가지입니다. 하나님 역시 만물을 통해 하나님을 알 수 있도록 하시고, 하나님이 어떤 분인지를 표현하고 있습니다. 그것을 '만물 계시'라고 합니다.

무엇보다 성경은 하나님을 확실하게 계시하고 있습니다. 계시는 보여 주는 것입니다. 자신의 속마음을 보여 주는 것이 계시입니다. 감추었던 것을 드러나게 보여 주는 것이 계시입니다. 성경을 통해 하나님의 말씀이 계시되었기에 성경은 인간의 말이 아닙니다. 성경의 저자는 하나님입니다. 성경을 기록한 사람은 기자일 뿐이며, 저자는 하나님입니다.

성경의 저자가 인간이 될 수 없습니다. 인간의 글이나 말, 시나 역사책이 아니기 때문입니다. 성경은 하나님이 친히 그분의 말씀으로 하나님을 알게 하신 것입니다. 그러나 하나님을 알긴 아는데 두리뭉실 알아서 속는 것입니다. 서울 가는 길을 알긴 알지만 동네 언저리만 알고 대충 아는 것과 같습니다. 서울까지는 어떻게든 가더라도 목적지를 확실하게 알지 못해 결국 찾지 못한다면 얼마나 황당하겠습니까?

노랗다고 다 금이 아닙니다. 금 색깔을 가졌을 뿐이지 금이 아닙니다. 노랗다고 금인 줄 알면 속아 넘어갈 수밖에 없습니다. 금도 금 나름입니다. 14K가 있고, 18K가 있으며, 24K가 있습니다. 다른 것은 몰라도 하나님에 대해서만큼은 정확하게 알기를 바랍니다.

말씀이 육신이 되어 우리에게 오신 분이 예수 그리스도요, 그분이 하나님이십니다. 인간은 볼 수 없는 하나님이 자신을 보고 정확하게 알라고 이 땅에 오셨습니다. 하나님의 사랑을 알라고 말입니다. 하나님이 세상을 사랑하여 독생자를 보내 주셨습니다(요 3:16). 이것을 믿어야 합니다. 그리고 확실히 알아야 합니다. 아는 만큼 믿음이 생깁니다. 어설프게 알면 어설픈 믿음이 됩니다. 하나만 알면 하나만 아는 믿음밖에 되지 않습니다. 손바닥을 알면 손등도 알아야 합니다. 동전에도 양면이 있습니다.

예수님은 하나님을 직접 나타내 보여 주시기 위해 육신이 되어 우리 가운데 오셨습니다. 그것도 부족해서 성령을 부어 주셨습니다. 사람의 일은 사람의 영으로만 알 수 있듯이, 하나님의 일은 하나님의 영으로만 알 수 있습니다. 성령으로만 가능한 것입니다(고전 2:11).

호세아 4장 6절은 "내 백성이 지식이 없으므로 망하는도다"라고 말씀합니다. 이 지식이 어떤 지식입니까? 하나님에 대한 정확한 지식입니다. 두리뭉실 알아서는 안 됩니다. 정확하게 알아야 합니다. 정확하게 알아야 믿음도 생기고, 신뢰도 생겨 따라갈 수 있습니다. 누가 자기를 따라오라고 해도 알지 못하면 따라가겠습니까? 그가 강도일지, 사기꾼일지, 인신매매범일지 누가 알겠습니까?

우리는 하나님께로 돌아가야 합니다. 어디에서 돌아오라는 것입니까? 종교인에서 신앙인으로 돌아오라는 것입니다. 형식적인 종교생활에서 신앙생활로 돌아오라는 것입니다.

본문 6절에서 하나님은 "나는 인애를 원하고 제사를 원하지 아니하며 번제보다 하나님을 아는 것을 원하노라"라고 말씀하십니다. 여기서 제사는 귀신들에게 바치는 이방인들의 제사가 아닙니다. 성경에서의 제사는 최고의 헌신입니다. 하나님께 드리는 최고의 아름다운 행위가 제사입니다. 제사에는 반드시 제물이 필요하고, 제사장이 있어야 하며, 하나님이 원하시는 시간과 장소가 필요합니다. 특히 제물 없는 제사는 있을 수 없습니다. 그러나 이렇게 귀한 제사의 이 모든 행위보다도 하나님은 인애를 원하신다고 말씀하십니다.

참 사랑은 끝까지 사랑하는 것입니다. 조금 어렵다고 변질되고, 변심하고, 배신하고, 떠나버리고, 뒤통수 치고, 가슴에 비수를 꽂는 계산적인 사랑이 아니라, 자신의 유익을 구하지 않고 끝까지 사랑하는 것이 진짜 사랑입니다. 말로는 누군들 사랑을 못 하겠습니까? 사랑한다고 했으면 자기 목숨까지 내어 주는 것이 진짜 사랑입니다. 사랑하기에 자신의 유익을 구하지 않는 것입니다. 하나님이 우리를 사랑한다고 하셨습니다. 사랑한다고 말만 하시지 않고 진짜 사랑하셨습니다. 우리에게 생명을 주시고 독생자를 주셨습니다. 하나님은 이런 분입니다.

하나님은 창조주 하나님만이 아닙니다. 하나님은 우리를 사랑하시는 분임을 알아야 합니다. 독생자까지 주신 하나님의 사랑을 깊이 깨닫기를 바랍니다. 전지전능하시고, 어제나 오늘이나 동일하신 창조주 하나님만 알아서는 안 됩니다. 그분의 사랑을 알아야 합니다. 그 사랑을 모른다면 고상한 종교인들의 행위밖에 할 수 없게 됩니다. 제사는 대단히 중요한 행위이고 예배만큼 중요한 것이 없지만, 그럼에도 하나님은 예배보다 인애를 더 원하신다는 것을 잊으면 안 됩니다.

예배의 내용이 인애가 되어야 합니다. 예배에 사랑이 있어야 합니다. 사랑이 없으면 천사의 말이나 방언을 말할지라도 아무런 소용이 없습니다. 사랑이 없으면 가진 재산을 다 팔아 가난한 사람들에게 나눠 줄지라도 아무런 유익이 없습니다. 사랑은 허다한 죄를 덮습니다. 그래서 다른 사람의 허물이 보이지 않습니다. 또 사랑은 자신의 유익을 구하지 않습니다. 사랑은 자기의 생명을 주는 것입니다.

부모가 무엇 때문에 배 속의 아이를 낳겠습니까? 사랑하기 때문에 낳습니다. 그리고 자식이 어떻게 살기를 바랍니까? 짐승처럼 살기를 바랍니까? 손가락질받으면서 살기를 바랍니까? 배은망덕한 짐승보다 못한 인간으로 살아가기를 바라며 자식을 낳는 사람은 한 사람도 없습니다. 하나님이 우리를 창조하시고 낳으신 것에도 분명한 기대와 바람이 있다는 것입니다. 우리는 어쩌다 보니 태어난 존재들이 아니라는 말입니다.

하나님은 사랑의 결정체입니다. 주일 지키고, 예배드리고, 찬양하고, 예물 드리고, 전도하고, 선교하고, 봉사하고, 구제하면서도 하나님을 알지 못한다면 참으로 안타까운 일입니다. 하나님은 우리가 하나님 알기를 원하십니다. 알되 힘써 알라고 하십니다. 본문 3절은 "그러므로 우리가 여호와를 알자 힘써 여호와를 알자 그의 나타나심은 새벽 빛같이 어김없나니 비와 같이, 땅을 적시는 늦은 비와 같이 우리에게 임하시리라 하니라"라고 말씀합니다. 힘써 알라는 것은 정확하게 알려고 해야 한다는 의미입니다. 세상의 지식도 우리에게 유익하고 도움이 될 만하다 여기면 알려고 노력하지 않습니까? 밤새도록 알려고 공부하지 않습니까? 이리저리 뛰어다니면서 알려고 하지 않습니까? 알아야 유익이 옴을 알기 때문입니다.

그런데 정작 알아야 할 하나님에 대해서는 크게 관심이 없습니다. 고상한 종교인들이 영적 위선자가 되어 버린 것을 회복시키기 위해 하나님은 돌아오라고 말씀하고 있습니다. 우리가 우리의 머리카락까지도 다 세신 바 되시는 그 하나님에 대해 모르기 때문에 하룻강아지 범 무서운 줄 모르고 까부는 것입니다. 무식하면 용감하다고 하지 않습니까? 그런데 차라리 모르는 것이 나을 수도 있습니다. 어설프게 알고, 잘못 알고, 다 알지 못하니까 끝에 가서 삼천포로 빠지는 겁니다. 분명히 가인의 예배는 하나님이 받지 않으시고, 아벨의 예배는 받으셨습니다. 거기에는 까닭이 있습니다. 하나님은 가인과 아벨을 차별하신 것이 아닙니다.

하나님이 받으실 만한 예배, 기뻐하실 만한 예배가 지금 우리에게 필요합니다. 예배는 하나님을 최고로 높이는 것입니다. 하나님이 두렵지 코로나가 두렵겠습니까? 코로나는 우리를 죽이지 못합니다. 코로나가 어떻게 인생을 죽입니까? 하나님이 죽이는 것입니다. 코로나를 사용하시는 분이 하나님입니다. 우리를 살리기도 하고 죽이기도 하는 분은 하나님 한 분뿐입니다.

하나님을 확실하게 모르니 하나님께 예배드리는 태도나 주일을 보내는 태도가 하나님이 인정하실 수 없는 종교인의 모습으로 전락해 버리는 것입니다. 우리가 하나님의 자녀가 된 것은 천지가 개벽할 일입니다. 어떻게 감히 하나님이 죄인 된 우리를 위해 이 땅에 오셔서 죽어 주셨느냐는 것입니다. 그것이 하나님의 사랑이라는 말입니다. 받을 수 없는 은혜, 받을 수 없는 사랑을 우리가 받았다는 사실을 기억해야 합니다.

그러므로 하나님께 돌아와야 합니다. 형식적인 종교 행위에서 돌아와 올바른 신앙생활을 해야 합니다. 하나님은 우리를 한순간도 잊지 않으십니다. 세상 끝날까지 우리와 함께하신다고 하셨습니다. 그분이 계심으로 우리는 영생에 들어갈 수 있습니다. 코로나나 질병, 인생의 어려움이 오히려 하나님께로 가까이 나아가도록 반전시키는 절호의 기회가 될 수 있습니다. 영적인 알곡은 키질을 당하면 당할수록 하나님께 더 가까이 나아갑니다. 전염병이나 전쟁, 기근, 환난이 닥쳐와도 더 주님께로 가까이 나아가야 합니다. 욥처럼 멀리서만 보이던 하나님을 이제는 눈으로 보는 것처럼 경험할 수 있기를 바랍니다.

예배의 구경꾼이 되어서는 안 됩니다. 창조주 하나님이 우리를 사랑하셔서 예배자로 이끌어 주신 것입니다. 우리에게 예배만큼 중요한 것은 없습니다. 예배는 참석하는 것만이 아니고, 만남으로 끝나는 것만도 아닙니다. 거기서 나아가 하나님을 최고로 높이고 경배하며, 하나님의 성호를 찬양하는 것입니다. 찬양 자체가 예배입니다. '할렐루야'라는 말 자체가 예배입니다.

어떻게 우리가 하나님을 만날 수 있습니까? 영적인 위선을 버릴 때 만날 수 있습니다. 하나님이 받으시고 기뻐하시고 만족하시는 예배자가 되기 위해 예배를 성경에서 배워야 합니다(요 4:22). 정확하게 알고 드리는 예배로 회복되기를 바랍니다.

23.
착한 행실의 예배자

(마 5:13-16)

¹³너희는 세상의 소금이니 소금이 만일 그 맛을 잃으면 무엇으로 짜게 하리요 후에는 아무 쓸 데 없어 다만 밖에 버려져 사람에게 밟힐 뿐이니라 ¹⁴너희는 세상의 빛이라 산 위에 있는 동네가 숨겨지지 못할 것이요 ¹⁵사람이 등불을 켜서 말 아래에 두지 아니하고 등경 위에 두나니 이러므로 집 안 모든 사람에게 비치느니라 ¹⁶이같이 너희 빛이 사람 앞에 비치게 하여 그들로 너희 착한 행실을 보고 하늘에 계신 너희 아버지께 영광을 돌리게 하라

참으로 예배를 드리면서 가슴에 울림이 있고 떨림이 있기를 바랍니다. 예배가 인생의 전부가 되기를 바랍니다. 하나님은 예배 때문에 우리를 구원하셨습니다. 예배 때문에 주님이 피 흘려 주셨습니다. 예배 때문에 우리에게 은혜를 주시고, 고쳐 주시고, 만물을 창조

하셨습니다. 얼마나 가슴이 벅찹니까? 예배자로 우리를 불러 주셨다는 것이 핵심입니다. 그래서 예배가 신앙생활의 핵심이고, 전부입니다.

본문 16절은 "이같이 너희 빛이 사람 앞에 비치게 하여 그들로 너희 착한 행실을 보고 하늘에 계신 너희 아버지께 영광을 돌리게 하라"라고 말씀합니다. 하나님을 영화롭게 하고 하나님께 영광을 돌리는 것이 예배입니다. 착한 행실로 하나님께 영광을 돌림으로 예배가 예배 되게 해야 합니다.

하나님의 말씀이 실질적인 삶이 되고, 또 인생을 바꿔 놓기를 바랍니다. 일점일획도 땅에 떨어짐이 없는 하나님의 말씀인 율법은 모세로 말미암아 주셨고, 은혜와 진리는 예수 그리스도를 통해서 주셨으며, 성령을 주심으로 이를 깨닫게 하셨습니다.

하나님의 말씀은 영의 양식입니다. 육체가 살기 위해서는 반드시 밥을 먹어야 하듯, 영혼이 살기 위해서는 영의 양식인 하나님의 말씀을 반드시 들어야 합니다. 죽은 자는 밥을 먹을 수 없는 것과 같이, 죽은 자는 하나님 말씀을 듣지 못합니다. 우리는 살아 있으니 영혼의 양식인 하나님의 말씀을 들을 수 있기를 바랍니다.

> "사람이 떡으로만 살 것이 아니요 하나님의 입으로부터 나오는 모든 말씀으로 살 것이라 하였느니라"(마 4:4).

본문 13절에서 주님은 우리에게 "너희는 세상의 소금이니"라고 말씀하셨습니다. 소금이 '돼라'는 것이 아니라, 이미 소금 자체라는 것입니다. 또 '빛이 돼라'고 하시지 않고, 이미 빛이라고 하셨습니다. 이어서 "소금이 만일 그 맛을 잃으면 무엇으로 짜게 하리요"라고 말쓸하십니다. 짠맛을 내지 못한다면 그 소금을 어디에 쓰겠습니까? 아무짝에도 쓸 데가 없습니다. 쓸 데가 없으니 버려지는 것입니다. 주를 위해 핍박받고, 짓밟히고, 고난을 받는다면 얼마나 아름답겠습니까? 소금 같은 우리가 그렇게 사명을 감당해야 하는데 왜 소금이 그 맛을 내지 못합니까? 녹지 않기 때문에 그런 것입니다. 소금 맛을 내려면 녹아야 합니다. 소금 한 알 그대로 있으면 절대로 짠맛을 내지 못합니다. 소금은 무조건 녹아야 제 맛을 냅니다. 즉, 그리스도인은 자기를 부인하고 자기의 권리를 포기해야 한다는 것입니다.

우리는 많은 것을 가지고 있습니다. 모두 하나님이 주셨습니다. 그래서 부족함이 없습니다. 이제는 주와 복음을 위해, 이웃을 위해 자기 자신을 포기할 줄 알아야 합니다. 소금이 녹아 버리면 없어집니다. 존재하고 있지만 형체가 없어져서 보이지 않는 것입니다. 이처럼 우리는 보이지 않고 예수 그리스도만 나타나고 보여져야 합니다.

맛에는 단맛, 신맛, 떫은맛, 쓴맛 등 여러 가지 맛이 있습니다. 그러나 소금의 역할인 짠맛은 다른 어떤 것으로도 대체할 수 없습니다. 왜 우리를 세상의 소금이라고 하셨겠습니까? 세상에는 반드시 소금이 있어야 하기 때문입니다.

바닷물 중 3퍼센트의 염분이 바다를 썩지 않게 만듭니다. 바다에 소금이 없다면 썩어 버릴 겁니다. 그 썩는 냄새로 이 세상은 도무지 살 수 없을 것입니다. 그러나 바다가 썩지 않는 것은 그 속에 소금이 녹아 있기 때문입니다. 소금이 녹아 소금물이 되어 버린 것입니다.

우리 자신은 녹고 참된 그리스도의 맛만 낼 수 있기를 바랍니다. 한마디로 예수 그리스도의 생명으로 살라는 것입니다. 자신의 고집이나 욕심대로, 자신이 하고 싶은 대로 사는 것이 아니라, 자신의 뜻을 버리고 하나님 나라를 위해, 하나님의 이름을 위해, 하나님의 뜻을 위해 사는 것입니다. 썩고 사라지고 불살라질 세상에서 소금의 역할을 감당함으로 이 땅에 하나님 나라가 세워지기를 바랍니다.

한 영혼을 전도한다는 것은 곧 하나님 나라가 세워지고 확장되는 것입니다. 우리가 세상에 나가 세상 사람들과 섞여 살면서 참 그리스도의 생명을 보여 줌으로 하나님 나라를 세울 수 있기를 바랍니다. 그리스도인은 구별된 사람이라는 말입니다. 그러므로 "저 사람은 참 그리스도인이구나", "참된 신앙인이구나", "참된 교회 성도구나"라는 인정을 받아야 합니다. 교회만 다니는 사람이 아니라 그리스도의 짠맛을 내고, 그리스도의 생명이 넘쳐나는 사람이 되기를 바랍니다.

고린도후서 2장 15절은 "우리는 구원받는 자들에게나 망하는 자들에게나 하나님 앞에서 그리스도의 향기니"라고 말씀합니다. 썩은 냄새가 아니라 아름다운 그리스도의 향기가 삶에서 풍기기를 바랍니다. 향기가 나면 벌이 날아오고 나비가 날아오지만, 썩는 냄새는 똥파리와 쇠파리만 부를 뿐입니다.

빛은 소금과 공통점이 있습니다. 빛을 내기 위해서는 무엇인가 태워야 하고 자신을 희생해야 합니다. 이것을 보고 사랑이라고 합니다. 이웃을 사랑한다는 것은 자기의 유익을 구하지 않는 것입니다. 이웃을 사랑한다면 자기가 희생하는 것입니다.

또 짠맛을 내는 것이 소금입니다. 자신의 권리를 포기하는 것이 소금입니다. 교회는 다니고 예배는 참석하는데 세상에서 "믿는 사람이 우리보다 못하네?" 하고 손가락질받는다면 소금이 짠맛을 내지 못하는 것입니다. 이는 하나님께 영광을 돌려드리기는커녕 오히려 하나님의 이름을 멸시하고, 모독하고, 하나님의 명예를 추락시키고, 하나님의 영광을 가리는 것입니다.

23. 착한 행실의 예배자 (마 5:13-16)

그리스도인 한 사람 한 사람이 그만큼 중요한 것입니다. 그리스도인들이 각자 있는 곳에서 말과 행동으로 사람들에게 소망이 되고, 기쁨이 되고, 참된 생명이 되는 소금이 되기를 바랍니다. 세상 사람들은 생명의 길을 찾지 못한 사람들입니다. 등불을 등경 위에 두는 것처럼, 썩어 가는 세상에서, 어두운 세상에서, 절망적인 세상에서, 낙이 없는 세상에서, 미래가 없는 세상에서, 죄악 된 세상에서 그리스도인으로서의 착한 행실로 사람들에게 한 줄기의 빛이 되기를 바랍니다. 빛이지만 빛을 발하지 못하거나 꺼져 있는 등이 되지 않기를 바랍니다.

"미련한 자들은 등을 가지되 기름을 가지지 아니하고 슬기 있는 자들은 그릇에 기름을 담아 등과 함께 가져갔더니"(마 25:3-4).

성도가 성도 되어야 하고, 교회가 교회 되어야 합니다. 어두운 세상의 참 빛은 예수 그리스도이십니다. 예수님이 빛이라는 말입니다. 생명의 빛입니다. 그분 때문에 우리가 생명을 얻고, 하나님의 자녀가 되고, 죽음도 두려워하지 않는 천국 백성이 되었습니다. 그러니 이제는 육체가 있는 동안 예수 그리스도의 생명이 나타나도록 그리스도의 향기로 온 세상 사람들에게 알게 해야 합니다.

본문 16절의 "너희 착한 행실을 보고 하늘에 계신 너희 아버지께 영광을 돌리게 하라"는 것은 착한 행실을 통해 그것이 예배가 되게 하라는 말입니다. 착한 행실을 하지 못한 것을 예배드리기 전에 회개할 뿐 아니라, 착한 행실을 통해 많은 영혼이 주께 돌아올 수 있게 해야 합니다.

이 세상에는 참 빛이 없습니다. 휘황찬란한 조명등이 있지만 진짜 빛이 아닙니다. 사실은 어두움입니다. 참 빛은 예수 그리스도밖에 없습니다. 그 참 빛에 의해 빛이 된 예수의 몸 된 교회, 성도 된 우리가 그 빛을 잃어버리지 않도록 해야 합니다. 빛을 잃어버린다면 세상 어둠에 갇혀 버리게 됩니다. 이는 엄청난 비극입니다. 매우 심각한 것입니다. 그래서 성도가 성도 되어야 하고, 교회가 교회 되어야 하며, 예배가 예배 되어야 합니다. 그래야 하나님께 영광이 됩니다. 그것이 곧 하나님을 경배하는 것이고, 예배하는 것이며, 하나님의 이름을 영화롭게 하는 것입니다. 우리를 통해 하나님의 이름이 영화롭게 되도록 우리의 삶이 하나님께서 기뻐 받으실 만한 아름다운 삶이 되어야 합니다. 예수 믿는다고 하면서 손가락질이나 받고, 야비하고, 희생할 줄 모르고, 본이 되지 못한다면 하나님께 영광도 안 될 뿐 아니라, 그것은 예배가 아니며 오히려 불충이고 불의입니다.

그리스도인은 그리스도의 향기요, 편지입니다. 우리를 통해 예수님이 보여야 하고, 예수님의 생명이 이웃들에게 소망이 되어야 합니다. 믿는 사람들이 소금의 짠맛을 온전히 냄으로 모든 형제와 일가친척, 부모 형제가 하나님께로 돌아오게 해야 합니다.

세상은 근심, 걱정, 염려로 가득 차 있습니다. 그리고 두려워 벌벌 떨고 있습니다. 그렇지 않은 척할 뿐, 죽음을 두려워하고 있습니다. 죽음이 두려워 그에 종노릇하고 있습니다. 뭔지 모르게 불안하고 초조하게 세상을 살아갑니다. 이런 사람들에게 소망의 빛이 되어 주기를 바랍니다.

본문 14-15절은 "너희는 세상의 빛이라 산 위에 있는 동네가 숨겨지지 못할 것이요 사람이 등불을 켜서 말 아래에 두지 아니하고 등경 위에 두나니 이러므로 집 안 모든 사람에게 비치느니라"라고 말씀합니다. 등불을 등경 위에 두어야 환하게 집 안 모든 사람에게 비칩니다. 어떤 대가를 지불해서라도 사랑하는 가족, 부모 형제, 일가친척들이 지옥에 가지 않도록 그 역할을 감당하기를 바랍니다. 그것이 소금이며, 빛입니다. 희생하지 않고, 녹지 않고, 사랑하지 않고, 대접만 받고자 함으로 형제들 간에 손가락질받거나 우애가 상하게 해서는 안 됩니다. 우리는 그리스도인입니다. 육체적으로는 같은 형제일지라도 하나님의 자녀라는 말입니다. 그러므로 빛이 되어야 합니다. 그런데 꺼져 가는 어두운 등불이 되어 빛을 제대로 발하지 못합니다. 희생하지 않기 때문입니다. 그런 사람은 예배자가 아닙니다.

착한 행실은 예수님을 믿고 그 말씀에 순종하는 것입니다. 예수님을 믿고 사랑하라는 계명을 지키는 것입니다. 주님이 이 땅에 육신을 입고 오신 것은 섬김을 받으려 함이 아니라 도리어 섬기고 종이 되기 위함입니다. 예수님은 하나님과 동등됨을 취하지 않으시고 자기 보좌를 버리고 이 땅에 내려오셨습니다. 육체를 입고 오셔서 죄인 된 우리를 위해 피 흘리시고 살을 찢기시고 희생제물이 되신 주님의 공로로 우리가 구원받아 하나님의 천국 백성이 된 것입니다.

예수 믿고 구원받았다면 예수의 생명으로 살아야 합니다. 예수 그리스도의 형상으로 사는 것이 착한 행실입니다. 윤리적이고 도덕적인 말씀이 아니라 착한 행실을 통해 예수 그리스도의 모습이 보여야 합니다. 예수 그리스도의 생명이 나타나야 하고, 예수 그리스도의 향기가 풍겨야 하며, 예수 그리스도의 형상이 보여야 합니다. 이것이 하나님 앞에 영광을 돌리는 것입니다.

천하보다 귀한 영혼을 위해 자신의 시간과 재물을 쓸 수 있고, 자신의 권리도 포기할 수 있어야 합니다. 자신을 사랑하는 자를 사랑하는 것은 세상 사람들도 다 합니다. 자신을 대접하는 자를 대접하는 건 세상 사람들도 다 합니다. 성경이 말하는 착한 행실은 세상 사람들의 기준이나 윤리, 도덕 차원에 따른 것이 아니고 먼저 대접하고, 먼저 섬기며, 먼저 자신의 권리를 나눠 주는 것입니다.

사실 이런 것들은 지극히 작은 것입니다. 그것으로 천하보다 귀한 영혼을 얻을 수 있다면 어찌 아름답지 않겠습니까? 그것이 예배자입니다. 주변에 있는 사람들이 우리를 통해 예수 믿는 사람이 되기를 바랍니다. 구원은 하나님의 손에 달려 있습니다. 하지만 그들의 마음을 움직이게 하고 열게 하는 것은 우리가 소금과 빛이 되는 것을 통해서입니다.

그리스도인은 세상 사람들보다 못하면 안 되고, 같아서도 안 됩니다. 예배자는 하나님의 자녀이자 하나님의 아들이고, 예수 그리스도의 신부입니다. 그러므로 그들도 우리의 착한 행실을 보고 하나님께 영광을 돌리게 해야 합니다. "당신을 보니 정말 참된 그리스도인이요, 참된 예수의 제자 같습니다", "당신의 모습에서 예수님이 보입니다"라는 말을 들을 수 있어야 합니다. 이렇게 살아갈 수 있기를 바랍니다.

조그마한 욕심 때문에 한 영혼을 실족시킬 수도 있고, 조그마한 권리를 주장하다 많은 영혼을 실족시킬 수도 있습니다. 교회가 무엇입니까? 그리스도의 마음을 품고 그리스도의 생명을 나눠 주는 곳입니다. 그래서 교회는 구제가 있어야 하고, 선교도 있어야 합니다. 많은 사람이 '교회에 가면 살 수 있고, 내 인생이 달라지겠구나' 하는 생각을 할 수 있도록 빛과 소금의 사명을 잘 감당할 수 있기를 바랍니다.

24.
창세 전에 택하신 예배자

(엡 1:3-14)

³찬송하리로다 하나님 곧 우리 주 예수 그리스도의 아버지께서 그리스도 안에서 하늘에 속한 모든 신령한 복을 우리에게 주시되 ⁴곧 창세 전에 그리스도 안에서 우리를 택하사 우리로 사랑 안에서 그 앞에 거룩하고 흠이 없게 하시려고 ⁵그 기쁘신 뜻대로 우리를 예정하사 예수 그리스도로 말미암아 자기의 아들들이 되게 하셨으니 ⁶이는 그가 사랑하시는 자 안에서 우리에게 거저 주시는바 그의 은혜의 영광을 찬송하게 하려는 것이라 ⁷우리는 그리스도 안에서 그의 은혜의 풍성함을 따라 그의 피로 말미암아 속량 곧 죄 사함을 받았느니라 ⁸이는 그가 모든 지혜와 총명을 우리에게 넘치게 하사 ⁹그 뜻의 비밀을 우리에게 알리신 것이요 그의 기뻐하심을 따라 그리스도 안에서 때가 찬 경륜을 위하여 예정하신 것이니 ¹⁰하늘에 있는 것이나 땅에 있는 것이 다 그리스도 안에서 통일되게 하려 하심이라 ¹¹모든 일을 그의 뜻의 결정대로 일하시는 이의 계획을 따라 우리가 예정을 입어 그 안에서 기업이 되었으니 ¹²이는 우리가 그리스도 안에서 전부터 바라던 그의 영광의 찬송이 되게 하려

하심이라 ¹³그 안에서 너희도 진리의 말씀 곧 너희의 구원의 복음을 듣고 그 안에서 또한 믿어 약속의 성령으로 인치심을 받았으니 ¹⁴이는 우리 기업의 보증이 되사 그 얻으신 것을 속량하시고 그의 영광을 찬송하게 하려 하심이라

우리에게 예배드릴 수 있는 것만큼 큰 복은 없습니다. 예배는 행복이고, 기쁨이고, 신앙생활의 종합 선물세트입니다. 예배를 드리기 위해, 예배에 성공하기 위해 전도하고, 봉사하고, 기도하고, 건강해야 합니다. 우리가 모든 일을 열심히 하는 이유가 예배에 성공하기 위해서라는 말입니다. 그러므로 하나님이 기뻐하시는 영과 진리로 예배하는 자가 되기를 바랍니다.

본문 말씀 자체가 복입니다. 하나님이 우리를 택하신 것은 창세 전입니다. 예배자로, 복 있는 사람으로, 하나님의 자녀로 미리 예정하셨습니다. 창세 전부터 우리를 택하신 것은 단순히 인간의 이야기가 아닙니다. 본문 4절은 "곧 창세 전에 그리스도 안에서 우리를 택하사 우리로 사랑 안에서 그 앞에 거룩하고 흠이 없게 하시려고"라고 말씀합니다. 하나님은 창세 전에 그리스도 안에서 우리를 택하셨습니다. 하나님이 택하시지 않으면 누구도 하나님을 믿을 수 없고, 하나님의 자녀와 백성도 될 수 없고, 당연히 예배자도 될 수 없습니다.

모든 만물이 창조되기 전에, 수억만 년 전에 이미 우리를 택하셨다는 것이 얼마나 놀랍습니까? 우리가 태어나기도 전에, 아담과 하와가 죄를 짓기도 전에, 아담과 하와가 존재하기도 전에 하나님의 구원 계획 가운데 우리가 있었다는 것에 기뻐하고 감사하기를 바랍니다. 여기에 무엇을 더 바랄 수 있겠습니까? 하나님께서 "내가 너를

구속하였고 내가 너를 지명하여 불렀나니 너는 내 것이라"(사 43:1)라고 하시는데 무엇이 두렵겠습니까?

이 땅에서 사는 것이 전부가 아닙니다. 이 땅에 있는 모든 것을 가졌을지라도 하나님이 택하시지 않았다면 결국은 망한 자요, 패한 자요, 지옥 불에 들어갈 자입니다. 한여름이 아무리 덥다 해도 지옥 불만 하겠습니까?

그런데 어떻게 하나님이 우리를 만세 전에 택하시고 예정하셨느냐는 말입니다. 그냥 아무렇게 지어서 하는 말씀이 아닙니다. 그래서 이 세상에는 우연이 없는 것입니다. 우리가 잘났거나 노력해서, 또는 어쩌다 우연히 예수를 믿은 것도 아닙니다. 우리가 태어나기 전부터 하나님은 미리 우리를 택하셨습니다.

여기에는 조건이 있습니다. 그것은 '그리스도 안에서'입니다. 예수 그리스도를 믿는 사람들은 벌써 그리스도 안에서 택함을 받은 사람들입니다. 예수 그리스도를 믿는다는 것을 기뻐하고, 자랑하고, 만족해하고, 행복해하고, 즐거워하기를 바랍니다. 이 하나만으로도 우리는 항상 기뻐할 수 있고, 항상 즐거울 수 있습니다. 우리가 구원받아 하나님의 자녀가 되고 천국 백성이 되었다는데 어떻게 기뻐하지 않을 수 있겠습니까? 이 기쁨은 이 세상 그 어떤 것과도 비교할 수 없는 것입니다.

무엇 때문에 하나님이 만세 전부터 우리를 택하여 주셨습니까? 본문 5절은 말씀합니다.

"그 기쁘신 뜻대로 우리를 예정하사 예수 그리스도로 말미암아 자기의 아들들이 되게 하셨으니."

하나님이 우리를 피조물이나 종이 아니라 아들로 택하여 주셨습니다. 즉, 아들이 되게 하시려고 우리를 만세 전에 택하고 예정하셨다는 말입니다. '아들'이라는 개념은 아버지의 것은 다 아들의 것이라는 말입니다. 아버지와 아들은 하나입니다. 그것이 아들이 의미하는 바입니다.

하나님은 그분이 우리 아버지가 되시고, 우리는 하나님의 아들이 될 수 있도록 미리 그리스도 안에서 우리를 택하여 주셨습니다. 예수님은 맏아들이 되시고, 첫 열매가 되심으로 하나님 나라를 상속받으신 분입니다. 예수 그리스도 때문에 우리도 아들이 된다고 하셨습니다. 그런데 어찌 기쁘지 않을 수 있겠습니까? 어찌 즐겁지 않을 수가 있겠습니까? 부족하고 못났어도 아들의 신분이라는 말입니다. 잘나고 지혜로우면 더 좋겠지만 아무리 부족해도 아들은 아들인 것입니다.

하나님은 우리를 하나님의 아들로 만세 전부터 예정하고 택하셨습니다. 여기에 자부심을 가져야 합니다. 세상 사람들이 우리를 부러워하는 까닭이 여기에 있습니다. 세상에 있는 사람들이 우리를 두려워하는 까닭도 여기에 있습니다. 이렇게 하나님의 아들이 되었는데 왜 세상을 두려워합니까? 더러운 대상을 두려워할 이유가 없습니다. 더러우니 피하고 멀리하면 되는 것입니다. 왜 세상 권세자를 두려워하며 세상 임금, 마귀를 두려워하겠습니까?

사망 권세를 이기신 예수님의 권세가 아들 된 우리에게도 동일하게 나타남을 기뻐하시기 바랍니다. 요한복음 14장 12절에서 예수님은 "내가 진실로 진실로 너희에게 이르노니 나를 믿는 자는 내가 하는 일을 그도 할 것이요 또한 그보다 큰 일도 하리니 이는 내가 아버지께로 감이라"라고 말씀하셨습니다. 이것이 아들입니다. 아들은 권세자입니다. 예수님만이 아들이 아니라 우리도 하나님의 아들이라는 말입니다.

하나님은 우리의 아버지이십니다. 우리를 만세 전부터, 창세 전부터 아들로 택하고 예정하셨습니다. 이 엄청난 은혜가 우리의 삶을 지배할 수 있기를 바랍니다. 예수는 누구나 믿을 수 있지만 아무나 믿을 수 있는 것이 아닙니다.

우리는 창세 전부터 이미 선택받았습니다. 다른 사람보다 조금 덜 가졌다고 의기소침해하거나 불평하거나 부러워하지 않기를 바랍니다. 우리는 천국을 기업으로 상속받았습니다. 그러나 이것이 얼마나 대단하고 귀한 것인지를 모르는 것이 문제입니다. 죽음을 두려워하는 것이 아니라 하나님 아버지께서 선택하신 목적대로 살지 못함을 두려워하시기 바랍니다.

본문 3-4절은 "모든 신령한 복을 우리에게 주시되 곧 창세 전에 그리스도 안에서 우리를 택하사"라고 말씀합니다. 택함받았다는 것은 곧 모든 신령한 복을 받았다는 것입니다. 신령한 복은 이 땅의 썩어질 복이나 잠시 잠깐의 복이 아니라 영원한 복입니다. 육은 잠시 잠깐이면 낡아 사라져 버릴 것이고, 한 줌의 흙이 될 것이고, 한 줌의 재가 되어 날아가 버릴 것이지만, 우리의 영혼은 영원한 천국 아니면 영원한 지옥입니다.

하나님은 신령한 복을 우리에게 주시려고 만세 전부터 우리를 택하셨습니다. 왜 우리를 만세 전부터 택하시고, 아들로 만드시고, 복 주시고, 흠 없고 점 없는 자로 만들어 주셨습니까? 목적이 있지 않겠습니까? 그것은 예배 때문입니다. 예배는 하나님을 영화롭게 하는 것이고, 하나님을 가장 높이는 것이며, 하나님을 경외하는 것입니다.

본문 6절은 "이는 그가 사랑하시는 자 안에서 우리에게 거저 주시는바 그의 은혜의 영광을 찬송하게 하려는 것이라"라고 말씀합니다. 본문 전체에서 '찬송하게 하시려고'와 같은 표현이 세 번 반복되고 있습니다. 하나님의 은혜의 영광을 찬송하는 것이 무엇입니까? 예배입니다. 예배가 영광을 찬송하는 것이며 하나님을 경외하는 것이고, 하나님을 영화롭게 하는 것입니다. 하나님을 영화롭게 하기 위해 우리를 만세 전부터 택하여 복을 주시고, 흠 없고 점 없는 아들로 삼아 주셨다는 것입니다.

본문 14절은 "이는 우리 기업의 보증이 되사 그 얻으신 것을 속량하시고 그의 영광을 찬송하게 하려 하심이라"라고 말씀합니다. 우리를 속량하신 분명한 목적이 예배라는 말입니다. 예배는 형식적인 것이 아니며 시간이 있을 때만 드리는 것이 아닙니다. 예배는 환경이 허락할 때만 드리는 것이 아니라 목숨을 걸고 드리는 것입니다. 우리 목숨보다 더 귀하게 여기고, 또 목숨을 걸 만한 것이 예배입니다.

예배는 하나님을 영화롭게 하는 것이며, 하나님의 영광을 드러내는 것입니다. 예배는 인간을 위한 것이 아닙니다. 어떤 예배든 예배는 하나님께만 드릴 수 있고, 하나님만 받으실 수 있습니다. 그리고 예배는 마음을 다하고, 목숨을 다하고, 뜻을 다하여 하나님을 영화롭게 하는 것입니다. 그런 마음과 생각이 없고, 그런 행위가 아니라면 이미 예배가 아닙니다. 그것은 하나님을 모독하는 것이며, 하나님의 이름을 망령되이 일컫는 것입니다. 예배는 하나님을 높여야 합니다. 하나님을 영화롭게 해야 합니다. 하나님께 온전한 영광의 찬송을 드릴 수 있기를 바랍니다. 이것을 위해 만세 전부터 하나님이 우리를 택하신 것입니다. 이 땅에서 잘 먹고 잘 살라는 것이 아니라, 우리 멋대로, 우리 생각대로, 우리 소망대로 살라는 것이 아니라, 하나님께 영광의 찬송을 드리도록 하기 위해서입니다(사 43:21). 그러므로 예배에 목숨을 걸기 바랍니다.

말라기 1장 6절에서 하나님은 이렇게 말씀하십니다.

"내 이름을 멸시하는 제사장들아 나 만군의 여호와가 너희에게 이르기를 아들은 그 아버지를, 종은 그 주인을 공경하나니 내가 아버지일진대 나를 공경함이 어디 있느냐 내가 주인일진대 나를 두려워함이 어디 있느냐 하나 너희는 이르기를 우리가 어떻게 주의 이름을 멸시하였나이까 하는도다."

편안할 때, 시간이 있을 때는 누구나 예배드릴 수 있습니다. 가로막는 방해꾼이 없고 미혹하는 자가 없다면 누가 예배를 드리지 않겠습니까? 교회마다 전도는 안 해도, 봉사는 안 해도, 선교는 안 해도, 구제는 안 해도, 예배는 드리지 않습니까? 그런데 예배가 예배 되지 못하니 "내 백성이 나를 멸시한다"고 말씀하시는 것입니다.

주일은 온종일 예배하는 날입니다. 온종일 예배한다는 것은 온종일 하나님을 높이고 경배하고 찬양한다는 것입니다.

오늘날 왜 교회가 교회 되지 못하고 있습니까? 왜 세상에 짓밟혀 버렸습니까? 음부의 권세가 이기지 못하는 교회가 왜 세상 권세에 무릎을 꿇고 있습니까? 예배가 예배 되지 못하기 때문입니다. 성전에 나와 있기는 하지만 더러운 예배를 드리고 있다는 것입니다. 예배가 번거롭다는 것입니다. 귀찮다는 것입니다.

그러나 예배에 대해 하나님과 타협해서는 안 됩니다. 그뿐만 아니라 그 누구에게도 예배를 양보해서는 안 됩니다. 예배를 훼손해서도 안 됩니다. 예배가 무엇인지 모르니 예배가 예배 되지 못하는 것입니다.

오늘날 한국교회가 왜 이 지경이 되었습니까? 누구 마음대로 교회 문을 닫습니까? 먼저 잘못을 깨달아야 합니다. 그리고 통회하고 자복해야 합니다. 그리고 예배가 예배 되게 해야 합니다. 엉터리 같은 예배는 아무리 많이 드려도 오히려 하나님을 욕되게 하는 것이요, 하나님을 무시하는 것입니다. 마음을 다하고 목숨을 다하고 뜻을 다해 예배를 드려야 합니다.

예배는 하나님을 최고로 높이는 것인데 여기에 무엇이 거침돌이 될 수 있겠습니까? 다니엘은 마귀의 위협이나 공갈, 협박에 넘어가지 않았습니다. 죽으면 죽으리라는 각오를 한 것입니다. 주일을 지키지 못하고, 하나님을 예배하지 못한다면 우상에게, 신상에게 절하고 있는 것입니다. 다니엘의 세 친구는 설령 지옥 불같이 뜨거운 풀무불에 들어갈지라도, 하나님 앞에 선 자로 결코 하나님에 대한 그들의 신앙과 예배를 포기하지 않았습니다. 그런 믿음이 우리에게도 있어야 합니다. '사자 굴에 들어갈지라도'라는 믿음이 있어야 합니다. 지금 같은 시대에 예배드린다고 누가 사자 굴에 집어넣습니까? 누가 감옥에 집어넣습니까? 누가 죽입니까? 예배드린다고 불이익을 당하지 않습니다. 그럼에도 조금만 어려우면 예배를 드리지 않는 것은 무엇 때문입니까? 만세 전에 우리를 예정하시고, 택하시고, 구원하시고, 아들로 불러 주시고, 예배자로 부르셨음을 기억해야 합니다.

예배가 예배 될 때 복 있는 사람이 됩니다. 내 탓이니, 네 탓이니 할 필요가 전혀 없습니다. 우리는 모두 누군가에게 손가락질할 만한 자격이 없습니다. 이것은 우리 모두의 회개 제목입니다.

교회 문을 닫으라면 닫고, 열라면 열어서야 되겠습니까? 하나님의 교회가 누가 닫으라면 닫고 열라면 여는 구멍가게입니까? 예배가 예배 되지 못하고, 교회가 교회 되지 못하니 세상의 조롱거리가 되는

24. 창세 전에 택하신 예배자 (엡 1:3-14)

것입니다. 주님의 피 값으로 세워 주셨기에 음부의 권세가 이기지 못하는 교회가 철저하게 예배다운 예배를 드리지 못하고, 하나님이 받으실 만한 예배를 드리지 않았기 때문입니다.

말라기 1장 10절에서 하나님은 이렇게 탄식하십니다. "너희 중에 성전 문을 닫을 자가 있었으면 좋겠도다." 얼마나 예배가 엉터리고, 타락하고, 변질되어 버렸으면, 차라리 성전 문을 닫을 자가 있었으면 좋겠다고 말씀하신 대로 성전 문이 닫혀 버렸겠습니까? 권력 탓이 아닙니다. 누구의 탓도 아닙니다. 하나님이 우리를 만세 전부터 택하시고 하나님의 아들들이 되게 하셔서, 아들 된 자로 예배드리라고 성령으로 기름 부으시고 인쳐 주셨지만 예배가 예배 되지 않았기에 나타난 결과인 것입니다.

5부

25.
초대교회 예배의 모범

(행 2:36-47)

³⁶그런즉 이스라엘 온 집은 확실히 알지니 너희가 십자가에 못 박은 이 예수를 하나님이 주와 그리스도가 되게 하셨느니라 하니라 ³⁷그들이 이 말을 듣고 마음에 찔려 베드로와 다른 사도들에게 물어 이르되 형제들아 우리가 어찌할꼬 하거늘 ³⁸베드로가 이르되 너희가 회개하여 각각 예수 그리스도의 이름으로 세례를 받고 죄 사함을 받으라 그리하면 성령의 선물을 받으리니 ³⁹이 약속은 너희와 너희 자녀와 모든 먼 데 사람 곧 주 우리 하나님이 얼마든지 부르시는 자들에게 하신 것이라 하고 ⁴⁰또 여러 말로 확증하며 권하여 이르되 너희가 이 패역한 세대에서 구원을 받으라 하니 ⁴¹그 말을 받은 사람들은 세례를 받으매 이날에 신도의 수가 삼천이나 더하더라 ⁴²그들이 사도의 가르침을 받아 서로 교제하고 떡을 떼며 오로지 기도하기를 힘쓰니라 ⁴³사람마다 두려워하는데 사도들로 말미암아 기사와 표적이 많이 나타나니 ⁴⁴믿는 사람이 다 함께 있어 모든 물건을 서로 통용하고 ⁴⁵또 재산과 소유를 팔아 각 사람의 필요를 따라 나눠 주며 ⁴⁶날마다 마음을 같이하여 성전에 모이기

를 힘쓰고 집에서 떡을 떼며 기쁨과 순전한 마음으로 음식을 먹고 [47]하나님을 찬미하며 또 온 백성에게 칭송을 받으니 주께서 구원받는 사람을 날마다 더하게 하시니라

신앙생활에서 성공하는 사람이 인생에서 성공합니다. 반면 예배에 실패한다면 후회할 것밖에 없고, 죄악을 더 쌓아갈 뿐입니다. 예배가 무엇인지 분명히 알고 예배를 드리기 바랍니다.

예배를 형식적으로 드려서는 절대로 안 됩니다. 예배는 만왕의 왕이신 하나님께 예배를 드리는 것입니다. 하나님께 흠 있고 점 있는 것, 병든 것, 쓰다 남은 것을 드려 보십시오. 하나님이 그것을 받으시겠습니까? 심지어 세상 왕에게도 최고의 것을 바치지 않습니까? 왕에게 바치는 진상품이 썩은 것이거나 먹다 남은 것, 벌레 먹은 것이라면 왕이 그것을 받겠습니까? 받기는커녕 삼족을 멸해 버릴 것입니다. 왜 그렇습니까? 왕을 멸시했다는 것입니다. 무시했다는 것입니다. 한 나라의 왕에게 무엇을 바칠 때도 최고의 극상품을 정성을 다해 바쳐야 하거늘, 하물며 만왕의 왕이시고 인간의 생사화복을 주관하시는 하나님께 예배를 드린다고 하면서 마음도 드리지 못하면 되겠습니까? 좋은 것은 자기가 취하고, 남은 병든 것, 저는 것을 하나님께 드린다면 받으시기는커녕 오히려 하나님의 얼굴이 흐려질 것입니다.

예배가 무엇인지 제대로 알아야 합니다. 죄인이 어떻게 하나님의 얼굴을 뵙겠습니까? 죄인이 어떻게 하나님을 만날 수 있겠습니까? 그런 우리를 예배의 자리로 초청해 주신 은혜를 작다고 하겠습니까? 예배 한 번 드릴 수 있다는 것에 어찌 그리 감동이 없고, 감사가 없

고, 감격이 없습니까?

　예배는 하나님께 드리는 것입니다. 하나님은 가인과 그 예물은 받지 않으셨습니다. 가인은 하나님이 받지 않으신 예배에 대해 화가 치밀고 분노가 일어 견딜 수가 없었습니다. 그래서 엉뚱하게 자기 동생에게 화풀이를 했습니다. 예배에 실패했으면 자기 자신을 돌아보고 다음에는 하나님이 받으실 만한 예배를 드리도록 하면 될 텐데 그만 동생을 죽이고 말았습니다. 예배에 성공한 동생 아벨에게 겸손하게 물어보면 좋았을 텐데 오히려 온전한 예배를 드린 아벨을 죽여 버리고 만 것입니다.

　예배가 인류 최초의 살인자를 만들어 버렸고, 형제간의 살인사건을 촉발한 것입니다. 그렇게 중요한 것이 예배라는 말입니다. 그렇다면 우리가 어떻게 예배를 가볍게 드릴 수 있겠습니까? 예배는 그냥 참석만 하는 것이 아니며, 구경하는 것도 아닙니다. 몸만 와 있는 것이 예배가 아닙니다. 예배드릴 때는 한없이 겸손해질 수밖에 없습니다. 그래서 먼저 회개하는 것입니다.

　본문에 나오는 초대교회 예배의 모범은 이후 모든 교회의 기준이자 표준이 됩니다. 그러나 오늘날 교회가 초대교회의 모습을 따르지 못하고 변질되었기 때문에 타락하고 예배가 예배 되지 못하게 된 것입니다. 오순절 마가의 다락방에 성령이 임했고, 가룟 유다를 대신하여 뽑은 새로운 제자까지 열두 제자가 500문도와 함께 성령의 충만함을 받았습니다. 곧 그 자리에 함께한 모든 사람에게 성령이 임한 것입니다. 성령은 하나님의 영입니다.

　성령이 임하자 비겁했던 베드로를 비롯하여 주님을 떠났던 제자들이 180도 바뀌었습니다. 그런 그들이 복음을 증거하니 백성들이 달려와 말씀을 듣기 시작합니다. 그 핵심 내용이 본문 36절의 "이스라엘 온 집은 확실히 알지니 너희가 십자가에 못 박은 이 예수를 하나님이 주와 그리스도가 되게 하셨느니라"라는 말씀입니다. "확실하게 이것만큼은 알아라"라고 했는데 그것이 무엇입니까? '너희가 예수를 죽였다'라는 것입니다. 예수를 누가 죽였습니까? 우리가 죽인 것입니다. 이것을 확실하게 알라는 것입니다. 예수님은 하나님이신데 그 하나님을 우리가 죽인 것이라는 말입니다. 그런데 사도신경에서는 누가 죽였다고 하고 있습니까? 빌라도에게 고난을 받고 십자가에 못 박혀 죽으셨다고 합니다. 빌라도를 언제까지 우려먹을 것이며, 언제까지 빌라도 핑계만 대겠습니까? 거짓 고백을 하고 있는 것입니다. 이는 확실히 알지 못해서입니다.

예수님이 우리를 대신해서 죽으시고, 우리의 구세주가 되시고, 우리의 그리스도가 되신다면 무조건 예수님이 죽으신 것은 우리 죄 때문이요, 그러니 우리가 예수님을 죽인 것이라는 고백이 있어야 합니다. 이 고백이 되지 않고서는 믿기는 믿는데 믿음이 온전하지 못합니다. 온전하지 못하니 믿는다고는 하나 그 믿음이 흔들리고, 여전히 자기 생각대로, 자기 좋은 대로, 자기가 원하는 대로, 자기가 바라는 대로 믿으려 합니다.

본문 37절을 보면 베드로의 설교를 들은 사람들이 "우리가 어찌할꼬" 하며 탄식합니다. 예수님을 죽인 장본인이 '나'라는 것을 확실하게 알 때 회개가 터지는 것입니다. 그들이 하나님의 말씀에 마음에 찔려 '내가 예수님을 죽였구나' 하고 깨닫게 된 것입니다. 전에는 빌라도가 죽인 줄 알았고, 이스라엘 백성이 죽인 줄 알았지만 '내가 죽였구나' 하고 알게 하시는 분은 성령님이십니다. 그렇게 이들이 깨닫게 되자 마음에 찔려 "어찌할꼬" 하며 회개하게 된 것입니다.

그러자 본문 38절에서 베드로가 말합니다. "너희가 회개하여 각각 예수 그리스도의 이름으로 세례를 받고 죄 사함을 받으라." 그리하면 성령의 선물을 받는다고 했습니다. 성령의 선물을 받으면 능력이 임하고, 은사가 임하고, 성령을 좇아 살아가며, 세상을 이길 수 있는 성령의 열매를 맺게 됩니다.

그렇다면 회개는 어떻게 해야 합니까? 단순히 '잘못했어요'가 아니라, 예수를 죽인 장본인이 '나'라는 것을 깨달아야 예배의 자리로 나아갈 수 있습니다. 죄인은 결코 하나님 앞에 나아와 예배드릴 수 없지만, 예수를 죽인 자가 바로 자신이라는 것과 그러기에 자신이 죄인인 것을 알고 회개하였을 때, 하나님은 그 죄를 용서하시며 덮어 주시고, 주님의 거룩한 보혈로 씻어 주시며, 하나님 자녀의 권세를 주십니다. 이것이 초대교회에서 일어난 일입니다. 초대교회는 모든 교회의 모범입니다.

당시 어떻게 하루에 3천 명이나 되는 사람이 구원을 받았습니까? 본문 42절은 "그들이 사도의 가르침을 받아"라고 말씀합니다. 먼저 사도들의 가르침을 받아야 합니다. 그들은 하나님에 대하여 알고자 했고, 그처럼 알고자 했던 자들은 가르침을 받았습니다. 그들은 무엇이 예배이며, 무엇이 믿음인지, 기도는 무엇이며 어떻게 하나님의 기쁨이 될 수 있는지 등을 가르침을 통해 알게 되었습니다.

가르침을 받으려고 해야 합니다. 잘 알지도 못하면서 알고자 하지 않고, 배우려고 하지 않고, 들으려고 하지 않으면 결코 변화될 수 없습니다. 모르는 것이 있으면 가르침을 받아야 합니다. 모르는 길은 잘 아는 안내자의 가르침을 받으면 갈 수 있습니다. 알지도 못하면서 길을 갈 수는 없습니다. 신앙생활을 어떻게 해야 하는지, 하나님을 어떻게 기쁘게 할 수 있는지 가르침을 받아야 합니다. 예수님도 끊임없이 제자들을 가르치셨습니다. 가르침을 받아야 믿음이 생기고, 온전한 하나님의 자녀가 되어 가는 것입니다.

두 번째로 그들은 서로 교제했습니다. 이것은 사랑의 교제로 서로 대접하고, 섬겨 주고, 낮아지는 것입니다. 교제가 무엇입니까? 서로 하나가 되는 것입니다. 마음을 같이하고 뜻을 같이하며 서로 같아지는 것이 공동체입니다. 교회는 사랑의 공동체입니다. 그들은 함께 교제를 나누었습니다. 주님이 가르치신 대로 성도들과 교통하고 사랑의 교제를 가졌습니다. 서로 섬겨 주고, 아껴 주고, 높여 주고, 존중해 주는 교제였습니다. 신앙생활은 나 혼자 하는 것이 아닙니다. 함께 더불어 하는 것입니다. 오른손과 왼손이 서로 돕고, 열 손가락이 합력하여 힘을 모으듯, 서로 한 방향과 목적을 가지고 가는 것이 사랑의 교제입니다.

사랑의 교제가 있어야 초대교회 같은 예배를 드릴 수 있는 것입니다. 자기만 잘하는 것은 교제가 없는 것입니다. 야구선수가 아무리 오른손이 재능이 뛰어나고 힘이 있어도, 왼손이 도와주지 않으면 아무것도 제대로 할 수 없습니다. 또 아무리 양팔을 자유자재로 사용할 수 있다 해도, 다리가 도와주지 않으면 실력을 제대로 발휘할 수 없습니다. 야구는 팔로만 하는 경기가 아니기 때문입니다. 이처럼 서로 합력하는 것이 교제입니다. 자기만 잘하는 것은 예배자의 신앙생활이 아닙니다.

본문 42절은 "그들이 사도의 가르침을 받아 서로 교제하고 떡을 떼며 오로지 기도하기를 힘쓰니라"라고 말씀합니다. 이것이 초대교회 예배의 모습으로, 그들은 서로 떡을 뗀다고 했습니다. 이것은 두 가지 의미를 담고 있습니다. 하나는 성찬을 의미합니다. 그리스도 안에서 우리는 한 마음, 한 소망, 한 뜻, 한 믿음, 한 성령으로 서로 떡을 떼는 것입니다. 우리의 주인이신 예수님을 높이고 증거하고 나타내기 위해 서로 교제하고 떡을 떼는 것입니다. 우리는 서로 그리스도의 몸의 지체입니다. 서로 떡을 뗄 때 '당신은 남이 아닙니다. 당신의 행복이 나의 행복입니다. 당신의 불행이 나의 불행입디다' 하면서 서로 하나 된 모습을 이루어야 합니다. 어떤 사람은 다른 사람의 불행이 자신의 행복이라며 다른 사람이 잘 안되면 고소하게 생각하기도 하지만, 우리는 그러한 옛사람이 아닙니다.

본문 40절은 "또 여러 말로 확증하며 권하여 이르되 너희가 이 패역한 세대에서 구원을 받으라"라고 말씀합니다. '패역한 세대'는 자기만 아는 세대입니다. 자기만 잘되면 되고, 자기만 행복하면 되고, 자기 가족만 안전하면 되고, 자기만 잘 먹고 잘 살면 된다고 생각하는 것입니다. 이들은 다른 사람을 돌볼 줄 모르기 때문에 이웃이 없습니다. 이런 패역한 세대에서 구원을 받아야 합니다.

예수님이 우리 같은 죄인을 위해 피 흘려 죽기까지 하셨습니다. 그 은혜와 사랑을 받았으니 이제는 우리가 이웃에게 그리스도의 사랑을 실천해야 합니다. 그것이 예배자입니다. 이는 어려운 일이 아닙니다. 다른 사람이 정말 잘되기를 바라는 진실한 마음을 가지면 됩니다. 그것이 초대교회 예배자의 모습입니다.

'나는 세상에 있지만 이 세상 사람이 아닙니다. 천국이 내 본향입니다. 나의 소속은 아버지 나라입니다'라고 항상 고백하기 바랍니다. 잠시 잠깐 후면 우리는 더는 여기에 있지 않습니다. 원수 마귀는 우리가 이 땅에서 영원히 살 것처럼 허송세월하도록 유혹합니다. 그러나 이 세상에 죽지 않는 사람은 한 사람도 없습니다. 제아무리 건강한 사람이라도 하나님이 부르시면 가는 것입니다. 이 땅에 오는 것은 순서가 있어도 가는 것은 순서가 없다고 하지 않습니까?

오늘이 우리 생의 마지막 날이라고 생각하며 최선을 다하기 바랍니다. 무엇에 최선을 다해야 합니까? 이웃을 사랑하고, 섬기고, 대접하며, 이웃에게 기쁨을 주는 일에 최선을 다해야 합니다. 그것을 다른 말로 성경에서는 복이라고 합니다. 이것을 위해 우리는 모이기를 힘써야 합니다.

본문 46절은 "날마다 마음을 같이하여 성전에 모이기를 힘쓰고 집에서 떡을 떼며 기쁨과 순전한 마음으로 음식을 먹고"라고 말씀합니다. 모이기를 힘써야 합니다. 하나님을 잘 섬기려면 다 함께 힘을 모아 서로를 돕고 격려하며 각각 받은 달란트대로 섬기고 모이는 데 힘을 다해야 합니다. 하나님은 그러한 예배자의 예배를 기쁘게 받으십니다. 하나님이 그런 예배를 받으셨을 때 많은 사람이 칭송을 했습니다. 거짓된 예배가 있기 때문에 참되게 예배하는 예배자들이 있는 것입니다. 하나님은 참이십니다. 그래서 거짓이 없으십니다. 그런 하나님 앞에 거짓으로 예배드릴 수 있겠습니까? 우리의 믿음도, 사랑도, 예배도, 삶도 참되기를 바랍니다.

본문 47절은 "하나님을 찬미하며 또 온 백성에게 칭송을 받으니 주께서 구원받는 사람을 날마다 더하게 하시니라"라고 말씀합니다. 하나님을 찬미한다는 것은 하나님께 영광을 돌린다는 말입니다. 하나님을 높이고 영화롭게 한다는 뜻입니다. 또 참되게 예배하는 자들은 사람들에게 칭송을 받는다고 했습니다. 예배에 성공하려면 하나님을 찬미하면서 또 온 백성에게 칭송을 받아야 합니다. 우리가 그런 참된 예배자로 살아가면, 하나님께서 구원받는 사람을 날마다 더하게 하십니다.

하나님이 인정하시는 삶은 마귀도 인정하고, 사람들도 인정하게 됩니다. 하나님이 인정하시는 신앙생활을 하는 참된 예배자가 되면 당연히 마귀도 "저건 진짜야" 하며 떨고 두려워할 수밖에 없습니다.

사람들도 "저 사람은 진짜구나. 저 사람은 참 그리스도인이구나" 하며 그의 착한 행실을 통해 하나님께 영광을 돌리게 됩니다.

예배는 하나님을 높이는 것입니다. 지금부터 그렇게 하면 됩니다. 초대교회 성도들은 전에는 그렇게 하지 못했지만 말씀을 듣고 마음에 찔려 회개하자 성령에 사로잡혀 참된 예배자의 삶으로 바뀌었습니다. 우리 한 사람이 바뀌면 가정이 바뀌고, 이웃이 바뀌고, 나라가 바뀌게 될 것입니다. 반면 우리 한 사람이 바뀌지 않으면 주변이 불행해집니다. 행복은 하나님 앞에 올바른 예배자로 살아갈 때 찾아옵니다. 우리가 그런 예배자가 된다면 이웃이 더 잘 알고, 그로 인해 이웃이 더 행복해집니다. 이러한 초대교회 예배의 모범을 본받아 참된 예배자로 살아가는 복 있는 삶이 되기를 바랍니다.

26.
하나님만 섬기는 예배자

(수 24:14-18)

¹⁴그러므로 이제는 여호와를 경외하며 온전함과 진실함으로 그를 섬기라 너희의 조상들이 강 저쪽과 애굽에서 섬기던 신들을 치워 버리고 여호와만 섬기라 ¹⁵만일 여호와를 섬기는 것이 너희에게 좋지 않게 보이거든 너희 조상들이 강 저쪽에서 섬기던 신들이든지 또는 너희가 거주하는 땅에 있는 아모리 족속의 신들이든지 너희가 섬길 자를 오늘 택하라 오직 나와 내 집은 여호와를 섬기겠노라 하니 ¹⁶백성이 대답하여 이르되 우리가 결단코 여호와를 버리고 다른 신들을 섬기기를 하지 아니하오리니 ¹⁷이는 우리 하나님 여호와께서 친히 우리와 우리 조상들을 인도하여 애굽 땅 종 되었던 집에서 올라오게 하시고 우리 목전에서 그 큰 이적들을 행하시고 우리가 행한 모든 길과 우리가 지나온 모든 백성들 중에서 우리를 보호하셨음이며 ¹⁸여호와께서 또 모든 백성들과 이 땅에 거주하던 아모리 족속을 우리 앞에서 쫓아내셨음이라 그러므로 우리도 여호와를 섬기리니 그는 우리 하나님이심이니이다 하니라

과거에 아무리 좋은 것, 많은 것을 가졌고, 아무리 대단한 일을 했어도 과거는 과거입니다. 다 지나가 버린 것입니다. 물 위에 흘려 떠내려 버린 것과 같습니다. 또 미래는 누구도 보장할 수 없습니다. 내일이라는 것은 아무리 갖고 싶다 해도 하나님이 허락하지 않으면 가질 수 없습니다. 하지만 '오늘'은 우리에게 주셨습니다. 오늘은 우리가 살아 있습니다. 그러기에 오늘만큼 귀중하고 복된 날은 없습니다. 매일매일이 최고의 날이 되기를 바랍니다.

과거에 매여 있으면 오늘과 현재를 잃어버립니다. 오늘과 현재를 잃어버리면 영원히 인생의 실패자가 될 수밖에 없습니다. 성공한 사람은 기회가 있을 때 그것을 놓치지 않습니다. 밥 먹을 기회가 주어졌을 때는 밥을 먹어야 합니다. 모든 것이 때가 있습니다. 비를 주셨을 때 비를 맞아야 하고, 해를 주셨을 때 햇빛을 쬐어야 합니다. 하나님이 주신 시간과 기회를 귀하게 여겨 잘 활용하기 바랍니다.

본문은 이스라엘 백성이 애굽 땅에서 나온 후의 일을 기록하고 있습니다. 하나님은 그들에게 광야에서 하나님을 섬기라고 했지만 그들은 하나님을 섬기지 않고 우상을 섬겼습니다. 애굽에 있을 때의 습관을 버리지 못했습니다. 애굽에서 종의 근성으로 애굽 신들을 숭배했을 뿐 아니라, 광야에 나와서는 광야에 있는 우상들을 섬기고, 심지어 금송아지를 만들어 놓고 하나님이라고 했습니다.

이렇게 어리석은 이스라엘 백성에게 여호수아가 하나님 말씀을 선포하고 결단을 촉구합니다. "하나님이 너희의 하나님이면 하나님만 섬기고, 우상이 하나님이면 우상을 섬겨라. 이방신들이 하나님이면 이방신들을 섬겨라." 여기서 '하나님'은 모든 생명의 주인이라는 뜻입니다. 이 말은 곧 "하나님이 하나님 되어야 하지 않겠느냐? 하나님 외에 어떤 신이 너희들을 살리고 생명을 줄 수 있다는 말이냐?

언제까지 머뭇머뭇하겠느냐?"라는 뜻입니다.

본문 14절에서 여호수아는 이스라엘 백성에게 "너희의 조상들이 강 저쪽과 애굽에서 섬기던 신들을 치워 버리고 여호와만 섬기라"고 말합니다. '너희가 여지껏 잘못 살아왔고, 하나님을 대적하며 살아왔고, 하나님 외에 다른 신들을 섬기고 살아왔지만 이제는 여호와를 경외하라'는 것입니다. 하나님을 경외하는 것은 하나님을 두려워하며 섬기는 것입니다. 하나님을 두려워하지 않으니 세상 것을 두려워할 수밖에 없습니다. 질병은 두려우면서 하나님은 두렵지 않습니다. 세상 법은 두려우면서 하나님의 법은 두렵지 않습니다. 의사가 곧 죽을 것이라고 하면 두려워하면서 하나님의 말씀에서 죽는다고 하는 것은 두려워하지 않습니다. 하나님이 아담에게 에덴동산에 있는 모든 나무의 열매는 임의로 먹되 동산 중앙에 있는 선악을 알게 하는 나무의 열매를 따 먹는 날에는 반드시 죽을 것이라고 하셨는데 그는 믿지 않았습니다. 하나님을 두려워함이 없으니 하나님을 경외하지 못합니다.

본문 14절은 하나님을 경외하며 온전함과 진실함으로 섬기라고 말합니다. 오늘날 하나님을 섬기는 사람은 많은데, 온전히 그리고 진실로 섬기는 사람은 많지 않습니다. 하나님을 경외한다는 것은 하나님이 크신 분이니 두려워한다는 것입니다. 마음을 다하고 목숨을 다하고 뜻을 다하여 하나님을 사랑으로 섬기는 것이 하나님을 경외하는 것입니다. 마태복음 23장 23절에서 예수님은 이렇게 말씀하십니다.

"화 있을진저 외식하는 서기관들과 바리새인들이여 너희가 박하와 회향과 근채의 십일조는 드리되 율법의 더 중한바 정의와 긍휼과 믿음은 버렸도다 그러나 이것도 행하고 저것도 버리지 말아야 할지니라."

외식한다는 것은 속과 겉이 다르다는 말입니다. 외적으로는 어떤 것을 행하는데 속으로는 다른 생각을 하고 있는 것입니다. 박하와 회향과 근채의 십일조는 드리되 하나님의 법을 버리고, 하나님 사랑하는 것을 버리고, 하나님을 믿는 믿음도 버리는 것입니다.

본문 14절에서 여호수아는 "그러므로 이제는 여호와를 경외하며 온전함과 진실함으로 그를 섬기라 너희의 조상들이 강 저쪽과 애굽에서 섬기던 신들을 치워 버리고 여호와만 섬기라"고 말한 뒤, 자신과 그의 집은 하나님을 섬기겠다고 고백하며 결단합니다. "만일 여호와를 섬기는 것이 너희에게 좋지 않게 보이거든 너희 조상들이 강 저쪽에서 섬기던 신들이든지 또는 너희가 거주하는 땅에 있는 아모리 족속의 신들이든지 너희가 섬길 자를 오늘 택하라 오직 나와 내 집은 여호와를 섬기겠노라 하니"(15절).

고린도후서 6장 1-2절은 말씀합니다.

"우리가 하나님과 함께 일하는 자로서 너희를 권하노니 하나님의 은혜를 헛되이 받지 말라 이르시되 내가 은혜 베풀 때에 너에게 듣고 구원의 날에 너를 도왔다 하셨으니 보라 지금은 은혜받을 만한 때요 보라 지금은 구원의 날이로다."

하나님의 은혜든 구원이든 지금 받지 못하는 사람은 영원히 받지 못할 수 있습니다. 원수는 속이는 자로 열심히 하되 내일부터 하라고 끊임없이 속삭입니다. 원수는 무작정 하지 말라고 하지 않습니다. 다만 내일부터, 다음 주부터, 다음 달부터, 내년부터 하라고 합니다. 그러나 하나님은 오늘, 지금부터 하라고 하십니다. 지금이 은혜 받을 만한 때라고 하십니다. 오늘 지금 이 순간에 하나님 말씀을 받고 깨닫기를 바랍니다. 다음 기회는 없습니다. 다음 기회가 있다고 장담하는 사람은 믿음의 사람이 아닙니다. 하나님은 그런 사람에게 이렇게 말씀하십니다. "그것을 네가 어떻게 장담하느냐? 생명을 주기도 하고 거두어 가기도 하는 이는 오직 나뿐인데 나의 권한을 네가 가로채려느냐? 오늘 밤에라도 내가 너를 불러가면 네가 갖고 있는 모든 것이 누구의 것이 되겠느냐? 그것들이 네 것이라고 착각하지 말아라."

고린도전서 6장 19-20절은 "너희 몸은 너희가 하나님께로부터 받은바 너희 가운데 계신 성령의 전인 줄을 알지 못하느냐 너희는 너희 자신의 것이 아니라 값으로 산 것이 되었으니 그런즉 너희 몸으로 하나님께 영광을 돌리라"라고 말씀합니다. 우리의 몸은 우리 것이 아니며 시간도, 건강도, 물질도, 달란트도 하나님이 우리에게 맡겨 주신 것입니다. 맡겨 주신 것이기 때문에 주인이신 하나님이 언제든 다시 찾아가신다는 말입니다.

내일이란 시간은 주인의 권한에 있지, 우리에게 있는 것이 아닙니다. 그래서 지금이 은혜받을 만한 때입니다. 오늘 이 시간에 붙들어야 합니다. 믿음의 사람들은 하나님의 절대주권을 믿기 때문에 오늘 주신 기회를 놓치지 않습니다. 지금이 은혜받을 만한 때요, 구원의 날입니다.

우리는 죄에서만 구원받는 것이 아닙니다. 죄는 물론 환경과 삶에서도 구원받아야 합니다. 그래서 여호수아가 "너희가 섬길 자를 오늘 택하라 오직 나와 내 집은 여호와를 섬기겠노라"(15절)라고 말하자, 백성이 "우리가 결단코 여호와를 버리고 다른 신들을 섬기기를 하지 아니하오리니"(16절)라고 답했습니다. 그런데 이스라엘 백성은 이 결단을 지키지 못했습니다.

본문 19절은 "여호수아가 백성에게 이르되 너희가 여호와를 능히 섬기지 못할 것은 그는 거룩하신 하나님이시요 질투하시는 하나님이시니 너희의 잘못과 죄들을 사하지 아니하실 것임이라"라고 말씀합니다. 이스라엘 백성은 자신들도 하나님을 섬기고 다른 신들을 섬기지 않겠다며 고백했지만, 여호수아와 그의 가족들을 제외하고는 모두 그렇게 살지 못했습니다. 왜 이런 일이 벌어진 것입니까? 이들은 '우리도 여호와를 섬기겠다'고 했지만, 이는 두 마음을 품고 하나님도 섬기고 다른 것도 섬기겠다는 말입니다. 그런데 누가 '하나님만' 섬기라고 했지, '하나님을' 섬기라고 했습니까?

창세기 2장 17절에서 하나님이 아담에게 동산 중앙에 있는 나무의 열매는 따 먹으면 반드시 죽는다고 하셨는데, 사탄은 이 말씀을 변질시켜 '죽을까 하노라'라는 말로 속였습니다.

고린도후서 4장 4절은 "그중에 이 세상의 신이 믿지 아니하는 자들의 마음을 혼미하게 하여 그리스도의 영광의 복음의 광채가 비치지 못하게 함이니 그리스도는 하나님의 형상이니라"라고 말씀합니다. 사탄은 사람의 마음을 혼미하게 하여 하나님 말씀을 지켜도 되고, 안 지켜도 되는 줄로 착각하게 만듭니다. 계명은 반드시 지키라는 명령입니다. 지키지 않아도 된다는 생각은 사탄이 주는 것입니다. 지키지 못했으면 지키려고 결단해야 합니다. 사탄이 혼미한 영을 집어넣으니 하나님의 말씀이 굴절되고 변절되는 것입니다. 하나님의 말씀에 인간의 생각이 가미되어 버립니다. 그래서 분명 하나님과 재물을 겸하여 섬길 수 없다고 하셨는데(마 6:24), 하나님도 섬기고 다른 세상에 있는 것들도 섬기는 일이 벌어지는 것입니다.

우리의 모든 생사화복을 주관하시는 분은 하나님이시기에 우리가 두려워할 대상은 오직 하나님뿐입니다. 그리고 하나님의 계명을 지키는 것이 하나님을 사랑하는 것입니다. 어떤 사람들은 하나님을 사랑한다고 하면서 계명은 지키지 않습니다. 하나님 말씀을 들을 때 듣고 싶은 말만 들으려 해서는 안 됩니다. 신앙에서 중립지대는 없습니다. 반드시 한쪽 편을 택해야 합니다. 그런데 사탄이 우리에게 하나님도 사랑하고, 세상과 돈도 사랑하고 싶은 혼미하고 혼탁한 영을 집어넣어 그래도 괜찮다며 합리화합니다. 괜찮다고 하니 회개가 안 되고 돌이킬 수도 없습니다.

하나님이면 하나님 편, 바알이면 바알 편이어야 합니다. 어느 때까지 머뭇거리겠습니까? 이것도 아니고 저것도 아니라며 어느 때까지 허송세월하겠다는 것입니까? 주님의 말씀은 일점일획도 땅에 떨어짐이 없는데 자기 편리한 대로 빼먹기도 하고, 잘라 먹기도 하고, 변형시키기도 하면서 자기중심으로, 자기 하고 싶은 대로, 자기 원하는 대로 말씀을 바꿔 버립니다. 그러니 주님이 외식하는 자들에게 화가 있다고 하신 것입니다.

마태복음 23장 3절은 "그러므로 무엇이든지 그들이 말하는 바는 행하고 지키되 그들이 하는 행위는 본받지 말라 그들은 말만 하고 행하지 아니하며"라고 말씀합니다. 예수님은 서기관들과 바리새인들이 말만 잘하고 행하지 않는 것을 지적하셨습니다. 우리는 이런 사람이 되어서는 안 됩니다. 조금 부족하면 어떻습니까? 부족하면 부족한 대로 속과 겉이 같아야 합니다.

바리새인과 세리 두 사람이 각각 하나님 앞에 나아가 기도할 때 하나님은 누구를 더 의인으로 여기셨습니까? 세리입니다. 그가 하나님 앞에 정직하게 기도할 때 하나님은 그것을 그의 의로 여겨 주셨습니다. 그러므로 못하면서 잘하는 척, 믿음이 없으면서 있는 척, 경건하지 않으면서 경건한 척하지 말라는 말입니다. 우리 모습 그대로 진실하게 하나님 앞에 고백하고 숨기려 하지 않아야 합니다.

"아담아, 네가 어디 있느냐?" 하고 하나님이 아담을 부르셨을 때 그는 나뭇가지 뒤에 숨었습니다. 그리고 무화과나무 잎으로 부끄러움을 가렸습니다. 숨기고 속이려 했다는 것입니다. 그러나 하나님은 속일 수 없습니다. 그리고 하나님을 두려워하지 않기에 눈 감고 아웅 하는 식으로 경건한 척, 깨끗한 척, 거룩한 척합니다.

충실한 고백을 해야 합니다. 두리뭉실하거나 형식적인 것을 하나님은 가장 싫어하십니다. 사람은 외모를 보고 판단하지만 하나님은 중심을 보십니다. '어떻게 하나님만 섬기고 살 수 있습니까?', '어떻게 믿음만 가지고 삽니까?', '어떻게 신앙생활만 하고 살 수 있습니까?' 이런 것은 모두 사탄이 하는 소리입니다. 먼저 그의 나라와 의를 구하면 모든 것을 더해 주시는 하나님이십니다.

우리 모두 하나님만 섬깁시다. 이스라엘 백성은 여호수아가 '하나님만' 섬길 것을 말했음에도 '하나님을' 섬기겠다고 하고 두 마음을 품다가 변질되어 버렸습니다. 두 마음으로 변질된 순간 사탄이 지배하기 시작하기 때문에 그때부터는 하나님을 섬길 수 없습니다. 말씀에 대해 타협해서는 결코 안 됩니다. 무엇을 더하거나 빼서는 안 됩니다.

이것이 예배 회복입니다. 오늘날 예배드리는 사람은 많은데 참된 예배자가 드뭅니다. 교회는 많은데 자기를 부인하는 제자들이 드뭅니다. 그러나 우리는 한 걸음 한 걸음 나아갈 때마다 하나님만 섬기고 사랑하는 참된 예배자가 되어야 하겠습니다.

27.
하나님의 관심은 예배자에게 있다

(눅 18:35-43)

³⁵여리고에 가까이 가셨을 때에 한 맹인이 길 가에 앉아 구걸하다가 ³⁶무리가 지나감을 듣고 이 무슨 일이냐고 물은대 ³⁷그들이 나사렛 예수께서 지나가신다 하니 ³⁸맹인이 외쳐 이르되 다윗의 자손 예수여 나를 불쌍히 여기소서 하거늘 ³⁹앞서 가는 자들이 그를 꾸짖어 잠잠하라 하되 그가 더욱 크게 소리 질러 다윗의 자손이여 나를 불쌍히 여기소서 하는지라 ⁴⁰예수께서 머물러 서서 명하여 데려 오라 하셨더니 그가 가까이 오매 물어 이르시되 ⁴¹네게 무엇을 하여 주기를 원하느냐 이르되 주여 보기를 원하나이다 ⁴²예수께서 그에게 이르시되 보라 네 믿음이 너를 구원하였느니라 하시매 ⁴³곧 보게 되어 하나님께 영광을 돌리며 예수를 따르니 백성이 다 이를 보고 하나님을 찬양하니라

본문 43절은 "곧 보게 되어 하나님께 영광을 돌리며 예수를 따르니 백성이 다 이를 보고 하나님을 찬양하니라"라고 말씀합니다. 여기에 나오는 사람은 맹인이면서 거지입니다. 맹인이니 스스로 일할 수 없고, 거지이니 구걸이라도 해서 먹고살아야 합니다. 이러한 맹인이 눈을 뜨고자 하는 바람과 믿음으로 외친 결사적인 행동에 주님은 관심을 갖고 은혜를 베풀어 주셨고, 이를 본 백성들이 하나님께 영광을 돌리는 역사가 일어났습니다.

이 세상에는 육적인 맹인도 있고, 영적인 맹인도 있습니다. 더 구체적으로 말하면 네 부류로 나눌 수 있습니다. 곧 육적으로는 맹인이지만 영적인 눈이 뜨여 있는 사람, 육적인 눈은 뜨여 있지만 영적으로는 맹인인 사람, 육적으로나 영적으로 모두 맹인인 사람, 육적으로도 영적으로도 눈이 뜨여 있는 사람입니다. 어떤 부류에 속해야 합니까? 당연히 영과 육의 눈이 다 뜨여 있는 사람이어야 합니다.

하나님은 에덴동산에서 아담에게 선악을 알게 하는 나무의 열매를 먹으면 반드시 죽는다고 하셨지만, 그는 결국 그 열매를 먹었고 그 후 눈이 밝아지긴 했는데 육의 눈만 밝아졌습니다. 영의 눈은 어두워진 것입니다. 그리고 언제든 하나님을 뵐 수 있었던 에덴동산에서 쫓겨나고 말았습니다. 이후 모든 인류는 영적 맹인이 되었습니다.

맹인이 눈을 뜨게 된 것은 먼저 나사렛 예수께서 지나가신다는 소리를 들었기 때문입니다. 이후 그의 행동을 볼 때 '이 기회를 놓치면 끝이다, 이것이 마지막 기회다'라고 생각했을 것으로 짐작할 수 있습니다. 예배드릴 때 이러한 심정으로 드려야 합니다. 마지막 예배라는 절박함이 있어야 합니다. 이 시간이 오늘 나에게 주어진 마지막 은혜받을 기회라고 생각해야 합니다.

본문 38절을 보면 맹인이 어떻게 했습니까? "다윗의 자손 예수여 나를 불쌍히 여기소서" 하며 힘껏 외쳤습니다. 이 길밖에 없다고 생각했고 그만큼 절박하고 간절했을 것입니다. 이것을 주님이 보신 것입니다. 물에 빠진 사람이 고상하게 건져 달라고 하면 되겠습니까? 힘껏 소리를 쳐야 합니다. '아멘'을 너무 고상하게 하지 마시기 바랍니다. '아멘'은 소리를 치는 것입니다.

거지 맹인이 소리를 칠 때 주님이 들으셨습니다. 체면을 차리고, 자기 위신 세워 가면서, 다른 사람의 눈치 봐가면서 '혹시 소리를 치면 누가 뭐라고 하지 않을까? 내가 실수나 하는 건 아닌가?' 하는 것은 배부르고 등 따뜻할 때 하는 생각입니다. 정말 배가 고프고 살길이 이 길밖에 없다면, 예수님밖에 답이 없고, 예수님밖에 길이 없고, 예수님밖에 살 방법이 없다고 생각된다면 얼마나 간절함으로 예수님을 부르겠습니까?

맹인은 예수님이 지나가신다는 소리를 들었습니다. 만약 그냥 지나쳐 가시면 끝나는 상황입니다. 버스가 올 때 세워서 타야지, 지나가 버리면 끝나는 것입니다. 지금이 은혜받을 만한 때요, 구원의 날입니다. 지금 은혜를 받으려 지금 말씀을 붙들고자 하고, 지금 주님을 만나고자 해야 역사가 나타나는 것입니다. 그런데 은혜 좀 받으려고 하면 항상 방해꾼이 있기 마련입니다. 공부 좀 하려 하면 방해꾼이 생깁니다. 은혜 좀 받으려 하면 시험거리가 생깁니다. 원수가 벌써 알고 기분 나쁘게 한마디 휙 던집니다. 그럴 때 속지 않기를 바랍니다. '하나님이 얼마나 큰 은혜를 주시려고 하는지 원수가 벌써 알고 방해하는구나' 하고 분별하기 바랍니다. 그리고 오히려 '하나님이 역사하실 때가 됐고, 응답하실 때가 됐구나', '하나님께서 나에게 생명을 넘치게 주실 때가 됐구나' 하며 기뻐해야 합니다. 하나님은 원수의 목전에서 상을 베푸십니다.

27. 하나님의 관심은 예배자에게 있다 (눅 18:35-43)

본문 39절을 보면 앞서가는 자들이 맹인을 방해합니다. 작으나마 기득권을 가진 세력들, 조금 안다는 자들, 먼저 경험한 자들, 먼저 예수님을 안 자들, 먼저 믿음을 가지고 앞선 자들이 오히려 그를 꾸짖어 잠잠하라고 합니다. 은혜 좀 받으려고 하는데 앞선 자가 시끄럽다고 합니다.

이때 더욱 크게 소리를 질러야 합니다.

거지 맹인은 예수님을 '다윗의 자손'이라고 칭했습니다. 예수님이 누군지 맹인은 알고 있었던 것입니다. 맹인이지만 영적인 눈은 열려 있었습니다. 하나님의 관심은 예배자에게 있습니다. 맹인은 눈을 뜨고 나서 하나님께 영광을 돌렸고, 그를 통해 많은 사람이 하나님을 찬송하게 되었습니다. 이것이 예배자입니다.

예배자가 자존심이나 자기 체면을 앞세우고, 경제적으로 넉넉하고, 많은 것을 알고 있고, 많은 것을 가지고 있으니 간절함이 없습니다. 열두 해 동안 혈루병 앓은 여인을 고통스럽게 한 것은 그의 질병만이 아니었습니다. 이 여인은 많은 의원에게 사기를 당하며 재산을 탕진했고, 식구들도 뿔뿔이 흩어졌습니다. 그런 극한 상황에서도 포기하지 않고 살려고, 고침을 받으려고 차마 예수님 앞에 나서지 못하고 뒤에서 옷자락이라도 잡으면 낫겠다는 믿음을 가졌습니다.

주님은 그 마음의 간절한 소원을 보시고 믿음을 주시는 것입니다. 맹인은 처음부터 믿음이 있었던 사람이 아닙니다. 믿음이 있었으면 당연히 이미 역사하셨을 것입니다. 하나님이 눈을 뜨게 해주셨을 것입니다. 그런데 믿음은 없지만 간절한 마음이 있었다는 말입니다. 믿음이 없다면 간절한 마음이라도 갖기를 바랍니다.

우리의 '아멘' 소리를 주님이 들으십니다. 많은 사람이 '아멘'을 하면 다 들으십니다. 주님은 그냥 지나쳐 가시다가 "다윗의 자손 예수여"라고 외치는 맹인의 소리를 들으시고 발걸음을 멈추시며 그를 데려오라고 하셨습니다. 하나님의 관심이 누구에게 있습니까? 예배자에게 있습니다. 자기 체면과 자존심을 앞세우고, 자기 욕심을 놓지 못하고, 세상 것을 의지하는 사람은 예배자가 아닙니다.

마태복음 5장 3절에서 예수님은 "심령이 가난한 자는 복이 있나니 천국이 그들의 것임이요"라고 말씀하십니다. '이것이 나의 마지막 예배요, 이것이 나에게 주어진 마지막 기회요, 이것이 내가 은혜받을 마지막 기회다'라는 절체절명의 간절함이 있어야 합니다. 이러한 간절함과 절박함을 보시고 주님은 믿음을 주시는 것입니다.

본문 40절은 예수님이 '머물러 서서 명하셨다'고 말씀합니다. 예수님이 지나가시다가 머무르셨습니다. 그냥 지나가시면 끝나는 것입니다. 주님이 우리를 지나쳐 가시는 것이 아니라 우리 심령에 머무르셔야 합니다. 주님이 우리 삶의 현장에 머무시기를 바랍니다. 주님은 머물러 서서 명하여 맹인을 데려오게 하신 뒤 그가 가까이 오자 "네게 무엇을 하여 주기를 원하느냐" 하고 물으셨습니다. 맹인이 한 것은 "다윗의 자손 예수여"라고 소리친 것밖에 없습니다. 그런데 주님은 그 소리에 멈추어 서심으로 간절하고 절실한 자의 외침을 외면하지 않으셨습니다.

키 작은 삭개오는 예수님이 지나가신다는 소문을 듣고는 어떻게든 예수님을 보려 체면 불구하고 돌무화과나무에 올라갔습니다. 예수님이 그런 그를 보시고 거기에 머물러 서서 "삭개오야 속히 내려오라 내가 오늘 네 집에 유하여야 하겠다"(눅 19:5)라고 하셨습니다. 주님이 머무시는 사람이 되기를 바랍니다. 간절한 마음을 가진 예배자가 되어 주님이 그 마음에 머무시도록 하기 바랍니다.

본문 42절은 "예수께서 그에게 이르시되 보라 네 믿음이 너를 구원하였느니라 하시매"라고 말씀합니다. 이 믿음은 예수님이 주신 것입니다. 살고자 하고, 생명을 얻고자 하고, 은혜받고자 하고, 치료받고자 하고, 문제 해결을 받고자 하는 간절한 마음이 있기를 바랍니다. 예배드릴 때 하나님을 만나고자 하는 간절한 마음이 없다면 주님은 그냥 스쳐 지나가실 것입니다. 오시더라도 바람처럼 금세 사라지실 것입니다. 주님이 머무시고, 말씀하시고, 치료하시고, 함께하시는 우리가 되기를 바랍니다.

주님이 말씀하시는 시간은 짧습니다. 긴 시간이 아닙니다. 예수님이 지나가시는 짧은 시간에 거지이자 맹인의 비참한 삶이 바뀌었습니다. 그는 육신의 눈을 뜨기 전에 영의 눈을 먼저 뜨게 되었고, 곧이어 육신의 눈도 뜨게 되었습니다. 그러므로 시간을 끌 필요가 없습니다. 내일 은혜받고, 내일 치료받고, 내일 문제 해결을 받는 것이 아니라, 지금 이 시간이어야 합니다. 어떤 문제든 주님은 우리의 믿음을 보고 역사하십니다. 믿음이 없으면 간절하고 절실한 마음, 사모하는 마음, 가난한 심령이라도 있어야 합니다.

예배 시간에 참석만 하고 끝내 버리면 주님이 지나가시는 것입니다. 그럼 언제 다시 오실지 모릅니다. 기회는 항상 있는 것이 아닙니다. 이것이 마지막 기회요, 절호의 기회라고 생각해야 합니다. 주님이 말씀하실 때 꼭 붙들기 바랍니다. 하나님이 역사하실 수 있도록 주위에서 눈치 주고 "아멘 좀 작게 하세요" 할 정도로 큰소리로 마음을 다해 '아멘' 하여 은혜를 받아 누리기를 바랍니다.

그렇게 간절한 마음으로 주님을 찾는다면 바로 그가 참된 예배자입니다. 하나님의 관심은 그러한 예배자에게 있습니다. 이것저것 따지거나 핑계 대지 말고 '정말 주님이 날 붙들어 주시지 않으면 나는 아무것도 할 수 없고 죽을 수밖에 없습니다'라는 간절함이 있기를 바랍니다. 주님이 붙들어 주시지 않으면 우리가 어떻게 하루를 온전히 살 수 있겠습니까? 어떻게 가정이 온전할 수 있고, 나라가 온전할 수 있겠습니까? 주님만이 우리의 답이시고, 힘이시고, 요새이시고, 방패가 되십니다.

28.
향기로운 예배

(민 28:1-8)

¹여호와께서 모세에게 말씀하여 이르시되 ²이스라엘 자손에게 명령하여 그들에게 이르라 내 헌물, 내 음식인 화제물 내 향기로운 것은 너희가 그 정한 시기에 삼가 내게 바칠지니라 ³또 그들에게 이르라 너희가 여호와께 드릴 화제는 이러하니 일 년 되고 흠 없는 숫양을 매일 두 마리씩 상번제로 드리되 ⁴어린 양 한 마리는 아침에 드리고 어린 양 한 마리는 해 질 때에 드릴 것이요 ⁵또 고운 가루 십분의 일 에바에 빻아 낸 기름 사분의 일 힌을 섞어서 소제로 드릴 것이니 ⁶이는 시내산에서 정한 상번제로서 여호와께 드리는 향기로운 화제며 ⁷또 그 전제는 어린 양 한 마리에 사분의 일 힌을 드리되 거룩한 곳에서 여호와께 독주의 전제를 부어 드릴 것이며 ⁸해 질 때에는 두 번째 어린 양을 드리되 아침에 드린 소제와 전제와 같이 여호와께 향기로운 화제로 드릴 것이니라

구약 시대의 제사는 신약 시대 예배의 모형입니다. 구약 시대에는 사람들이 제사를 통해 하나님을 만나고 하나님과 교제를 나누었고, 하나님은 제사를 통해 사람들을 만나 주시고 찾아와 주셨습니다. 그런데 지금 우리가 드리는 것은 제사가 아니라 예배입니다. 예배는 아름다워야 합니다. 향기 나는 예배자가 되기를 바랍니다. 우리는 그리스도의 향기 아닙니까? 부패한 냄새나 쾌쾌한 냄새가 난다면 하나님이 받으시기는커녕 오히려 진노가 임할 것입니다. 그렇다면 어떻게 예배를 드려야 합니까? 어떻게 해야 하나님을 기쁘시게 하는 예배자가 될 수 있습니까?

하나님과 사람의 관계에서 매개체 역할을 하는 것이 제물입니다. 아담이 에덴동산에서 쫓겨난 이후 모든 인간은 죄인이기 때문에 하나님께 나아갈 수 없습니다. 죄인들로 하여금 하나님께 나아갈 수 있는 길을 열어 주셨는데 그것이 제물입니다. 그런데 가인과 그 예물은 하나님이 받지 않으셨고, 아벨과 그 예물은 받으셨습니다. 하나님은 아무거나 마구잡이로 드린다고 받으시는 분이 아닙니다. 하나님이 받으실 만한 예물을 드릴 수 있기를 바랍니다.

본문 2절에서 하나님은 모세를 통해 이스라엘 백성에게 "내 헌물, 내 음식인 화제물 내 향기로운 것은 너희가 그 정한 시기에 삼가 내게 바칠지니라"라고 말씀하십니다. 제물은 하나님과 인간 사이의 매개물입니다. 노아는 오랜 홍수 뒤 방주에서 나와 정결한 새와 짐승을 잡아 하나님께 예물을 드렸습니다. 하나님은 그것을 흠향하시고 노아와 그의 가족들에게 복을 주셨습니다.

예배의 실패자는 인생의 실패자가 되고 맙니다. 예배의 실패자는 신앙의 실패자이기도 합니다. 예배의 실패자는 천국에 가더라도 간신히 들어가 부끄러운 구원을 받을 수 있다는 것을 기억해 예배를 소중히 여기고 평상시에도 늘 예배자로 살다가 주일에 하나님께 나아와 예배드릴 수 있기를 바랍니다.

예배자로 사는 것이 우선입니다. 예배의 실패는 곧 인생의 실패입니다. 호랑이는 죽어서 가죽을 남기고 사람은 죽어서 이름을 남긴다고 하지만, 세상에 이름이 남겨지고 사람들에게 이름이 기억된다 해도 예배에서 실패했다면 제아무리 대단하고 굉장한 업적을 남겼어도 별 볼 일 없는 사람입니다. 예배는 인생의 한 조각이나 한 부분이 아닙니다. 예배는 인생의 전부입니다.

예배는 하나님을 영화롭게 하고 높이며 섬기는 것입니다. 하나님이 받으실 만한 예배를 드리기에 앞서 하나님이 받으실 만한 예물을 먼저 드려야 하지만 사람들은 하나님께 드리는 것은 자기에게 이익이 안 된다고 착각합니다. 이러한 개념부터 바뀌어야 합니다.

본문에서 하나님은 '너희는 내 것을 가져와 내게 드리라'고 말씀하십니다. 모든 것이 하나님의 것입니다. 다윗은 하나님께 "나와 내 백성이 무엇이기에 이처럼 즐거운 마음으로 드릴 힘이 있었나이까 모든 것이 주께로 말미암았사오니 우리가 주의 손에서 받은 것으로 주께 드렸을 뿐이니이다"(대상 29:14)라고 고백합니다. 우리가 무엇이기에 하나님께 드릴 수 있습니까? 우리는 하나님으로 말미암은 것을 하나님께 드렸을 뿐입니다. 그러나 사람들은 그것을 자기 것이라고 생각하기 때문에 빼앗긴다고 착각하는 것입니다.

신앙의 시작은 모든 것이 하나님의 것임을 고백하는 것입니다. 모두 하나님 것입니다. 십일조가 무엇입니까? 십일조는 모든 것이 하나님의 것임을 고백하는 믿음의 표현입니다. 자기 것을 드리려니 인색하고 아깝고 억지로 하게 되는 것입니다. 이러한 것은 하나님이 받지 않으십니다.

하나님이 받지 않으신다면 예배에 성공할 수 없고, 더러운 예배가 된다는 말입니다. 왜 하나님께 드리는 데 인색합니까? 왜 억지로 드립니까? 왜 기쁨이 없습니까? 자기 것이라고 착각하기 때문입니다. 우리가 가진 모든 것은 하나님의 것이며, 하나님의 것을 하나님께 드리는 것입니다.

고린도전서 6장 19-20절에서 사도 바울은 "너희 몸은 너희가 하나님께로부터 받은바 너희 가운데 계신 성령의 전인 줄을 알지 못하느냐 너희는 너희 자신의 것이 아니라 값으로 산 것이 되었으니 그런즉 너희 몸으로 하나님께 영광을 돌리라"라고 말합니다. 생명도 하나님의 것이고, 재능과 능력도 다 하나님의 것입니다. 시간도 하나님의 것입니다. 이것은 대단히 중요한 고백입니다. 세상 사람들은 결코 할 수 없는 고백입니다. 세상 사람들은 "내 인생은 내 거야", "내 재산은 내 거야", "전부 다 내 거야" 하며 움켜쥐려 하고, 더 많은 것을 가지려 하지만 믿음의 사람들은 아닙니다.

우리의 모든 것은 하나님의 것이며 단지 우리에게 맡겨 주신 것일 뿐입니다. 청지기로 말입니다. 그래서 주인이 찾으시면 언제든 내놓을 수 있어야 합니다. 주인이 쓰시겠다고 하는데 움켜쥐고 내놓지 않을 수 있습니까? 어쩔 수 없이 내놓긴 해야겠는데 마음에서 받아들이지 못하니 억지로 드리게 되는 것입니다. 그러니 예배가 예배 되지 못하는 것입니다. 그러니 하나님이 받으실 만한 향기로운 예배가 되지 못한다는 말입니다.

하나님께서는 본문에서 모세를 통해 이스라엘 백성에게 예배를 명령하시고 있는데, 이때는 이들이 가나안 땅 정복 전쟁을 앞둔 일촉즉발의 중요한 시점이었습니다. 그런 때임에도 예배를 명령하심으로 전쟁보다 하나님께 예배드리는 것이 더 중요하다는 것을 가르쳐 주시고 있는 것입니다.

본문 1절은 "여호와께서 모세에게 말씀하여 이르시되"라고 말씀합니다. 가나안 정복 전쟁을 앞둔 상황에서 모세가 마지막으로 이스라엘 백성에게 당부하고 분부합니다. 그것이 곧 예배라는 말입니다. 전쟁보다, 죽고 사는 것보다 더 중요한 것이 예배이기 때문입니다.

예배는 시간 날 때, 여유가 있을 때, 마음이 내킬 때 드리는 것이 아닙니다. 우리는 예배를 위해 살아야 합니다. 예배는 악세사리가 아닙니다. 예배에 대한 개념이 바뀌지 않으면 매번 원수에게 속을 수밖에 없습니다. 하나님 아버지의 뜻은 우리가 예배를 통해 하나님께 영광을 돌리는 것입니다.

요한복음 8장 29절에서 예수님은 "나를 보내신 이가 나와 함께하시도다 나는 항상 그가 기뻐하시는 일을 행하므로 나를 혼자 두지 아니하셨느니라"라고 말씀하십니다. 예수님이 '나는 아버지를 항상 기쁘게 해드리기 때문에 아버지께서 나와 함께하신다'고 하신 것처럼, 예수님은 이 땅에 예배의 모범으로 오셨습니다. 예배의 길로 오셨고, 예배자를 부르시기 위해 피 흘리고 죽으셨습니다.

하나님이 우리를 사랑하셔서 예수님을 십자가에 못 박혀 죽게 하심으로 우리를 구원하시고, 죄를 용서해 주시고, 지켜 주시고, 보호해 주시고, 먹고 마시고 입을 것을 주셨다는 인본주의의 착각에 빠지면 안 됩니다. 하나님에게는 분명한 목적과 뜻이 있습니다. 하나님의 뜻을 모르고 살아간다면 예배자가 아닙니다.

모든 것을 '나' 중심이 아니라 '주님' 중심으로 행하는 것이 예배자의 삶입니다. 우리가 원하는 것을 하는 것이 아니라, 주님이 원하시는 것을 하는 것입니다. 예수님은 십자가를 지시기에 앞서 "내 원대로 마시옵고 아버지의 원대로 되기를 원하나이다"(눅 22:42)라고 기도

하셨습니다. 우리를 온전한 예배자, 하나님이 기뻐하시는 예배자, 향기로운 예배자로 불러 주시기 위해 우리가 잘못하면 용서해 주시고, 부족하면 채워 주시고, 머리털 하나도 상하지 않도록 지켜 주신다는 것을 기억하기 바랍니다.

우릿간의 돼지는 자기가 최고인 줄 압니다. 주인도 이쁘다고 쓰다듬어 주고, 씻겨 주고 먹을 것을 가져다주면서 아무일도 시키지 않으니 자기가 주인의 집에서 최고인 줄 알지만, 돼지를 그렇게 키우는 것은 주인 아들 장가가는 잔칫날에 쓰기 위함입니다. 그런데 우리 인간이 이 미련한 돼지처럼 하나님이 우리를 위해 모든 것을 하셨다고 착각하고 있다는 말입니다. 하나님은 하나님 자신을 위해 일하시는 분입니다. 하나님이 하나님의 뜻을 세우고 이루시려고 만물을 창조하시고 인간을 창조하셨으며, 세상 가운데 사는 우리를 구원하신 것입니다. 이런 것을 제대로 알지 못하면 '나' 중심인 가인의 예배밖에 드릴 수 없고, 심지어 가인의 예배보다 못한 예배를 드릴 수밖에 없게 됩니다.

우리는 하나님의 것입니다. 생명도 하나님의 것입니다. 하나님은 하나님의 뜻을 세우시고 온전히 이루어 가십니다. 그 뜻에 우리를 동참시켜 주신 것을 기뻐하고 감사해야 합니다. 하나님의 영광을 나타내도록 하기 위하여 하나님의 영광의 도구로 하나님이 우리를 창조하시고 구원하셨다고 성경은 분명히 말씀하고 있습니다. 어리석은 돼지와 같은 착각에서 벗어나 아름다운 예배자로 거듭나기를 바랍니다. 절대적인 주권은 하나님께 있습니다.

본문 2절은 "이스라엘 자손에게 명령하여 그들에게 이르라 내 헌물, 내 음식인 화제물 내 향기로운 것은 너희가 그 정한 시기에 삼가 내게 바칠지니라"라고 말씀하고, 7절에서는 "또 그 전제는 어린 양

한 마리에 사분의 일 힌을 드리되 거룩한 곳에서 여호와께 독주의 전제를 부어 드릴 것이며"라고 말씀합니다. 예배의 시기와 장소는 우리가 정하는 것이 아니라 하나님이 정하시는 것입니다. 주인이 정하시는 것입니다. 인간이 함부로 바꿀 수 없습니다. 주일을 누구 마음대로 바꿀 수 있겠습니까? 어떤 곳에서는 토요일을 주일로 지키며 예배를 드립니다. 이는 예배도 아니고 주일도 아니며, 하나님의 진노만 살 뿐입니다. 주일은 온종일입니다. 그리고 그 온종일이 예배입니다. 주일은 하나님의 자녀들이 하나님께 영광을 돌리고 아버지와 사랑의 교제를 나누는 날입니다.

그런데 어느 순간부터 온전한 주일이 사라지기 시작했습니다. 철저한 주일성수가 없어지게 되었습니다. 본문에서 저녁에 제사드리는 것을 저녁 소제라고 하였습니다. 그리고 하나님은 아침 소제와 저녁 소제를 동일하게 드리라고 하셨습니다. 그런데 도대체 주일 저녁 찬양예배를 누구 마음대로 4시에 드렸다가, 2시에 드렸다가, 급기야 없애버리기도 하고, 또다시 생각나면 집어넣기도 하는 것입니까? 이것이 예배입니까? 이것이 하나님께서 받으실 만한 향기로운 예배입니까? 주일은 온종일이 예배입니다. 예배만큼 기쁘고 즐겁고 행복한 것은 없습니다. 예배를 잘못 알고 있기 때문에 원수들에게 속아 넘어가는 것입니다. 저녁 예배라고도 못 하고 오후 예배라고 하면서 누구 마음대로 하나님이 정한 시간을 인간의 편의대로 바꿉니까?

성경에서 그렇게 해서 생긴 것이 사마리아 제단입니다. 자신들의 편의대로 "이 산에서 예배드려라! 힘들게 예루살렘까지 갈 필요가 있느냐?" 하며 제단을 쌓은 것입니다. 북이스라엘 왕들은 모두 타락한 왕입니다. 선지자들이 그들을 잘못 인도하니 다 악한 왕이 되어 버렸습니다. 멸망해 버렸습니다. 예배 가지고 장난해서는 안 됩니다.

어떻게 예배를 함부로 드리겠습니까? 주일은 온종일이 예배인데 예배 한 시간 드려놓고 주일을 지켰다고 착각해서는 안 됩니다.

  주일은 주님의 날입니다. 왜 아담과 하와가 에덴동산에서 타락하고 버림당했습니까? 하나님이 동산에 있는 모든 나무의 열매는 임의로 먹되 동산 중앙에 있는 선악을 알게 하는 나무의 열매를 먹는 날에는 반드시 죽는다고 하셨습니다. 그런데 그 열매를 먹었습니다. 하나를 먹었든, 두 개를 먹었든, 반 개를 먹었든, 한 입을 먹었든 아무튼 먹었으면 죄를 범한 것입니다. 한 입 먹었다고 죄를 짓지 않은 것이겠습니까?

  주일을 아예 안 지켰든, 낮의 한 시간만 지켰든 모두 주일을 온전히 지키지 않은 것입니다. 그러면서 주일은 주님의 날이라고 말하는 것은 거짓말하는 것입니다. '주여! 주여!' 한다고 다 천국 갑니까? 누구 맘대로 주일을 그렇게 지킵니까? 주일은 인간이 정해 놓은 날이 아니라 하나님이 정해 놓으신 것입니다. 인간이 함부로 변형하거나 바꿀 수 없는 날이 주일입니다.

  주일의 개념도 모르면서 어떻게 예배를 드리며 하나님께 인정을 받겠습니까? 하나님의 관심은 예배에 있습니다. 온종일 예배드리는 날이 주일이라는 개념이 왜 바뀌었습니까? 성도들이 "다른 교회도 4시에 저녁 예배를 드리던데요?", "저녁 예배를 3시로 당겨서 드리니 좋다고 하던데요?" 하고, 장로들이 "우리 교회도 1시에 드립시다"라고 해서 그렇게 했다는 것이 옳습니까?

  하나님을 기쁘게 해야 합니까, 사람을 기쁘게 해야 합니까? 사람을 기쁘게 하면 사람의 종입니다. 그리스도의 종이 아닙니다(갈 1:10). 또 그리스도의 종이 아니면 무엇의 종입니까? 사탄의 종입니다. 좋은 신학교 나왔다고 자랑할 것 없습니다. 박사 학위 있다고 자랑할

28. 향기로운 예배 (민 28:1–8)

것 없습니다. 성경 많이 읽었다고 자랑할 것 없습니다. 주일이 뭔지도 모르는데 성경을 천 번 읽으면 뭐하겠습니까? 주일이 뭔지도 모르는데 신앙생활을 백 년 하면 뭐하겠습니까?

주일성수는 신앙생활의 기본 중의 기본입니다. 인간이 함부로 건드릴 수 없는 것이 주일입니다. 아담에게 사탄이 그러지 않았습니까? '따 먹어도 괜찮다. 결코 죽지 않는다. 오히려 눈이 밝아져 하나님처럼 된다'(창 3:4-5). "주일 예배는 한 번만으로도 괜찮다." 이 역시 사탄의 소리 아니겠습니까? 교회 규모가 커서 성도가 백만 명이면 뭐하고, 천만 명이면 뭐하겠습니까?

우리는 우리 자신이 하나님의 것임을 고백하고 하나님께 드리는 산 제물이 되어야 합니다. 우리는 예수 그리스도로 말미암아 엄청난 사랑과 은혜를 받고 구원받은 사람이 아닙니까? 그런데 어떻게 처음보다 못합니까? 그런 것은 개가 토한 것을 다시 먹는 것과 같다고 성경은 말씀하고 있습니다.

세상 한복판에 있을 때는 우리도 우리 것을 움켜쥐려 아둥바둥 싸우고 욕심부리며 살았지만, 이제는 하나님의 자녀입니다. 하나님의 것입니다. 우리에게 속해 있는 그 어떤 것도 소유권이 우리에게 있지 않습니다. 우리의 시간도, 인생도, 몸뚱어리도, 가정도, 자식도, 달란트와 재능도 모든 것이 다 하나님의 것입니다. 십일조는 십분의 일만 하나님의 것이라는 뜻이 아닙니다. 십분의 일을 드림으로 십분의 십이 다 하나님의 것임을 인정한다는 뜻입니다. 전부 하나님의 것임을 고백하는 것입니다.

본문에서 모세가 가나안 땅을 정복하기에 앞서 이스라엘 백성에게 마지막으로 부탁한 것이 예배입니다. 예배가 우선이라는 것입니다. 사실 전쟁보다 더 급한 일이 어디 있습니까? 그런데 전쟁보다 더 더 급한 일이 예배라고 하는 것입니다.

성경에 천국 잔치 비유가 나옵니다. 어떤 사람이 큰 잔치를 베풀고 많은 사람을 초청했는데 다들 여러 가지 이유로 거절합니다.

> "다 일치하게 사양하여 한 사람은 이르되 나는 밭을 샀으매 아무래도 나가 보아야 하겠으니 청컨대 나를 양해하도록 하라 하고 또 한 사람은 이르되 나는 소 다섯 겨리를 샀으매 시험하러 가니 청컨대 나를 양해하도록 하라 하고 또 한 사람은 이르되 나는 장가 들었으니 그러므로 가지 못하겠노라 하는지라"(눅 14:18-20).

이 비유를 통해 예수님은 이런 자는 하나님의 영광된 자리에 함께하지 못하며, 바깥에서 이를 갈며 울게 될 것이라고 하셨습니다(마 22:13).

입으로는 하나님의 은혜라 하고, 하나님의 은혜로 살았다 하고, 하나님의 은혜로 구원받았다 하고, 하나님을 사랑한다고 합니다. 그러나 하나님은 중심을 보시는 분입니다. 하나님이 아브라함에게서 마지막으로 보신 것은 자기 독자보다 하나님을 더 사랑하느냐 하는 것이었습니다. 예수님이 베드로에게서 마지막으로 확인하신 것도 '저들보다 나를 더 사랑하느냐'였습니다. 이것을 세 번이나 확인하셨습니다(요 21:15-17). 자신보다 주님을 더 사랑한다면 주님을 높이고 경배하며, 주님의 영광과 뜻과 나라를 위해 힘쓰기를 바랍니다.

하나님은 인색하신 분이 아니라 부요하신 분입니다. 독자까지 주신 분이 무엇인들 주시지 않겠습니까? 하나님이 주신 것을 자기가 가졌다고 자기 것이라 착각하고 움켜쥐고 허송세월하다 결국 멸망에 이른다면 온전한 예배자라 할 수 있겠습니까? 썩고 냄새 나는 것을 드리니 하나님이 "너희 중에 성전 문을 닫을 자가 있었으면 좋겠도다"(말 1:10)라고 탄식하시는 것이 아니겠습니까?

주일은 주님의 날입니다. 온전한 주일성수로 하나님께 향기로운 예배가 되고, 향기로운 예물이 되는 우리가 되기를 바랍니다.

29.
헛된 예배자들

(마 15:1-20)

¹그때에 바리새인과 서기관들이 예루살렘으로부터 예수께 나아와 이르되 ²당신의 제자들이 어찌하여 장로들의 전통을 범하나이까 떡 먹을 때에 손을 씻지 아니하나이다 ³대답하여 이르시되 너희는 어찌하여 너희의 전통으로 하나님의 계명을 범하느냐 ⁴하나님이 이르셨으되 네 부모를 공경하라 하시고 또 아버지나 어머니를 비방하는 자는 반드시 죽임을 당하리라 하셨거늘 ⁵너희는 이르되 누구든지 아버지에게나 어머니에게 말하기를 내가 드려 유익하게 할 것이 하나님께 드림이 되었다고 하기만 하면 ⁶그 부모를 공경할 것이 없다 하여 너희의 전통으로 하나님의 말씀을 폐하는도다 ⁷외식하는 자들아 이사야가 너희에 관하여 잘 예언하였도다 일렀으되 ⁸이 백성이 입술로는 나를 공경하되 마음은 내게서 멀도다 ⁹사람의 계명으로 교훈을 삼아 가르치니 나를 헛되이 경배하는도다 하였느니라 하시고 ¹⁰무리를 불러 이르시되 듣고 깨달으라 ¹¹입으로 들어가는 것이 사람을 더럽게 하는 것이 아니라 입에서 나오는 그것이 사람을 더럽게 하는 것이니라 ¹²이에 제자들이 나아와 이르되 바리새인들이 이 말씀을 듣고 걸림이 된 줄 아시나이까 ¹³예수께서

대답하여 이르시되 심은 것마다 내 하늘 아버지께서 심으시지 않은 것은 뽑힐 것이니 ¹⁴그냥 두라 그들은 맹인이 되어 맹인을 인도하는 자로다 만일 맹인이 맹인을 인도하면 둘이 다 구덩이에 빠지리라 하시니 ¹⁵베드로가 대답하여 이르되 이 비유를 우리에게 설명하여 주옵소서 ¹⁶예수께서 이르시되 너희도 아직까지 깨달음이 없느냐 ¹⁷입으로 들어가는 모든 것은 배로 들어가서 뒤로 내버려지는 줄 알지 못하느냐 ¹⁸입에서 나오는 것들은 마음에서 나오나니 이것이야말로 사람을 더럽게 하느니라 ¹⁹마음에서 나오는 것은 악한 생각과 살인과 간음과 음란과 도둑질과 거짓 증언과 비방이니 ²⁰이런 것들이 사람을 더럽게 하는 것이요 씻지 않은 손으로 먹는 것은 사람을 더럽게 하지 못하느니라

예의를 갖추어 전능하신 하나님을 뵙는 것이 예배입니다. 말씀 듣는 것이 예배가 아니고, 찬송하는 것이 예배가 아니라 그러한 모든 것의 종합 세트가 예배입니다. 예배는 이처럼 부분적인 것이 아니기 때문에 예배에 실패하면 신앙생활에 실패할 수밖에 없는 것입니다. 예배는 목숨을 걸어야 할 만큼 중요합니다. 하나님을 뵙고 만나면 모든 인생의 문제는 끝나는 것입니다.

예배를 드리지만 하나님을 만나지 못하니 성공하지 못한 예배가 되는 것입니다. 예배에 성공할 수도 있지만 실패할 수도 있습니다. 가인은 어떻게 예배드려야 하는지 몰랐기 때문에 예배에 실패했고 인생의 실패자가 되었습니다.

예배는 일방적으로 드리기만 하는 것이 아닙니다. 하나님이 먼저 우리를 사랑하시고 구원하시고 은혜를 주셨습니다. 이 사실에 감사하며 그에 합당한 삶으로 신앙을 고백하며 살아가야 합니다. 찬송도 고백이고, 기도도 고백이고, 예물을 드리는 것도 고백입니다. 그

러나 하나님을 사랑하는 마음 없이 드리는 것은 모두 외식이라고 성경은 말씀하고 있습니다. 그러므로 어떻게 해야 예배에 성공할 수 있는지 항상 고민해야 합니다.

배고파 식당에 갔으면 밥을 먹고 나와야 합니다. 학교에 갔으면 공부를 하고 와야 합니다. 정류장에 갔으면 버스를 타고 목적지에 가야 합니다. 기차 역에 갔으면 기차를 타야 합니다. 은행에 갔으면 은행 일을 보고 와야 합니다. 어떤 일을 하기 위해 그곳에 갔는데 그냥 돌아온다면 헛수고 아니겠습니까? 결국 무엇을 말하고 있는 것입니까? 모든 행동에는 목적이 있다는 말입니다. 그 목적을 이루어야 한다는 것입니다.

본문 9절에서 예수님은 이사야 선지자의 말을 빌려 "사람의 계명으로 교훈을 삼아 가르치니 나를 헛되이 경배하는도다"라고 말씀하십니다. 곧 헛된 예배자들에 대해 말씀하시는 것입니다. 사람들이 세상 천지의 헛된 것에 경배하며 예배를 드리고 있다는 것입니다. 무엇 때문입니까? 사람의 계명으로 교훈을 삼아 가르치고 배웠기 때문입니다.

예배의 목적은 하나님께 영광을 돌리는 것입니다. 하나님께 영광을 돌리지 못한다면 그건 진짜 예배가 아니라 예배 모조품입니다. 곧 헛된 예배입니다. 예배의 목적은 하나님께 영광을 돌리는 것이며, 예배의 기준은 하나님의 말씀입니다.

본문 3절에서 예수님은 바리새인들과 서기관들에게 "너희는 어찌하여 너희의 전통으로 하나님의 계명을 범하느냐"라고 말씀하십니다. 세상에는 많은 훌륭한 철학과 사상, 윤리와 도덕이 있습니다. 좋은 제도와 법도 있습니다. 하지만 그 어떤 것도 하나님의 말씀보다 앞설 수 없습니다. 그런데 이들은 하나님 말씀보다 자기들의 전통과 유전, 즉 조상 때부터 내려오고 있는 사상에 젖어 있었습니다. 그래서 자신들의 전통으로 하나님의 계명을 폐하고 범하고 있었던 것입니다. 대대로 내려오는 가문의 전통이나 풍습, 미풍양속이 아무리 좋아도 최종 권위는 하나님 말씀에 있습니다. 말씀이 아니라면 아닌 것이고, 말씀이 그렇다면 그런 것입니다.

세상에 있는 모든 유전과 전통, 사상과 철학은 사람들이 만든 것입니다. 사람은 완전하지 않습니다. 흠이 있고 약점이 있습니다. 잘하는 것이 있는 반면 못하는 것도 있고, 실수와 허점도 있습니다. 오염된 물이 겉보기에는 깨끗하고 투명한 것 같지만 현미경으로 들여다보면 세균 덩어리가 가득한 것처럼, 아무리 완벽하게 무엇을 한다 해도 흠 투성이라는 말입니다.

사람은 한계가 있습니다. 멀리 있는 것도 보지 못하지만 가까이 있는 것도 보지 못합니다. 큰 것도 보지 못하지만 작은 것은 더 보지 못합니다. 심지어 세균을 두려워하기도 하고 그것 때문에 생활의 제약을 받기도 합니다. 그것이 인생입니다. 그러한 인생들이 만들어 놓은 것이 철학, 윤리, 도덕, 사상입니다. 그런데 감히 그런 것들이 하나님 말씀의 계명보다 앞서려 한다는 말입니다.

좋은 전통은 계승해야 하지만, 하나님 말씀에 상충되는 것이면 과감하게 던져 버리고 포기할 줄 알아야 합니다. 그것이 믿음입니다. 아브라함은 75년 동안 가족과 친척들이 다 같이 살고 있는 곳에서 조상 때부터 살아오던 방식으로 살았습니다. 그러나 하나님은 그를 부르실 때 고향과 친척과 아버지의 집을 떠나라고 하셨습니다.

사람들은 아무리 하나님이 버리라고 하셔도 자기들 생각에 나쁜 것만 버리려 하지, 좋다고 여기는 것은 버리지 않으려 합니다. 그러나 성령이 임하시면 예수님을 믿지 않는 죄에 대해, 그리고 자기를 자랑하고 주장하고 나타내고 버리지 못하는 의에 대해 책망하신다고 하셨습니다. 하나님 말씀이 예배의 기준이 되어야 합니다.

본문을 보면 서기관들과 바리새인들과 율법교사들이 예수님을 찾아와 "당신의 제자들은 왜 손을 씻지 않고 음식을 먹습니까?" 하며 따집니다. 이때 예수님은 그들에게 사람의 계명과 전통과 유전으로 하나님의 계명을 폐하는 것에 대해 지적하셨습니다. 아무리 세상에 있는 것들이 좋고, 선하고, 의로워도 모두 땅에 있는 사람이 만든 기준입니다. 하나님의 말씀은 무오하며 최종 권위입니다.

본문 3절에서 예수님은 "너희는 어찌하여 너희의 전통으로 하나님의 계명을 범하느냐"라고 하시고, 이어 6절에서도 "그 부모를 공경할 것이 없다 하여 너희의 전통으로 하나님의 말씀을 폐하는도다"라고 말씀하십니다. 그래서 예수님이 이들을 용서할 수 없는 것입니다. 하나님 말씀을 전해 줘도 자신의 생각에 사로잡혀 있습니다. 말씀을 전해 주어도 자기 경험, 방법, 이론, 생각에 사로잡혀 있다는 말입니다. 이것이 인본주의입니다. 이러한 것들이 예배를 방해합니다. 예배를 주관하시는 분은 진리의 성령입니다. 그런데 우리의 생각과 지식을 주장하고 있는 것입니다.

골로새서 2장 8절은 "누가 철학과 헛된 속임수로 너희를 사로잡을까 주의하라 이것은 사람의 전통과 세상의 초등학문을 따름이요 그리스도를 따름이 아니니라"라고 말씀합니다. 우리는 이 말씀을 통해 '지금 내가 고집부리고 있는 것이 무엇일까? 나는 지금 무엇을 주장하고 있는 것일까?' 하며 자신의 생각과 주장을 하나님 말씀에 비춰 보고 합당한지 살펴보아야 합니다.

믿음은 들음에서 나고, 들음은 그리스도의 말씀으로 말미암습니다. 세상의 명언이나 사상가의 이야기들이 아무리 들을 만하고 귀할지라도 그것은 믿음이 되지 못합니다. 믿음은 하나님 말씀을 들을 때 생기는 것입니다. 말씀의 기준이 믿음입니다. 믿음이 없이는 예배할 수 없습니다. 믿음이 없이는 하나님을 기쁘시게 하지 못합니다. 아벨은 믿음으로 하나님께 더 나은 예배를 드렸습니다. 그런데 자꾸 훌륭한 사람이나 사상가의 이야기, 인문학적인 관점이나 철학적인 관점으로 예배에 대해 이야기를 하니 헛되게 예배하게 된다고 말씀하고 있는 것입니다. 예배의 절대적인 기준은 하나님 말씀입니다. 오랫동안 전해 내려온 전통이라도 하나님 말씀 위에 있을 수 없고, 하나님 말씀을 대체할 수 없습니다.

하나님 말씀은 인간의 말이 아니기 때문에 변개함이 없고, 어제나 오늘이나 동일하게 이루어지는 것입니다. 인간의 말은 지나고 나면 '잘못된 말이구나', '헛된 말이구나', '실수했구나' 할 수 있지만 하나님의 말씀은 영원토록 변함없습니다. 영원토록 변함없는 말씀이 예배의 기준이 되어야 하는 것입니다.

서기관들과 바리새인들은 인간의 계명과 생각, 유전, 전통, 사상 등으로 하나님을 헛되이 경배하고 있었습니다. 그러나 아무리 윤리나 도덕이 세상을 살아가는 데 유익할지라도 하나님 말씀 앞에서는 내세울 수 없고, 혹 자기 생각이 옳은 것 같더라도 내려놓아야 합니다. 교리든, 교권이든, 교회 헌법이든 하나님 말씀 앞에서는 내려놓아야 합니다. 그것이 예배자의 길입니다. 혹 하나님 말씀 앞에서도 "누구의 말이야? 누구의 명언이야? 어떤 철학 이야기야?"를 고집하고 주장하고 있다면 이러한 헛된 예배에서 벗어나야 합니다.

아무리 환경과 처지가 어려울지라도, 어떠한 훼방과 방해가 있을지라도 하나님 말씀을 듣는 데는 조금도 주저함이 없어야 합니다. 체면도, 고집도, 자존심도 내려놓고 "하나님 말씀입니다" 하면 목마른 사슴처럼 사모함으로 받아야 합니다. 그 말씀을 믿음으로 받는 자들에게 하나님이 한량없는 은혜를 베풀어 주시는 것입니다.

하나님께서는 부모를 주 안에서 공경하라고 하셨습니다. 그런데 이들은 하나님만 섬기면 되기에 부모는 공경하지 않아도 된다는 엉터리 이론을 주장했습니다. 하나님의 계명은 마음을 다하고 목숨을 다하고 뜻을 다하여 주 하나님을 사랑하는 것이며, 또한 자기 몸 같이 이웃을 사랑하는 것입니다. 그 이웃 중 첫 번째가 부모입니다. "네 부모를 공경하라"는 말씀은 십계명에서 사람들과 관련해 주신 계명 중 첫 계명입니다. 그런데 이들은 "누구든지 아버지에게나 어머니에게 말하기를 내가 드려 유익하게 할 것이 하나님께 드림이 되었다고 하기만 하면 그 부모를 공경할 것이 없다"(5-6절)라고 말합니다. 신앙생활을 핑계 삼아 부모나 형제를 소홀히 하는 사람은 불신자보다 더 악한 자라고 디모데전서 5장 8절은 말씀하고 있습니다. 믿음을 가졌다면 부모와 형제, 이웃에게 더 잘해야 합니다. 신앙생활한다는 핑계로 부모를 돌보지 않고, 형제의 어려움도 모른 체하며 자기만 천국 가면 된다는 심보라면 그 사람은 외식적이고 형식적인 예배를 드리고 있는 것입니다.

본문 19-20절에서 예수님은 "마음에서 나오는 것은 악한 생각과 살인과 간음과 음란과 도둑질과 거짓 증언과 비방이니 이런 것들이 사람을 더럽게 하는 것이요 씻지 않은 손으로 먹는 것은 사람을 더럽게 하지 못하느니라"라고 말씀하십니다. 육체보다 마음을 더 깨끗하게 해야 한다는 뜻입니다.

우리는 예배자입니다. 하나님 앞에 나아가 하나님을 뵙는 것이 예배인데 더러운 마음, 더러운 생각, 더러운 말을 한다면 하나님은 그 예배를 받지 않으십니다. 그런데도 예배에 참석했으니 하나님이 받으셨다고 착각하고, 또 예배에 참석했으니 예배 생활을 했다고 생각합니다. 예배드리기 전에 먼저 한 주간 예배자로 잘 살아왔는지 살펴보고 회개해야 합니다.

　모조품 예배를 하나님이 받으시겠냐고 책망하십니다. 예배는 하나님이 받으시는 참된 예배가 되어야 하고, 아름다운 예배가 되어야 합니다. 영과 진리로 참되게 예배하기를 바랍니다. 찬송과 기도, 예물 등 무엇을 드리든 마음을 담아야 합니다. 그래야 하나님이 기뻐 받으시는 예배가 됩니다.

30.
회개로 예배를 회복하자

(시 51:1-19)

¹하나님이여 주의 인자를 따라 내게 은혜를 베푸시며 주의 많은 긍휼을 따라 내 죄악을 지워 주소서 ²나의 죄악을 말갛게 씻으시며 나의 죄를 깨끗이 제하소서 ³무릇 나는 내 죄과를 아오니 내 죄가 항상 내 앞에 있나이다 ⁴내가 주께만 범죄하여 주의 목전에 악을 행하였사오니 주께서 말씀하실 때에 의로우시다 하고 주께서 심판하실 때에 순전하시다 하리이다 ⁵내가 죄악 중에서 출생하였음이여 어머니가 죄 중에서 나를 잉태하였나이다 ⁶보소서 주께서는 중심이 진실함을 원하시오니 내게 지혜를 은밀히 가르치시리이다 ⁷우슬초로 나를 정결하게 하소서 내가 정하리이다 나의 죄를 씻어 주소서 내가 눈보다 희리이다 ⁸내게 즐겁고 기쁜 소리를 들려 주시사 주께서 꺾으신 뼈들도 즐거워하게 하소서 ⁹주의 얼굴을 내 죄에서 돌이키시고 내 모든 죄악을 지워 주소서 ¹⁰하나님이여 내 속에 정한 마음을 창조하시고 내 안에 정직한 영을 새롭게 하소서 ¹¹나를 주 앞에서 쫓아내지 마시며 주의 성령을 내게서 거두지 마소서 ¹²주의 구원의 즐거움을 내게 회복시켜 주시고 자원하는 심령을 주사 나를 붙드소서 ¹³그리하면 내가 범죄자에게 주의 도를 가르치

니 죄인들이 주께 돌아오리이다 [14]하나님이여 나의 구원의 하나님 이여 피 흘린 죄에서 나를 건지소서 내 혀가 주의 의를 높이 노래하리이다 [15]주여 내 입술을 열어 주소서 내 입이 주를 찬송하여 전파하리이다 [16]주께서는 제사를 기뻐하지 아니하시나니 그렇지 아니하면 내가 드렸을 것이라 주는 번제를 기뻐하지 아니하시나이다 [17]하나님께서 구하시는 제사는 상한 심령이라 하나님이여 상하고 통회하는 마음을 주께서 멸시하지 아니하시리이다 [18]주의 은택으로 시온에 선을 행하시고 예루살렘 성을 쌓으소서 [19]그때에 주께서 의로운 제사와 번제와 온전한 번제를 기뻐하시리니 그때에 그들이 수소를 주의 제단에 드리리이다

예수님을 믿고 하나님의 자녀가 된 우리는 가장 행복한 사람입니다. 가장 큰 은혜를 받았기 때문입니다. 또 회개할 수 있는 기회를 주신 것이 복입니다. 회개는 회복입니다. 죄를 지었기 때문에 회개를 하는 것입니다. 하나님께서 말씀하신 대로 살지 못한 것을 죄라고 하는데, 그 죄를 회개할 때 하나님이 회복시켜 주십니다.

다윗은 신정 국가 이스라엘의 초대 왕입니다. 사울 왕이 인본주의 왕이라면, 다윗은 신본주의의 통치자입니다. 왕이 되기 전에도 그는 믿음으로 사자나 이리와 싸워 이겼습니다. 아버지가 맡겨 준 양들을 잘 보존하고 키우고 양육했습니다. 골리앗이라는 큰 대적이 나타나도 두려워하지 않았습니다. 그리고 믿음으로 이겼습니다. 하나님의 이름으로 이겼습니다.

그는 하나님의 이름을 모독하고 하나님의 영광을 가로채는 어떠한 자도 용납하지 않았습니다. 또 그는 젖과 꿀이 흐르는 모든 땅을 차지한 믿음의 명장이기도 합니다. 그러나 다윗은 왕국을 세워 가며 하나님이 기뻐하시는 나라의 통치자로 쓰임받았지만 한순간

의 방심으로 큰 죄를 짓고 말았습니다. 부하 우리야 장군의 아내와 간음한 것입니다. 그뿐 아니라 그 죄를 덮기 위해 우리야를 청부 살인했습니다. 이렇게 파렴치하고 끔찍한 죄를 지은 사람이 다윗입니다. 그러므로 우리는 한순간도 죄에 대해 방심하면 안 됩니다. 이것은 비단 다윗의 이야기만은 아닙니다. 우리는 누구도 죄에서 자유할 수 없습니다. 그래서 항상 깨어 있어야 하고, 잘못하고 죄를 지었을 때는 즉각 회개해야 합니다. 죄인은 하나님께 예배드릴 수 없습니다. 하나님이 만나 주시지 않기 때문입니다. 그러니 큰일인 것입니다. 아담은 에덴동산에서 하나님과 교제하며 그분의 얼굴을 뵈며 모든 것을 누리는 예배자로서의 특권을 누렸지만 불순종하고 난 후 그곳에서 쫓겨나고 말았습니다. 중요한 것은 그 자리, 그 장소는 예배의 자리였다는 것입니다.

다윗도 그러한 지경이 되어 버렸습니다. 그러나 나단 선지자가 회개하라고 조언하자 그는 그대로 엎드려 "나의 죄를 도말해 주십시오. 나의 죄를 말갛게 씻어 주십시오" 하고 간절하게 회개하며 기도했습니다. 죄를 짓지 않으면 좋겠지만, 죄를 지었을 때는 즉각 통회하며 자복하여 회개하고 돌이켜야 합니다. 하나님은 진심으로 통회하고 회개하는 자는 언제든 용서해 주십니다. 그것을 회개의 은총이라고 하는 것입니다. 하나님은 그러한 자를 찾으십니다. 하나님 앞에 바르게 서길 바랍니다. 죄를 가진 채 하나님께 예배드릴 수는 없기 때문입니다. 죄를 지었을 때는 철저한 회개를 통해 하나님을 만나고 하나님과의 관계가 회복됩니다.

본문 1-2절에서 다윗은 자신의 죄에 대하여 통회하고 자복하며 "하나님이여 주의 인자를 따라 내게 은혜를 베푸시며 주의 많은 긍휼을 따라 내 죄악을 지워 주소서 나의 죄악을 말갛게 씻으시며 나의 죄를 깨끗이 제하소서"라고 간구합니다. 다윗은 범죄함으로 하나님과의 관계가 단절되고 예배를 잃어버렸습니다. 이것을 통회하고 자복한 것입니다. 하나님과의 관계가 끊어져 버리면 예배를 드릴 수 없습니다. 누구든 죄를 범하면 하나님은 절대로 용납하시지 않습니다. 그것을 알기 때문에 다윗은 예배가 회복될 수 있도록 하나님께 자기의 지은 죄를 통회하고 자복하며 용서를 빈 것입니다.

본문 3절에서는 "나는 내 죄과를 아오니 내 죄가 항상 내 앞에 있나이다"라고 고백합니다. 이 세상에 의인은 없되 하나도 없고 다 죄인입니다(롬 3:10). 감히 누가 자기를 의롭다 하고, 죄 없다 하며, 하나님 앞에 떳떳하고 당당하게 설 수 있겠습니까? 그래서 우리는 예배드리기 전에 먼저 죄를 고하고 회개함으로 용서받아야 합니다. 하나님은 미쁘셔서 죄를 통회하고 자복하는 자들을 용서해 주시며, 그 죄를 기억조차 하지 않고 더 큰 은혜를 주십니다.

죄는 작은 죄, 큰 죄가 없다는 것을 알아야 합니다. 죄는 다 죄입니다. 이 죄가 우리와 하나님의 관계를 가로막아 버리고 끊어 버립니다. 그래서 죄가 무서운 것입니다. 그러므로 회개로 회복해야 합니다. 예배를 회복해야 합니다. 하나님과의 관계를 회복해야 합니다. 하나님과 관계가 끊어져 버린 인생은 가장 비참한 인생입니다. 가인이 하나님과의 관계가 끊어지자 비참한 인생이 되어 버리지 않았습니까? 아담도 마찬가지 아닙니까? 그처럼 좋았던 에덴동산의 모든 것을 잃어버리지 않았습니까?

하나님과의 관계가 끊어지면 곤고하고 방황하며 유리하는 인생이 됩니다. 하나님께 버림받은 것이기 때문입니다. 그러므로 그렇게 되기 전에 잘못한 것이 있다면 회개하기를 바랍니다. 예수님이 우리에게 회개의 길을 열어 주시며 회복할 수 있도록 해주셨습니다. 그분은 죄가 없으시지만 죄인 된 우리를 위해 십자가에서 피를 흘리며 우리의 죄 값을 대신 지불해 주셨습니다. 예수님은 친히 우리에게 회개의 길이 되셨고, 성령을 보내 주셔서 회개의 능력이 되게 하셨습니다.

성령께서 우리에게 죄를 깨닫게 해주시고 생각나게 해주십니다. 회개의 영을 부어 주신다는 말입니다. 또 말씀을 통해 회개의 구체적인 계기를 제공해 주십니다. 말씀의 거울에 비춰 보니 자신이 죄인임을 깨닫게 되는 것입니다. 그러나 죄 자체가 문제가 아니라 죄로 말미암아 하나님의 얼굴을 뵐 수 없다는 사실이 무서운 것입니다. 죄로 인해 예배의 감동과 감사가 기쁨이 사라져 버립니다. 죄로 인해 하나님을 뵐 수 없고, 하나님이 은혜를 주시지 않기 때문입니다. 모든 죄는 욕심에서 옵니다. 하나님보다 더 사랑하는 모든 것이 욕심으로 나타나는 것입니다. 욕심이 죄를 낳고, 죄가 장성하면 사망에 이릅니다(약 1:15).

죄는 장성해지기 전에 얼른 씻어 버려야 합니다. 죄가 자라면 사망에 이르게 됩니다. 영혼이 죽고, 환경이 죽고, 가정이 죽어 버립니다. 죄가 무서운 것임을 알았다면 무서워하는 데서 끝나지 말고 회개로 용서받기를 바랍니다. 하나님은 우리가 철저하게 죄를 통회하고 자복하기를 원하십니다.

죄가 하나님과의 단절을 가져오고, 하나님과의 관계와 교제를 끊어 버리기 때문에 하나님의 얼굴을 뵐 수 없는 것입니다. 이것이 가장 무서운 일입니다. 예배를 드려도 감동이 없고, 감격이 없으며, 기쁨이 없습니다. 죄가 이런 결과를 가져온다는 것을 알았기 때문에 다윗은 목숨을 걸고 하나님께 매달려 금식하고, 통회하고, 자복하고, 재를 뒤집어쓰고 회개했습니다.

계속해서 4절에서 다윗은 "내가 주께만 범죄하여 주의 목전에 악을 행하였사오니 주께서 말씀하실 때에 의로우시다 하고 주께서 심판하실 때에 순전하시다 하리이다"라고 고백합니다. 나단 선지자의 지적을 받았을 때 다윗은 '내가 하나님께 범죄하였나이다'라고 했습니다. 이처럼 사람들에게 죄를 지었어도 결국 그것은 하나님께 죄를 짓는 것이 됩니다.

이어 5절에서는 "내가 죄악 중에서 출생하였음이여 어머니가 죄 중에서 나를 잉태하였나이다"라고 말합니다. 제아무리 똑바로 올바르게 살려 해도 아담이 지은 원죄 때문에 우리는 죄성을 가지고 태어났습니다(롬 5:19). 그래서 어머니 배 속에서부터 가졌던 죄성이 우리 밖으로 드러날 수밖에 없는 것입니다. 그러므로 다윗은 어쩔 수 없이 지을 수밖에 없는 죄를 회개하는 것입니다. 의인은 없되 하나도 없고, 모든 사람이 죄를 범하여 하나님의 영광에 이르지 못하게 된 것입니다(롬 3:23). 결국 죄로 인해 하나님께 예배드릴 수 없게 된 것입니다. 이에 예수님이 우리를 예배의 길로 이끌어 주시기 위해, 하나님께 나아갈 수 있는 길을 열어 주시기 위해 십자가에서 피 흘려 죽으셨습니다. 그래서 예수 그리스도가 아니면 구원이 없습니다. 이 세상에 다른 구원은 없습니다. 예수님만이 우리의 유일한 구원자이십니다.

우리가 전에는 도덕적으로나 법적으로 잘못한 것만 죄로 생각할 뿐 실상 무슨 죄를 지었는지 몰랐습니다. 하나님을 믿지 않는 것이 가장 큰 죄라는 사실을 몰랐다는 것입니다. 하나님을 의지하지 않는 것이 가장 큰 죄입니다. 자기 욕심대로, 육신의 욕망대로 사는 것이 죄입니다.

신앙의 거장이었던 다윗은 그토록 하나님을 의지하는 사람이었지만 한순간의 방심으로 간음하고 살인죄까지 지었습니다. 그러므로 누구도 '나는 죄를 짓지 않을 수 있다'고 자신할 수 없습니다. 그래서 깨어 있어야 합니다. 진 자는 이긴 자의 종이 되기에 죄를 지으면 죄의 종이 됩니다(벧후 2:19). 죄를 범함으로 마귀의 종이 되는 것입니다. 종이 되기 전에 어떻게 해야 합니까? 회개해야 합니다. 회개할 수 있는 기회를 주신 것을 은총이라고 하는 것입니다. 회개에 인색하지 않기를 바랍니다. 무조건 엎드려 하나님 앞에 잘못을 털어버려야 합니다. 죄를 회개하지 않고 속에 담아 두면 그 죄가 자라 사망에 이르게 합니다. 그러면 결국 하나님께 버림받는 순간이 오고 맙니다.

본문 9절에서 다윗은 "주의 얼굴을 내 죄에서 돌이키시고 내 모든 죄악을 지워 주소서"라고 간구합니다. 그러지 않으면 하나님의 얼굴을 뵐 수 없고, 예배를 드릴 수 없고, 하나님을 만날 수 없기 때문입니다.

이어 10절에서는 "하나님이여 내 속에 정한 마음을 창조하시고 내 안에 정직한 영을 새롭게 하소서"라고 기도합니다. 간절한 마음으로 부르짖는 것입니다. 여기에서 정한 마음, 정직한 영은 곧 성령을 말하는 것입니다. 성령은 거룩한 영이요, 그리스도의 영이요, 하나님의 영입니다. 하나님이 우리에게 성령을 주신 것은 죄를 이길 수 있도록, 또 죄를 지었을 때 빨리 깨달아 회개할 수 있도록 하기 위함입니다.

영적인 나병환자가 되어서는 안 됩니다. 죄를 지었는데도 태만하고 예배드릴 수 있다고 착각해서는 안 됩니다. 하나님은 그런 예배는 받지 않으십니다. 그렇기 때문에 다윗은 '정직한 영을 내게 부어 주옵소서. 정한 영을 내게 주옵소서'라고 간절하게 간구한 것입니다. 이처럼 죄를 지었을 때 뒤로 물러가 숨지 않고 하나님 앞에 나아가 그분의 긍휼을 바란 것을 보면, 다윗은 하나님의 사람, 믿음의 사람, 하나님이 기뻐하시는 사람입니다. 죄를 지었을 때 숨기지 말고 상한 심령이 되어 마음을 찢기 바랍니다. 주님 앞에서 마음을 찢고 상한 심령, 가난한 심령, 통회 자복하는 심령이 되어야 합니다.

다윗은 17절에서 "하나님께서 구하시는 제사는 상한 심령이라 하나님이여 상하고 통회하는 마음을 주께서 멸시하지 아니하시리이다"라고 고백합니다. 이러한 자들은 하나님이 멸시하지 않으십니다. 죄를 짓고도 뻔뻔해서는 안 됩니다. 죄가 얼마나 무서운 것인지를 민감하게 알아야 합니다. 죄를 지으면 기도해도 응답이 없습니다(사 1:15). 찬송도 상달되지 않습니다. 아무리 하나님을 뵙고 싶고, 예배하고 싶어도 하나님을 만날 수 없습니다. 그렇기 때문에 다윗은 몸부림치면서 죄를 용서해 달라고 통회하고 자복한 것입니다.

죄를 지으면 마음이 불안합니다. 그 속에 죄가 있기 때문에 근심, 걱정, 염려로 가득 덮이게 됩니다. 그 죄를 그냥 놔두면 하나님과의 관계가 끊어지고 불안, 초조, 근심, 걱정, 염려가 쌓이게 되고 결국 사탄에게 잡혀 먹히게 되고 맙니다. 사탄은 우는 사자와 같이 삼킬 자를 찾아다닙니다. 죄 지은 자를 쫓아다닙니다. 사탄이 집어삼키기 전에 회개해야 합니다. 회개하면 하나님이 용서해 주실 뿐 아니라 더 큰 은혜를 주실 것입니다.

물론 철저히 회개한 사람도 다시 죄를 지을 수 있습니다. 그러나 죄를 지을 확률이 낮아집니다. 죄를 가볍게 보면 회개도 하지 않을 뿐더러 다시 쉽게 죄를 짓게 되고, 죄로 인해 예배의 기쁨이 점점 사라져 버리고 맙니다.

본문 16절에서 다윗은 "주께서는 제사를 기뻐하지 아니하시나니 그렇지 아니하면 내가 드렸을 것이라 주는 번제를 기뻐하지 아니하시나이다"라고 말합니다. 하나님은 형식적으로 드리는 예배와 예물은 결코 기뻐하시지 않습니다.

마지막으로 본문 19절에서 다윗은 "그때에 주께서 의로운 제사와 번제와 온전한 번제를 기뻐하시리니 그때에 그들이 수소를 주의 제단에 드리리이다"라고 고백합니다. 가능하면 죄를 범하지 말아야 하겠지만, 혹 죄를 범했을 때는 반드시 먼저 회개하고 하나님께 예배드리기를 바랍니다. 회개해야만 기도가 기도 되고, 찬양이 찬양 되고, 예배가 예배 됩니다. 그래야 예배의 감동과 감격과 기쁨이 넘치게 됩니다. 이렇게 되기 위해서는 반드시 회개가 전제되어야 하는 것입니다.

우리는 많은 죄를 범하기에 죄에 익숙해져 있습니다. 자신의 죄의 심각성에 대하여 나병환자와 같이 감각이 없습니다. 자신의 모습을 들여다보고 죄의 심각함을 깨달아 '아! 나는 하나님을 만날 수 없겠구나, 이런 나를 하나님이 외면하시겠구나, 나는 하나님을 예배할 수 없겠구나' 하는 두려운 영적 감각이 깨어남으로 회개할 수 있기를 바랍니다. 말씀에 따라 성령의 인도하심을 받아 죄를 씻어 버리고 비뚤어진 것을 바로잡아 하나님을 향한 아름다운 예배자로 회복되기를 바랍니다.

"만일 우리가 죄가 없다고 말하면 스스로 속이고 또 진리가 우리 속에 있지 아니할 것이요 만일 우리가 우리 죄를 자백하면 그는 미쁘시고 의로우사 우리 죄를 사하시며 우리를 모든 불의에서 깨끗하게 하실 것이요 만일 우리가 범죄하지 아니하였다 하면 하나님을 거짓말하는 이로 만드는 것이니 또한 그의 말씀이 우리 속에 있지 아니하니라"(요일 1:8-10).

예배 변질은 사탄의 계략이다
성경대로 예배를 회복하라

1판 1쇄 인쇄 _ 2024년 1월 5일
1판 1쇄 발행 _ 2024년 1월 11일

지은이 _ 한요한
편 집 _ 최충하·김유진·최지혜
펴낸이 _ 이형규
펴낸곳 _ 쿰란출판사

주소 _ 서울특별시 종로구 이화장길 6
편집부 _ 745-1007, 745-1301~2, 743-1300
영업부 _ 747-1004, FAX 745-8490
본사평생전화번호 _ 0502-756-1004
홈페이지 _ http://www.qumran.co.kr
E-mail _ qrbooks@gmail.com / qrbooks@daum.net
한글인터넷주소 _ 쿰란, 쿰란출판사
등록 _ 제1-670호(1988.2.27)
책임교열 _ 송지은·이주련

ⓒ 한요한 2023 ISBN 979-11-6143-906-8 93230

책값은 뒤표지에 있습니다.
이 출판물은 저작권법에 의해 보호를 받는 저작물이므로 무단 복제할 수 없습니다.
파본(破本)은 구입처에서 교환해 드립니다.